즉흥연주
그리고
음악치료

즉흥연주 그리고 음악치료

Improvisation and Music Therapy

김성기 지음

圖書出版 하나醫學社

목차

서론

음악이 우리의 정신이나 정서 그리고 감정에 어떤 영향을 미치는가 하는 문제는 한마디로 대답하기 참 곤란한 문제이다. 그럼에도 불구하고 많은 대답들이 있다. 하지만 이 대답들은 명쾌한 대답은 아닐 것이다. 명쾌한 대답을 구하기 위해 나 자신도 모르게 원인과 결과라는 도식에 충실한 경우 더욱 명쾌한 대답과는 거리가 멀어진다. 왜냐하면 음악에 대한 물리적 측정은 별 어려움 없이 접할 수 있고, 우리는 이 물리적 측정을 바탕으로 과학적으로 음악과 심리의 문제에 접근하려고 하기 때문이다. 문제는 음악과 음악요소들에 대한 정의를 함에 있어 심리적 또는 정신적 사실은 규명이 되지 않고 물리적 측정 결과만 있게 된다는 것이다. 이러한 음악이 우리의 내적 상황과 관계하게 되면서 발생한 사건을 설명하게 되면 우리는 난해함 속에 빠지게 된다. 더욱이 우리가 음악을 설명할 때 특히 많이 은유(metaphor)가 사용될 뿐 직접적인 표현을 찾아보기 힘든 것도 역시 음악에 대한 설명을 난해하게 하는 요인이 된다. 그러면서 나름의 경험적 이해를 가지고 아니면 이러한 이해를 기반으로 신념과 확신을 가지고 자신의 주장에 자기 스스로 정당성을 부여하면서 음악을 설명한다. 그래서 주장만 있고 객관적인 실체를 구하기는 참 어렵게 된다. 이는 음악의 이해에 있어 주관이 강조되면서도 여전히 음악에 대한 이해에는 경험주의나 실증주의에 입각한 객관적인 관점이 존재하고 있음을 나타내고 있는 것이다. 음악과 우리의 내면과의 관계에 대해 생각을 조금 바꿀 필요가 있다. 연역적이고 계량적인 양적연구가 아니라 귀납적이고 연구자의 적극적인 관여를 통해 폭넓은 자료를 분석하여 나와 세계와의 끊임없는 상호작용을 연구하는 질적 연구(qualitative research)에 입각한 관점이 필요하다. 여기서 귀납적이고 분석의 대상이 되는 것은 현상이라는 직관(直觀)된 것을 말한다. 좀 더 쉽게 말하면 어떤 대상에 대해 지금 여기서 경험된 것을 말한다. 따라서 현상학적 인식론을 바탕으로 하는 질적 연구는 언어, 몸짓, 행동 등 상황과 환경적 요인들을 조사하는 방법으로서, 연주자가 대상자와 긴밀한 상호작용이 이루어지는 즉흥연주에서 관련된 내적 반응과 외적 반응에 대한 관계와 평가에 더욱 적절한 연구방법일 것이다.

현상학이 나타나기 이전의 과학은 객관성 또는 보편성을 얻는 것이 중요했다. 그리고 객관성을 얻는 데는 경험이 유일한 방법이었다. 따라서 눈에 보이는 세계가 연구의 대상이었고, 눈에 보이는 세계를 관찰, 기록, 분석하고, 이들을 종합하면서 이론을 정립하였다. 이러한 연구 방법에 따라 눈에 보이지 않는 세계, 즉 심리학 역시 이러한 경향에 영향을 받아 연구되어졌다. 그 결과 눈에 보이지 않는 우리의 의식에 있어도 경험주의나 실증주의는 인과론을 기반으로 관찰과 분석을 통해 이해했다. 이러한 심리주의(psychologism)자들은 인간의 모든 심리적 현상을 물리적 작용의 결과물(대상)로 인식하여 반복되고, 일반화되고 그리고 경험된다고 이해했고, 이를 인과적으로 설명하고자 노력했다. 이에 반하여 Merleau-Ponty나 Jacques Lacan은 우리에게 현상학을 기반으로 새로운 이해를 제공한다. 경험주의나 실증주의에서

'전체는 부분의 합'이라는 이해를 정당화하는 반면, Goethe 이후 "전체는 부분의 합 이상이다."라는 Gestalt 이론을 대표하는 말이 대두되는데, Ponty나 Lacan은 이러한 사상과 유사하게 자신들의 주장을 펼친다. 여기서 전체는 부분의 총합 이상이라는 말은 곧 "전체 특성은 부분의 총화로 환원될 수 없다."라는 말이 된다. 이 말을 생물학에서 적용시키면, 한 기관이 그것의 구성 요소들을 통해 설명될 수 없다고 하는 사상이다. 즉, 부분이 기관 전체의 동작을 결정하는 것이 아니라 기관 전체가 부분의 동작을 결정한다는 것이다. Ponty에게 있어 대뇌에 전달된 정보를 해석하고 판단하는 과정인 지각(perception)은 바로 이러한 전체이다. 따라서 외부 정보가 감각 수용세포에서부터 대뇌피질까지 전달된 상태인 감각(sensation)으로 분석될 수 없다. 왜냐하면 "조직된 또는 통합된 전체"라는 뜻은 부분들의 단순한 산술적 총합이 아니라 그 이상의 것이며 부분들은 이 전체의 관계 속에서만 의미를 갖게 된다고 이해하기 때문이다.

모든 학문들은 객관성 또는 보편성을 얻기 위해 노력한다. 여기에는 현상학 역시 마찬가지이다. 이때 어떤 방법을 통해서 객관성 혹은 보편성에 도달하는지가 현상학과 다른 과학을 구분하는데 기준이 된다. 현상학의 경우 측정이나 분석이 아니라 우리의 의식을 직관을 통해 직관된 내용을 있는 그대로 기술(記述)하는 방법으로 이루어진다. 간단히 말해서 나에게 일어나는 사건이나 내가 마주하는 대상을 내가 체험하는 그대로 아무런 사고나 해석 없이 있는 그대로를 기술하는 것이다. 여기서 중요한 점은 직관이다. 직관이란 사고(思考)없이, 더 정확한 표현은 사고를 멈춤을 의미한다. 이를 판단중지라고 한다. 우리는 출생 이후 외부로부터 그리고 외부에 의해서 우리에게 축적된 지식을 기반으로 각자의 관심에 따라 지금 현재의 정신적 또/그리고 실재적 대상을 또는 대상들과의 관계를 지각하고 느끼면서 살아왔다. 이로 인하여 지금 우리의 의식이 의심 없이 나의 의식으로 생각돼 왔다. 이에 대한 자세한 설명은 Lacan의 거울단계에서 설명될 것이지만 이는 나의 의식이 본래의 나와 관계없이 나의 주변의 법칙이나 관습에 의해 수동적으로 축적된 지식을 기반으로 만들어진 의식을 나의 의식으로 오해한다는 것이다. 나의 본래의 의식을 찾기 위해 오인된 의식을 제거하는 것이 판단 중지이다. 현상학은 우리의 지식을 근거로 하는 판단을 멈추기 위해 이것도 저것도 아닌 의식적 중립지대인 대상과 의식 사이에 판단중지를 사용한다. 이렇게 해서 절대적으로 의심할 수 없는 본래의 나 즉, 절대적 시초, 최초의 진리, 제1원리, 순수의식이라고도 불리는 선험적 자아를 밝힌다. 선험적 자아는 우리가 일상에서 경험하는 것이 아니고 최초의 대상이고 유일한 대상이다. 그리고 의식 흐름 전체의 통일성을 가능하게 하기 위한 근원이다. 여기서 '선험적'이란 말을 Kant의 대상에 대한 선천적 인식 방식으로 이해되는 선험적이란 말과 혼동하지 않는 것이 중요하다. Kant는 선험적이란 말을 대상에 국한 시켰지만 현상학에서는 좀 더 포괄적이다. 현상학의 '선험적'이란 말은 선천적이라는 의미를 포함하지 않는다. 오로지 의식작용이 중요하다. 왜냐하면 우리가 대상을 보고 의식한다는 것은 대상을 형성하는 것까지 포함하고 있기 때문이다. 그래서 현상학은 대상이 어떻게 형성되는지, 어떻게 의식이 생기는지를 연구한다. 여기서 선험적 자아에 대해 조금 더 알아보면, 일차적으로 지각하는 대상을 통해 드러나는 자아는 경험적 자아이다. 지각된 대상과의 관련하여 생각하는 자아는 사고하는 자아이다. 즉 내가 어떤 대상을 지각하고 지각된 내용이 내 의식 속에 들어와 그것이 대상이 되었을 때, 그것을 사유함을 통해서 의식 대상 즉 사고된 것들이 된다. 사고된 것들은 의식에 주어진 모든 대상들로서 사고 작용을 통해 사고하는 자아에 의해 관계 맺는다. 사고하는 자아는 선험적 자아 없이 사고하는 동안에만 분명 존재한다. 예를 들어 내가 내 앞의 냉장고가 있고 그 냉장고는 빨간색이고 직사각형의 모양을 하고 있다. 이때 아무 생각 없이 보기만 하는 것 이렇게 대상과 관계를 맺는 자아가 경험적 자아이다. 지각된 대상과 일차적 관계를 맺은 이후 사고하는 자아가 등장한다. 여기서 경험적 자아나 사고하는 자아와 선험적 자아를 구분하는데 중요한 기준은 과거, 현재, 미래가 통일적으로 연속될 수 있는가이다. 즉 대상과 관계하는 경험적 자아나 사고하는 동안에만 존재하는 사고하는 자아는 경우에 따라서 연속성이 없을 수 있다. 이들은 경우에 따라 사라질 수 있기 때문에 아직은 선험적 자아가 아니다. 과거, 현재, 미래를 연속적으로 지속함은 선험적 자아만을 통해서 가능하다는 것이 현상학의 입장이다. 우리가 과거를 되돌아보고 미래를 조망하는 것은 바로 선험적 자아를 통해서 가능하다. 그리고 선험적 자아는 경험적 자아와 별개가 아니라 구체적으로 실재하는 자아로서 경험적 자아의 토대가 된다. 내가 냉장고를 볼 때 나의 시선은 한 위치에 고정되어 있다. 하지만 나는 냉장고를 입체적으로 지각한다. 이는 하나의 사물인 냉장고가 보는 위치에 다라 다른 측면을 가지고 있음에도 불구하고 우리 안에 변하지 않는 보편적 본질을 가지기 때문에 가능하다. 이는 선험적 자아를 통해 가능하다.

정신적 즉, 심리적 현상과 대상과의 관계는 두 개의 현존하는 사물들 사이의 상호관계가 아니라 타자를 포함한 대상과 정신의 다양한 상호관계에서 도출된 통일된 Gestalt이다. 또한 이 통일된 Gestalt에 대한 지각활동은 정신활동이다. 이 활동은 언제나 무엇에 대한 의식이다. 즉 지향성을 갖는다는 것이다. 의식은 의식작용과 의식 대상과의 관계 방식인 지향성을 항상 갖는데, 이 지향성을 통해 대상과의 관계를 통한 경험적 자아들을 하나로 통합시키는 것이 선험적 자아이다. 즉 우리의 의식은 경험을 통해서 순간순간 있는 것이 아니라, 과거, 현재, 미래의 연속성을 가지고 대상을 종합한다. 그리고 모든 실재는 의미통일로서 이해된다. 이것은 시간의 예술이라고도 하는 음악에 적용된다. 이는 특히 즉흥연주에서 표현되는 것이 정신적 사건이라고 이해하는 근거가 된다. 의미를 부여하는 것은 주관이며 의식이다. 따라서 실재는 의식을 떠나서는 생각할 수가 없다. 그러므로 우리는 환원을 통해 의미의 통일로서의 모든 실재를 가능하게 하는 근거를 찾아가야 한다. 이 근거가 선험적 자아인 것이다. 결국 우리는 각각의 대상을 직관하더라도 그것의 지향성을 통하지 않고서는 본질을 파악할 수 없다. 정리하자면 본질은 여전히 대상에 관계하고 있기 때문에 우리는 다시 한 번 의식 내(內)로의 환원을 해야 한다. 그러므로 직관은 의식 내로 환원되고, 환원의 가능성을 근거로 선험적 자아는 지향적 분석에 의해 그 구조를 밝혀낼 수 있다. 선험적 자아와 경험적 자아는 서로 다른 영역을 가지고 있는 것은 아니라는 것이다. 여기서 선험적 자아는 경험적 자아이기도 하지만, 그 자신이 선험적 자아임을 알게 하는 것은 현상학적 환원을 통해서이다.

이러한 현상학적 주요 개념에 따른 음악에 대한 설명은 그간 우리에게 잘 공감되지 않았던 심리적 음악의 개념들이 아주 적절하게 이해될 수 있을 것이다. 현상학 이전에 과학이나 객관성이 주류를 이루던 시기에는 음악도 물리적으로 분석되어졌다. 그래서 음향학이나 음악심리학은 물리적 차원의 소리를 다룬다. 이는 측정과 계산으로 음악을 정의하려고 노력하였다. 하지만 음악과 정서를 위시한 모든 정신적인 사건과의 관계가 명확하게 설명되지 않았다. 현상학적 이해는 이러한 문제를 해결해준다. 현상학에서 음악은 의식에 관계된 음악을 연구

대상으로 한다. 의식의 장에 드러난 음악만 현상학에서 다룬다는 것이다. 그리고 현상학에서 소리란 인간의 의식에서 원초적으로 체험된 소리이다. 그리고 대상에서와 마찬가지로 음악이 어떻게 현상을 유발하는가, 일어난 현상이 보편적이고 객관적인가 하는 질문에 답을 하기 위한 방법은 음악의 근원현상들의 결합을 언어로 묘사하는 것뿐이다.

지금까지 우리가 음악에 접근해야하는 기본 태도를 언급했다면, 음악의 속성에 대해 말하고자 한다. 즉흥연주는 정신과 신체가 나누어져 이해될 수 없다는 것을 대변해준다. 일반적으로 '형태'로 번역되고 있는 Goethe의 Gestalt는 원자론(atomism)에 반대하는 전체론(holism)의 입장에서 의식의 활동성과 지각(知覺)의 전체성을 강조한다. 이러한 전체는 부분들의 단순한 산술적 총합이 아니라 그 이상의 것이며 부분들은 이 전체의 관계 속에서만 의미를 갖게 된다. Goethe는 존재하는 모든 형상들을 포괄적인 전체로서의 형태들(Gestalten)로 이해하였다. 그리고 현존하는 것은 멈추지 않고 계속해서 발전한다고 이해한다. 따라서 Gestalt는 어떤 흐르는 것, 발생중인 것, 유동적인 것으로 정의된다. 그러므로 Gestalt는 발전되어지는 어떤 것이고 발전 속에서 관계들을 만드는 어떤 것이다. Geothe는 무엇보다 상호작용의 방법, 전체로서 현상들의 이해에 관심을 가졌고 그리고 나타난 외형에서 현상의 다양성을 발견하는 조직원리들 그리고 생성원리들의 도움으로 이들을 시도하였다.[1] 즉 형성(Bildung)과 변형(Umbildung)의 양극(兩極)관계가 존재하고, 이들은 상호관계 속에서 두 현상들의 상호작용을 통하거나 상호작용 안에서 수축과 팽창, 원심(遠心)과 구심(求心)으로 새로

1) Rosemarie Tüpker, Ich singe, was ich nicht sagen kann, Münster, p. 243

운 함축들을 결과로 어떤 현상들의 생성이 이루어진다. 무엇이 현상들 속에서 나타나는가는 추상적인 생각이 아니라 사실에 근거한 원리 즉, 감각적인 그리고 초감각적인 것들이 동시에 일어나는 원(原)현상들이다. 이 원 현상을 우리는 형성(形成:Bildung)된 것이라고 이해하고 이 형성들과 이들의 변형(變形:Umbildung)들은 어떤 팽창을 포함하고 이들의 움직임은 원심(遠心)[2]적인 경향들을 갖는다.[3] 여기에 지향성이 자리를 잡는다. Goethe는 전체론적 방식으로, 형성 그리고 변형 같은 원리들의 사용으로, 공간적 차원 그리고 시간적 차원 둘 다를 포함함으로써 유기체 본성의 특징을 이해하는 것을 노력했다.[4] Goethe의 사상을 기반으로 1960년대 Köln대학의 Wilhelm Salber는 정신적인 사건에 대한 현상들을 탐구대상으로 함과 동시에 표면적으로 드러나는 사람의 행동을 탐구대상으로 하는 형태론적 심리학(Morpholoigische Psychologie)을 정신분석, 형태심리학, 미학을 기반으로 시작하였다. Salber는 의식의 활동성과 지각(知覺)의 전체성을 강조한다. Salber는 Gestalt를 감각적으로 이해할 수 있는, 독립적으로 특징지을 수 있는 복합체, 현재 작용하는 존재로 정의한다.[5] 이러한 Gestalt는 항상 새로운 변형을 불러일으키는 나선움직임에서 함께 작용한다고 이해한다. 하나의 형태(Gestalt)가 다른 형태들(Gestalten)로 그리고 다시 하나의 형태로 가는 경로는 어떤 나선형 움직임으로 교환이 이루어진다

2) 회전하는 물체가 중심에서 멀어지려고 하는 작용

3) Salber, Wilhelm, Morphologie des seelischen Geschehens, Henn, Ratingen, p. 25

4) Johann Wolfgang von Goethe. p. 6, Bildung und Umbildung organischer Naturen. Die Schriften zur Naturwissenschaft(Leopoldina-Ausgabe). Erste Abteilung, Band 9 [Formation and transformation of organic natures. Writings on natural sciences(Leopoldina Edition). 1st section, Vol. 10]. Weimar, 1954

5) Salber, Wilhelm, Morphologie des seelischen Geschehens, Henn, Ratingen, p. 34

는 것이다. 또한 정신적인 상태들은 앞으로만 계속 변화하는 Gestalt들이다.[6] 따라서 정신적 현상의 의미와 중요성은 통합되어지는 단일성들이나 단일성에 영향을 미치는 또는 반응하는 단일성들을 찾아내고 정신적인 것 자체에서 설명하게 된다.[7] 이 책에 전반적으로 흐르는 기조는 Gestalt는 정신적인 이합집산을 통해 만들어지고, 이렇게 만들어진 Gestalt는 형태의 경향성에 의해 행동 그리고 체험의 조화나 협정으로 구성되고 동시에 변형을 통해 계속 발전한다는 것이다. 행동 역시 정신활동의 결과이다. 따라서 형태화들은 우리 체험의 구체적인 그리고 명백한 총체이다. 많은 정신적인 규칙들은 지금 현재 우리의 행동을 무의식적으로 결정한다. 상호관계 속에서 정신적인 사건과 행동방식의 다양한 구성을 통해 나타난 것을 우리는 형태로 이해한다. 형태는 어떤 각각 특별한 방식으로 모양이 만들어진 다양함을 어떤 외견상으로는 어떤 통찰력을 가지고 잡을 수 있는 총체(한군데)로 통합한다. 더 나아가 정신적인 것은 미학적 법칙들로 그리고 예술은 정신적인 사건들로 분석되어질 수 있다. 이는 정신적인 행위는 정신적인 경향들 그리고 정신적인 관점들의 어떤 전체 질서에 의해서 체계적으로 상호 협력하여 정리된 Gestalt로 이해한다는 것이다. 그리고 어떤 일정한 경험의 순서를 정신적인 것과 심리적인 사고를 통해 형성시킨 후에 포괄적인 체계가 분명하게 나타난다. 또한 정신적인 사건의 구체적인 이합집산을 통한 형태들은 일반적인 조건들을 만나 현실의 생산물들로 나타난다. 예를 들어 멜로디는 상상한 것의 중요한 성격을 나타낸다. 개별

---

6) Ibid, p. 34

7) Tübker, Rosemarie, Morpholgiesche Arbeitsmethoden in der Musiktherapie. In: MU, Bd 4/4, p. 234

적인 음들 또는 개별적인 음정들은 자신들의 생각 그리고 의미를 자신들의 상호작용에서 서로서로 그리고 멜로디의 총체적 형태에 관계해서 획득한다. 멜로디는 변할 수 있다. 즉 멜로디를 구성하는 각각의 개별적인 음만을 보면 멜로디를 구성하는 음들은 분명하게 어떤 다른 것이 됨에도 불구하고 그 멜로디의 기본 형태를 유지한다. 이것을 음악적으로 표현한다면 멜로디는 변주될 수 있다고 할 수 있다. 즉 개별적인 음들 또는 멜로디의 부분들이 기본 형태를 잃어버리지 않고 어느 정도의 수준까지 변화되어진다. 음악의 영역에서 보면, 음악처럼 정신적인 것은 그 자체로 의미 있는 논리적인 총체적인 형태들을 형성한다. 이 형태들은 끊임없이 변화함에서 발생한다. 그 자체로서 의미 있는 논리적 형태는 Sonata와 같은 어떤 음악작품일 수 있다. 그리고 전혀 고정된 형식을 따르지 않는 즉흥연주일 수도 있다.

이러한 Gestalt나 현상학적 이해를 기반으로 하는 이후의 사실들은 즉흥연주의 의미를 그리고 특히 즉흥연주와 우리의 내적 상태와의 관계를 잘 이해시켜줄 것이다. 이는 즉흥연주에서 나타나는 정서적 표현에 대한 정당성을 획득가능하게 하고 이를 통한 음악치료활동의 정당성 역시 획득가능하게 할 것이다. 따라서 음악치료 현장에서 발생하는 막연함을 해소시켜줄 것이라 생각한다.

1

즉흥연주

음악대사전(1982)에 따르면 즉흥연주는 연주자의 즉흥성의 관여정도에 따라서 전체적 즉흥연주와 부분적 즉흥연주로 분류한다. 전체적 즉흥연주는 악곡 전체를 즉흥적으로 창조하여 연주하는 것으로 아무런 동기나 암시도 연주자에게 주지 않고 악곡의 구상, 실현의 전부를 연주자의 자발성에 맡기는 것이다. 이러한 전체적 즉흥연주는 연주 자체가 완전한 창작 행위를 말한다. 부분적 즉흥연주는 기존 악곡에 대하여 연주자가 즉흥적으로 장식을 더하거나, 성부를 첨가하거나, 삽입구를 삽입하는 경우를 말한다.[8] 또한 주어진 주제, 동기 또는 짧은 악곡에 변주, 전개 등의 수단에 의하여 새로운 부분을 즉석에서 지어내어 연주하는 경우를 말한다고 한다.

8) 음악대사전, 세광음악출판사, p. 1313

음악치료에서 즉흥연주는 연주자의 능동성을 바탕으로 사전에 계획하지 않고 연주되어지는 기술이라고 정의되기도 하고 '미리 준비된 악보나 스케치 또는 기억에 의하지 않고, 연주자 또는 행자에 의하여 직접 자발적으로 순간적인 음악 감흥에 의하여 이루어지는 연주 표현 형태'로 정의한다.[9] 일반적으로 즉흥연주는 위의 정의처럼 음악을 미리 만들어 놓지 않고 즉석에서 떠오르는 대로 연주하는 것을 말한다. 즉흥연주의 정의는 여러 가지가 있을 수 있지만, 이러한 연주는 연주자의 지금 여기에서의 내적 상황을 표현한다는 공통점이 있다. 여기서 생각해보아야 할 것은 사전계획 없이 즉석에서 연주하는 것이 가능할까 하는 것이다. 결론은 가능하다는 것이다. 그리고 이러한 즉흥연주는 연주자의 표현이 되고 이 표현에 대한 다른 연주자의 이해에 따른 표현도 가능해진다. 이것이 가능한 이유는 우리가 아무 계획 없이 연주를 하더라도 나중에 가서는 어떤 패턴이 만들어짐으로써 하나의 주장이 성립되기 때문이고 타인은 이를 바탕으로 이해가 성립될 수 있기 때문이다. 우리의 생활 속에서와 같이 불규칙에서 질서가 발생하는 것과 같다. 하지만 질서가 영원히 유지되지 않고 다시 불규칙에 빠진다. 왜냐하면 우리는 하나의 사실에 대한 새로운 사건이 등장하기 때문이다. 이러한 결과의 원리는 음악에서 긴장과 이완의 반복적 진행과 마찬가지이다. 이러한 진행은 제자리를 맴도는 것이 아니다. 이는 음악작품을 분석할 경우 동기를 포함한 모든 음악적 요소들은 정확히 동일한 방식으로 전개되지 않는데서 자명 하게 드러난다. 이러한 관점에서 보면 minimal music조차에서도 끝없이 똑같이 무한 반복은 일어나지 않는다. 똑같은 무한 반복이 일어날 경우 일반적인 음악 전개는 감상

9) 이연희, 음악교육에 있어서의 즉흥연주에 관한 연구, 문교부, 1981, pp. 319-326

자의 집중을 얻지 못할 것이다. 정신적인 과정은 전체적으로 함축에서 전개/확장으로, 다시 함축으로 꼬리에 꼬리를 무는 끊임없는 나선움직임[10])으로 진행된다. 즉흥연주를 들어보면 minimal music처럼 또는 반복이 아니라 계속 변화한다. 그러면서 즉흥연주의 기본 틀은 유지된다. 이 틀이 있기에 자유로운 즉흥연주가 가능한 것이다. 활동적인 과정을 계속 유지하기 위해 틀(질서)과 즉흥(불규칙)사이의 끊임없이 반복되는 변화가 필요하다. 우리에게 질서가 계속 유지될 수 있을까? 질서가 계속 유지되기 위해 노력할 뿐이다. 반대로 무질서가 계속 유지될 수 있을까? 우리는 영원히 자신의 고유 영역에 성을 쌓아 유지할 수 없다. 질서가 유지되기 위해서는 무질서는 꼭 필요하다. 무질서가 없으면 질서는 무의미하고, 질서가 없으면 무질서가 무의미하기 때문이다. 마찬가지로 즉흥연주가 유지되기 위해서는 기본 틀이 중요하다. 그리고 즉흥으로 대변되는 자유로움도 중요하다. 이것이 우리가 흔히 즉흥연주가 그냥 마음 내키는 대로 연주한다고 오해하는 부분이다. 즉흥연주에서는 글자 그대로 '즉흥'은 절대적일 수가 없다. 즉흥연주에 있어 반대로 어떤 틀이 필요하다. 그리고 이 틀은 자연스럽게 만들어지기까지 한다. Jazz에서 즉흥연주는 chord가 적혀있는 아주 간단한 Lead sheet를 가지고 즉흥연주를 한다. 이때 연주자는 세부적으로 주어지지 않은 Lead sheet를 보고 음표 길이, 악상, 프레이즈 등을 자신만의 관점으로 해석하고 연주한다. 그러면 과거의 즉흥연주는 과연 사전 계획없이 이루어 졌을까? 대답은 아니라는 것이다. MGG의 즉흥연주에 대한 설명에 따르면 즉흥연주는 자유나 임의와 동일한 의미가 아니다.[11])

10) Rosmarie Tüpker, Ich singe, was ich nicht sagen kann, Münster, p. 32

11) Die Musik in Geschichte und Gegenwart, 2008, p. 1094

Britannica사전에서 즉흥연주란 일정한 양식적 규범을 지키면서 악보의 규정된 틀에 구속되지 않은 상태로 자유롭게 하는 연주라고 정의한다.[12] 이러한 사실을 역사적으로 살펴보면, 기보법이 없었던 중세시대 이전 음악의 재현은 오늘날과 같이 정확하지 않았을 것이다. 구전민요의 경우 구전(口傳)으로 전해지면서 어쩔 수 없이 개인이 가지고 있던 감정이나 성향의 영향을 받아 자연스럽게 변형이 생길 수밖에 없지만 그래도 전체적인 맥락에서의 기본 틀은 유지되었기 때문에 현재까지 내려오고 있다. 이러한 기본 틀에 대한 증거는 중세 이전과 이후의 성가들에서 찾을 수 있다. 오르가눔(Organum)은 1:다수, 디스칸투스(Discantus)는 1:1 진행을 말하는 다성 음악 양식을 말하는데[13], 기보법이 생기면서 기록된 기독교 성가들을 보면 1음절에 대해 다수의 음표가 주어지는 장식적 melisma, neuma, psalmondi가, 그리고 두 개의 성부가 일정한 음정 간격으로 병진행하거나 혹은 동일 음으로 시작하지만 두성부가 4도 음정을 이루게 될 때까지 움직이다가 종지에서 다시 동일한 음으로 합쳐지는 오르가눔이 등장하는데[14] 여기서 당연히 연주자의 성향이나 연주자의 발성적 기술에 따라 가변성을 띠게 되지만 최소한의 기본 틀 속에서 장식된다. 또한 고정선율과 언제나 협화음정 혹은 unison으로 그리고 똑같은 수의 음표들로 조화를 이루는 디스칸투스[15] 역시 동일하였다. 또한 중세에 polyphony는 주선율과 다른 높이로 동시에 연주하는 것 역시 화성이라는 기본 틀을 전제로 한

12) 브리태니커 사전 온라인, Retrieved September 18, 2009, from http://preview.britannica. co. kr/bol/topic.asparticle_id=b20j0385a

13) 김연, 음악이론의 역사, 음악학 연구소 2008. 심설당. p. 110

14) MGG p. 110

15) 김연, 음악이론의 역사, 음악학 연구소 2008. 심설당. p. 110

다. 중세시대 대위법에서 대위법적 성부를 더하는데 기준이 되는 고정 선율인 cantus firmus역시 즉흥연주를 말하지만 기본적인 선율을 갖는다는 데서 역시 기본 틀이 존재한다. 이외에도 다성 음악에서 주요 성부를 아래 두는 2성부를 미리 적어놓고 이 2성부를 중심으로 하 성부를 즉흥적으로 또는 관행적으로 연주하는 영국의 파버든[faburden (종지는 항상 옥타브로 끝났다.)], 상성부와 하성부만 주고 상성부의 완전 4도 아래로 구성된 중간 성부를 연주하는 포부르동(fauxbourdon) 역시 즉흥연주이지만 화성적 기본 틀이 존재했다. 여기서 화성적인 기본 틀이란 아직 화성학이 정립되기 전이라 대개 협화음정을 말한다. 화성의 정립과 동시에 대위법이 퇴조하게 되는데 이때부터 즉흥적 선율에 대한 장식적 변주들이 발달하게 되었다. 프렐류드(prelude), 토카타(toccata), 카프리치오(caprocio), 판타지(fantasie) 등이 그것이다. 이들을 잘 살펴보면 주제는 선율적으로 변함이 없지만 리듬은 확장되거나 축소되기도 하고 여러 번 streto에 나타나기도 한다. 중요한 것은 주제가 어느 정도의 변화가 있더라도 통일성을 유지한다는 것이다. 여기서 주제라는 기본 틀이 존재한다. 바로크 시대에 와서 오늘날 Jazz 즉흥연주에서 볼 수 있는 통주저음이라고 알려진 바소콘티누오(Basso Continuo)가 있었다.[16] 이 역시 아래성부에 숫자만 표기하여 화성적인 틀을 제안한 기본 틀이 존재했다. 이 바소콘티누오는 베이스 위에 선율을 붙이는 것으로 베이스와 선율은 자연스런 화성을 이루는 것을 중요하게 생각하였다. 따라서 즉흥연주란 기본적인 틀 내에서 연주자가 즉흥적으로 그리고 원하는 대로 연주하는 음악활동을 말한다고 할 수 있다.

---

16) Ibid, p. 168

음악치료에서 음악이 아니라 즉흥연주에는 잘못된 연주는 없다. 의미가 있고 와 의미가 없고, 원하는 것과 원하지 않는 것이 있을 뿐이다. 의미가 없거나 원하지 않는 것은 틀린 것이 아니라 새로운 생각을 불러일으키거나 활동적이고 생동적인 즉흥연주의 시작점이다. 많은 사람들이 연주를 할 때 실수를 하면 음악을 멈춘다. 어찌 할 바를 모른다. 그래서 선택하는 것이 처음부터 다시 시작이다. 또 실수를 하면 역시 처음부터 다시 시작한다. 이것은 표현이라는 개념이 없기 때문이다. 여기서 음악은 하나의 과제이기 때문에 실수는 있어서는 안 되는 것이다. 학교에서 과제, 특히 객관성을 대표하는 수학과제의 경우 맞다 틀리다가 중요하다. 우리는 실패를 한 경우 실패의 원인을 찾는다. 집단으로 과제수행을 못했을 경우 잘못한 사람을 찾는다. 우리는 어린 시절부터 잘못한 사람, 실패한 사람, 실수한 사람이 되지 않으려고 노력한다. 즉흥연주는 실수, 실패, 오류가 인정되는 공간을 제공한다. 우리가 실수나 실패로 정의한 것 역시 motive가 될 수 있기 때문이다. 이러한 것이 이루어지지 않는다면 즉흥연주는 그 의미를 잃게 될 것이다. 그리고 즉흥연주에서는 전경과 배경의 교차가 이루어진다. 형태심리학에서 제시하는 전경은 우리의 의식에 떠오르는 것으로 우리가 현재 집중하는 것을 말하고 배경은 의식에 떠오른 것을 제외한 모든 것을 말한다. 즉 전경은 경험되어진 모든 것을 의미하는 배경에 의해 드러난다. 선율과 화성의 관계, 독주자와 반주자의 관계, 긴장과 이완의 관계, 연주자와 감상자의 관계 등등 즉흥연주를 구성하는 모든 요소들은 전경과 배경의 관계를 이룬다. 특히 즉흥연주에서 합주는 연주자는 연주자임과 동시에 감상자이고, 감상자는 감상자임과 동시에 연주자이다. 서로가 전경과 배경이 된다. 이러한 관계 속에서 능동적으로 음악을 만들어가는 즉흥연주는 연주하는 지금 현재 연주자 내면의 상태표현이고 자신의 생활형태의 표현이다. 이러한 이유는 이후 3장과 4장에서 따로 다루어질 것이다. 따라서 현재의 표현을 기반으로 한 자기통찰이 이루어질 수 있다. 또한 타자와의 상호표현으로 인해 의사소통이 이루어진다. 즉 음악을 경험하고 이를 통한 자아표현 능력의 향상시켜 타인에게 전달함으로써 원활한 의사소통을 가능하게 한다. 최병철(1999)이 주장하는 악기나 음성을 사용한 즉흥연주를 통한 집단에서 음악적 교류는 집단 구성원들 간에 표현과 대화를 통해 내담자의 사회적 학습을 유도하게 되는데, 음악적 구조 안에서 특정한 사회적 활동 반응을 연습시키게 된다. 악기소리나 크기나 속도를 달리하여 음악적 교류를 한다든지, 쉬고 움직이고, 묻고 답하는 연습을 통해 내담자는 사회적 맥락 속에서 적절하게 반응하는 의사소통기술을 터득하게 된다.

2

즉흥연주의 구성요소

음악을 구성하는 모든 것들은 상호관계를 통해 하나의(완)전체를 이루고, 음악을 통해 생성된 모든 느낌, 감정, 사고 등 내면적 상태나 심지어 행동까지 하나의 Gestalt를 이룬다. 그러므로 음악연주 특히 지금-여기에서 지각하고 표현하는 즉흥연주는 하나의 Gestalt로 이해할 수 있다. 이러한 Gestalt는 형태를 이룸과 동시에 변형이 이루어지는 것처럼 지각인 동시에 표현인 것이다. 그리고 이러한 Gestalt는 하나의 Gestalt로만 존재하는 것이 아니라 Gestalt들에서 또한 도출된 것이다. 전경으로서의 Gestalt와 배경으로서의 Gestalt들이 어우러져 하나의 망을 형성하면서 주변의 모든 환경과의 상호작용으로서 존재하게 된다. 이러한 존재방식을 바탕으로 우리의 표현과 우리의 존재방식을 나타내는 즉흥연주는 음악치료에서 내담자에 대한 이해의 근거가 되며, 원활한 Gestalt의 형성을 위한 치료의 도구로 작용된다.

2-1. 리듬(Rhythm)

시간진행에서 한 진동자극의 반복은 리듬을 생기게 한다. 그리고 진동자극의 반복된 결과로 음악의 기초를 이루는 리듬은 수평진행의 주기적인 반복을 바탕으로 하는 질서 있는 운동을 말한다.[17] 이러한 리듬적 기본 틀은 모든 영역에서 나타난다. 이는 우주적이고 동시에 개인적인 표현이다.[18][19] 이러한 표현은 음악적인 리듬 그리고 자연 또는 사람들 사이에 어떤 일정한 관계들이 존재한다는 것을 말하고 또한 살아있는 모든 것은 일정한 리듬으로 움직이고 그리고 일정한 리듬을 형성한다는 것을 말하는 것이다.[20] 예를 들면 2박자는 보행 그리고 심장박동과 연관되어 있고 호흡리듬은 3박자와 연관되어 있다. 이를 근거로 보면 잠에서 깸 그리고 수면, 긴장 그리고 이완, 보행 그리고 뛰기, 들은 2박자와 연관되고 이러한 모든 우리의 활동들은 대부분 매우 개인적인 리듬에 관련되고 있다. 즉 각각 사람은 자신의 전형적인 리듬을 소유한다. 이를 우리는 원형적인 리듬으로 이해할 수 있다. 이는 성격을 특징짓는다. 따라서 리듬은 우리의 느낌, 표현, 관계를 상징화하여 나타낸 것이다.[21] 그러므로 각각 연주된 또는 좋아하는 리듬은 자신의 인격적인 특성을 갖는다.

살아있는 모든 것은 움직인다. 그리고 움직이는 것들은 어떤 일정한 리듬을 형성한다. 그리고 자신들만의 개별적인 리듬패턴을 가진다.

---

17) Leslie Bunt, Musiktherapie, Weinheim und Basel, p. 72

18) Ibid, p. 73

19) Manfred Spitzer, Musik im Kopf, Stuttgart, p. 213

20) Hinrich van Deest, Heilen mit Musik, München, p. 134

21) Ibid, p. 137

이 리듬패턴들은 시간진행에 따른 새로운 시공간에서 같은 움직임들의 반복을 기반으로 필요에 따른 변화가 발생하지만 우리는 익숙한 반복적인 움직임에서 안정감을 느끼게 된다. 따라서 새로운 시공간에서 리듬패턴을 형성하고자 노력한다. 이러한 리듬적 패턴을 기반으로 하는 생활 질서의 불안정함과 현대문명질환들 사이에는 상호관계가 있다. 예를 들어 비만, 심장병, 호흡저하, 감정저하, 불면, 중독, 우울 그리고 자살 같은 모든 인간적 증상들은 오랫동안 자신들의 개별적인 진동이 깨질 때까지 치게 되는 북과 비교할 수 있다. 북은 여전히 존재하지만 북은 더 이상 울리지 않는다. 더 이상 울리지 않는 찢어진 북의 가죽으로 비유되는 병은 언제나 사람에게 어떤 생활리듬이 새로 발견되었어야 했다는 것을 나타낸다. 습관적 보행 또는 춤추기 같은 간단한 일상적 움직임이 자주 제한되는 의자에 앉기를 통해서 육체적인 기능의 퇴화와 손상을 가져오게 될 것이다. 이는 우리의 움직임이 과도한 정신노동으로 이동 또는 변환을 의미한다. 이러한 과도한 리듬적인 움직임 축소 또는 확대는 일반적인 불확정성, 심리적 억제, 사고빈도, 경련(경직), 잘못 형성된 자세 등 몸 균형의 제한일 수 있다.

우리를 포함해서 우리 주변의 모든 것들은 나타나고 사라진다. 이들은 자신의 리듬 속에서 삶과 죽음의 양극단 사이의 사건이다. 리듬도 이러한 양극단 속에 있다. 리듬은 실행되어지는 진동들이다. 이 진동들은 리듬적인 사건들의 시작 또는 끝, 출생 또는 죽음이다. 살아있는 것들은 시간단위의 분할이 아니라 오히려 긴장관계에 있다. 이것은 쾌감 또는 불쾌감, 여름 또는 겨울, 검정 또는 흰색이 아니라, 이와 같은 대립적으로 쌍을 이루는 요소들 사이, 즉 양극단 사이에 있는(긴장)힘의 장에 놓여있다는 것이다. 쉽게 이야기하면 이것 아니면 저것으로 양분되어 있지 않다는 것이다. (양)극, 극단, 사고들, 자극 들은 자신들에게 발생하는 대립들을 통하여 어떤 살아있는 작용의 장이 된다. 이 긴장의 장, 작용의 장에서는 어떤 죽은 것의 반대편인 어떤 살아있는 것, 움직임의 반대편인 경직, 음의 반대편인 침묵(정적)에서 비로소 전체가 생겨난다. 따라서 장의 형성조건은 대립 쌍(雙)이다. 그리고 이 대립 쌍을 통해서 하나의 전체를 구성한다. 하지만 모든 죽음에 대한 두려움에서 우리는 종종 이러한 전체성 또는 통일성을 잃어버린다. 대립 쌍의 관계를 상실하고 한쪽만 부각시킨다는 것이다. 특히 정신적인 부분에서 이러한 현상은 두드러진다. 전체성은 자신들의 부분들의 합보다 크다. 그리고 이 '크다'는 것이 삶이다. 그러므로 지난 과학적 역사에서 우리의 삶에 대한 이해는 1+1=2가 되지 않기 때문에 혼란을 겪게 된 것이다. 그리고 이러한 전체적인 삶은 직선적인 것이 아니라 나선 형태로 시간을 받아들인다.

우리가 일상에서 늘 경험하는 Stress는 어떤 리듬의 불규칙한 상태로 이해할 수 있다. 즉 Stress는 (양)극단의 분명한 영역구축과 이들간의 무리 없는 상호관계 그리고 경제적인 또는 합리적인 전체성 구성이 실패한 즉 리듬이 불규칙한 상태로 볼 수 있다. 음악 그리고 음악의 리듬은 우리 일상감정들의 모형이다. 리듬은 우리 마음의 움직임, 주변 환경과 우리의 결합, 우리의 시간과 템포(속도)의 파악, 우리의 규칙성, 우리의 신뢰성, 우리의 자유로운 연주, 우리의 삶의 기쁨들을 엿볼 수 있게 한다.

리듬은 미래를 예견하는 정보를 제공한다. 일반적으로 음악의 시간적 질서를 우리는 리듬이라고 말한다. 리듬은 이미 들었던 것으로부터 앞으로 들을 것의 예견이 가능할 때 성립된다. 이는 리듬뿐만 아니라 음악 전반에 걸쳐 일어난다. 리듬을 찾는 일은 질서를 찾는 일이며, 이때 질서는 예견의 가능성을 동반한다. 객관성을 목표로 하는 기존의 과학적 관점에 의하면 리듬의 예견 가능성은 거꾸로도 성립해야 한다. 과거로부터 일관된 진행이 전제되어야 한다. 하지만 Thaut의 주장을 보면 "음악에서는 연대기적 시간을 편성하는 삽입된 리듬구조들을 통해 변증법적인 상호작용에서 chronos와 kairos가 모두 표현된다. 그것들은 또한 모든 음악 요소들을 우리에게 감정적으로 말할 수 있는 완전한 음악형태와 곡으로 의미 있게 배열하고, 구성한 것을 이해하는데 필수적인 시간패턴을 구축한다."[22]라고 표현한다. 이미 살펴보았듯이 리듬은 주체의 작용이다. 객관적이면서 주관적인 작용이라는 것이다. 객관성과 주관성을 넘나들면서 우리가 객관성과 주관성 중 어떤 것을 전경으로 또 배경으로 설정하는가에 따라 우리에게 주어지는 의미가 달라진다. 또한 이 주체의 작용은 의식이 스스로 대상을 구성하는 능력에 기초하게 됨으로써 선험성을 포함해야만 된다. 과거를 계속 거슬러 가면 도달하는 선험을 기초로 한다는 것이다. 이것이 우리 개개인이 갖는 고유한 리듬이다. 따라서 음악의 시간질서는 음악으로 성립되었을 경우의 그 안에 담겨 있는 시간적 질서이고, 이 음악에 담겨 있는 질서의 최종적인 바탕은 의식의 선험성이라고 말할 수 있다. 그리고 이를 바탕으로 과거와 미래의 매개인 현재를 나타낸다고 할 수 있다. 간단히 말해서 음악을 담론과 비교하면 쉽다. 우리는 친구와 담론을 할 경우 이는 무한정 이루어지지 않는다. 시작과 끝이 있다는 말이다. 그리고 그 담론의 내용에는 현재 서로 말을 하고 있지만 과거와 미래가 동시에 함께한다.

22) Michael H. Thaut, 리듬, 음악, 그리고 뇌(2009), 차영아 역, 학지사, p. 35

2-1-1. 박(Beat)

박(beat)과 박동(pulse)에 대한 명확한 구분은 잘 되어 있지 않고, 이들의 구분이 모호하다. 그러나 박(beat)은 일정한 시간적 간격으로 규칙적으로[23] 나열되는 일정한 크기의 음을 말한다. 물리적 관점에서 주어진 리듬 패턴을 구성하는 음악의 시간상 위치를 파악하는 기본 틀이다. 즉 물리적으로 박자를 규정하는 근거이다. 그리고 리듬의 기본 단위이다. 아마 시계나 metronome을 생각하면 이해가 빠를 것이다. 이러한 박(beat)은 인간이 인위적인 박자의 개념을 만들기 전부터 지각과 관계없이 이미 존재해 있었다.

2-1-2. 박동(Pulse)

소리의 간격이 일정하더라도 간격이 너무 길거나 짧으면 지각하기 어렵다. 박을 정확히 지각하기 위해 듣는 사람이 내적으로 자신의 호흡을 기준으로 일정한 시간구간을 정해 측정하는데, 이 시간구간을 박동이라고 한다. 즉 박(beat)의 흐름을 마음속에서 만들어 내는 것이다.[24]

물리적인 관점에서 박동은 시간적 간격을 기반으로 존재하기 때문에 박(beat)과 구분하기 어렵지만 박동을 지각의 관점에서 본다면 전혀 다르다. 즉 박동은 일반적으로 객관적인 자극인 박에 의해 드러나는 것으로 이해되지만 실은 주관을 따른다. 여기에 의미를 더해주는 것이 박동과 연결된 호흡이다. 우리의 호흡은 우리의 내적 상태를 나타내는

23) 김연, 리듬의 지각과 인지, 음악의 지각과 인지 I, p. 191

24) Ibid, p. 191

데 일조(一助)한다. 즉 우리의 심리상태에 따라 호흡은 변화를 갖게 된다는 것이다. 이는 호흡이 우리의 내적 상태를 대변한다고 할 수 있다.

2-1-3. 박자(Takt/Meter)

박자는 일정한 시간 간격을 갖는 각각의 박(beat)들이 모여서 규칙성을 가지고 하나의 집단을 형성할 때 나타난다. 이 집단이 일정한 시간 단위로 반복되는 accent를 갖게 되고, 반복되는 강세는 움직임의 질서, 틀, 순서 또는 구조를 만든다. 여기에 칸을 나누면 마디(measure)가 된다. 이를 통해 운율의 어떤 예측 가능한 부분이 의미를 가질 수 있다.

음악사적 측면에서 볼 때 리듬에서 있어서 마디 줄을 써서 규칙적으로 나눈 리듬은 Baroque 시대에 나타난다. 규칙적으로 나눈 리듬은 르네상스 시대 춤에 영향을 받아 생겨나게 되었다. 즉 음악에서는 처음에는 이러한 박자의 형태가 일정하게 나타나지 않았다. 대부분의 음악은 17세기가 지난 후에야 박자에 맞추어 작곡되었다. 규칙적인 간격을 두고 마디 줄에 의해 구분되며, 화성과 악센트의 규칙적인 연속에 상응하는 단일 박자 기호는 춤의 일정한 step 형태에 영향을 받아 Renaissance부터 널리 쓰이게 되었다.

Accent는 리듬에서 중요한 의미를 갖는다. 강세들의 간단한 변화를 통해 리듬들은 기본적으로 성격을 얻는다. 박자는 어느 정도 규칙적으로 발생하는 강세들 사이에 박동의 수를 측정하는 것이다. 만약 우리가 4/4박자에서 1과 3번째 박자를 강조한다면 우리는 Rock음악이나 행진곡 등을 듣게 될 것이고, 만약 우리가 2와 4번째 박자를 강조한다면 우리는 Polka 또는 Jazz를 듣게 될 것이다. 또한 만약 3/4박자에서 첫 박을 강조한다면 우리는 Waltz, Mazurka 등을 듣게 될 것이다.

2-1-4. 운율(Metrum)

일반적으로 운율은 시에 악센트가 있는 음절들을 일정하게 반복적으로 배열함으로써 음악적 효과를 유발하는 방법이다.

의미는 소리에 의해서 전달될 수 있는데, 문자로 표기되어 있을 경우에도 또 그것을 읽는 사람의 마음속에서 음성의 현상으로 재생된다. 언어와 음악은 서로 감정을 전달한다는 공통점이 있다. 그리고 여기에는 리듬과 강세 등 음악적 요소와 밀접한 관련이 있다. 단어의 뜻을 몰라도 단어에 따른 음악적 요소는 어느 정도 공감이 가능하다. 예를 들어 긍정의 뜻을 가진 단어들은 높고 명쾌한 강세를 가지는 반면 부정을 뜻을 내포하는 단어들은 그렇지 않다. 분노나 화를 가진 단어들을 표현할 때는 상대적으로 높은 음고 보다는 강한 악센트가 동반되면서 표현된다. 위험하거나 다급할 경우 단어는 빠른 템포를 갖는다. 특히 Orff의 경우 단어나 문장에 리듬을 붙여 말하기를 원활히 하는데 운율을 적절히 사용한 결과로 볼 수 있다. 이를 기반으로 음악과 율동이 상호작용하여 기초음악(elemental music)개념에 충실하게 한다.

2-2. 빠르기(Tempo)

리듬은 악곡의 느리고 빠른 정도로 속도와 밀접한 관계를 갖는다.

예를 들면 심장박동, 호흡, 보행, 갑상선활동, 신진대사, 신경활동 등등 인간의 생물적 리듬은 생물적인 템포와 밀접하게 연결되어 있다. 따라서 리듬과 병행하여 각 사람들은 각각 개별적인 템포를 갖는다. 그리고 음의 길이는 심장박동 그리고 자발적으로 선택되고 선호되는 템포는 비슷한 범위에 속한다. 따라서 어떤 새로운 집단이 처음 함께 즉흥연주를 한다면, 자발적 그리고 생리학적인 템포가 음악치료에서 나타난다. 이러한 템포는 쾌적한 심장박동 그리고 육체에 기초를 둔 템포에 정착한다.[25][26] 가공되고 연출된 시간성은 기본적으로 세 가지 방식으로 구별될 수 있다. 이 세 가지는 박동(pulse), 박자(meter), 리듬(rhythm)이다. 반면 템포(tempo)는 이들의 성질을 만들고 수식하지만, 이 자체가 시간구성의 방식은 아니다. 따라서 리듬이나 주제는 연주가 빠르건 느리건 간에 동일하게 인식할 수 있다. 템포가 변함에 따라 음악의 성격이 달라지고 또 기준 박에 대한 느낌에 영향을 주기는 하지만 분명 템포가 구성하는 힘은 아니다. 왜냐하면 박을 기본 속도로써 지각하려는 경향이 있기 때문이다.

음악적으로 어떤 적당한 템포 안에서 보행은 공명과도 관계한다. 그리고 이러한 공명은 곧 동질화를 의미한다. 예를 들어 사람들이 음악과 함께 춤을 출 때 시간이 지나면 지날수록 같은 스텝으로 움직이게 된다. 음악적인 경험으로서 리듬과 템포는 모든 행동진행의 동질화를 위한 출발점이 된다.[27] 더 나아가 템포의 변화들을 통한 음악적 표현은 자신이 표현했던 것에 대해 반대로까지 변화시킬 수 있다. 즉 두려움의 음악적 표현이 템포의 변화로 활동적이거나 또는 상응하는 해결감

25) Leslie Bunt, Musiktherapie, Weinheim und Basel, p. 68

26) Ibid, p. 74

27) Ibid, p. 75

정으로 인해 어떤 정화의 개념으로 사용될 수 있다.[28)]

2-3. 셈여림(Dynamic)

셈여림은 소리의 크고 작은 정도인데, 절대적인 크기가 아니라 상대적인 크기를 나타내고 대립하는 힘들이 서로 뒤섞여 상호 움직이는 것이다. 리듬, 소리, 선율에서 세기 변화의 움직임, 조밀함(밀도)의 움직임, 긴장의 움직임, 에너지 그리고 정지의 움직임에 작용한다. 셈여림 힘들은 긴장과 이완이 안정적으로 교차하는 완전한 형태(Gestalt)를 위해 계속적으로 변화하는 영향력을 통해 청취 장소들을 제공한다. 이 셈여림에 따라 곡의 분위기가 달라지고, 같은 높이의 음들이 셈여림에 따라 다르게 지각될 수 있다.

음악의 움직임을 대표하는 속도와 강도의 반대인 쉼(Pause)은 셈여림에서 역설적으로 역동적인 요소이다. 쉼은 속도도 아니고 소리강도도 아니다. 하지만 쉼은 속도나 강도에 따라 상대적으로 크거나 작을 수 있고 지속이나 강약을 가질 수 있다. 쉼 없이는 셈여림이 없기 때문이다. 음악의 시작이나 종지를 비롯하여 음악적 사건 내 형성되는 관계들 심지어 언어에서도 쉼이 없이는 어떤 모양이나 형태가 만들어지지 않는다. 따라서 음악 안에서 침묵은 어떤 식물이나 생물의 씨와 비슷하다. 이미 그 안에 포함하고 있어 씨가 비옥한 땅을 발견할 때 씨는 비로소 형태(Gestalt)를 얻는다. 어떤 음의 발생을 위해, 리듬을 위해 쉼은 기초이자 통합되어진 구성요소이다. 또한 선율을 위해 쉼은

28) Ralph Springe & Roland Droh, Musik-Medizin, Stuttgart, p. 41

연주 동반자이다.

2-4. 소리(Sound/Klang)

소리는 공기의 진동에 따라 우리의 귀에 수용되는 모든 종류의 소리, 즉 말소리, 자연의 소리, 소음, 잡음들 모두를 포함하는 포괄적인 개념이다. 음높이나 음 지속 또는 선율적, 리듬적 움직임들의 경우 악보로 표기하여 나타낼 수 있지만 소리는 나타낼 수 없다. 오늘날 현대 음악에서 순음, 잡음, 인공적 소음, 일상생활에서 과감한 소리사건의 모방 등등 모두 음악에 사용됨을 볼 수 있다. 이러한 소리는 메시지로서 사용되어 아름다운 음악이나 추한 소음(Lärm) 사이의 경계는 없어졌다.

일반적으로 음의 발생원을 음원이라고 말하고 음원에서 발생한 압력의 변화는 음원으로부터의 거리에 반비례한다. 따라서 음원에서 멀리 떨어질수록 소리는 작게 들린다. 이것은 음파가 사방으로 퍼져 나갈 때 음 에너지가 공기에 의한 마찰에 따라서 바뀌어 점점 약해지기 때문이다. 모든 소리는 이러한 원리를 바탕으로 한다. 대개 이 세상에 존재하는 모든 물체에 에너지가 가해지면 진동을 만들어 낼 수 있다. 그리고 이 진동은 공기를 전달매체로 우리에게 전달된다. 즉 소리 감각은 공기압의 변화가 귀에 전달되는 것을 말한다. 그리고 진동은 직선으로 작용하는 것이 아니라 원추형으로 음원을 둘러싸고 퍼진다. 이러한 진동주파수를 Hertz로 나타내는데, Hertz는 1초 동안 어떤 순회적인 진동의 수(數)를 말한다. 또한 이 진동수를 주파수라고 한다. 음높이의 경우 1초 동안의 진동수에 따라 달라지는데, 높은음은 높은 진동수를, 낮은음은 낮은 진동수를 갖는다. 그리고 높은음 즉 진동수가 빠른 음은 낮은 음보다 더 멀리 그리고 더 빠르게 전달된다. 이는 piano에서 잘 볼 수 있는데, 음이 높아질수록 줄의 떨림이 빨라진다.[29] 이러한 관점을 토대로 사람이 들을 수 있는 진동수는 20Hertz–20000Hertz정도 된다고 한다. 그리고 음악에서는 30–4000Hertz의 주파수 영역을 주로 사용한다. 이를 음의 전달속도에 따른 길이로 계산하면 가청주파수인 20–20000Hertz는 1.7–2100cm 파장을 갖고, 음악에서는 파장길이가 8.5–1100cm 사이의 파장을 이용한다.[30] 이는 일반적으로 공기 중에서 섭씨 15도의 온도에서 속도가 343(m/sec)라고 하는 기준을 토대로 계산한 것이다.[31] 이를 달리 말하면 다른 조건에서는 다른 속도를 가질 수 있다는 것을 의미한다.[32] 즉 음의 속도는 매질(medium)에 따라 다르며, 일상에서 쉽게 액체나 고체 중에서는 공기속보다 훨씬 빠른 속도를 갖는 것을 알 수 있다. 결과적으로 높은 탄력성을 갖는 환경일수록 속도는 더 빠르다. 이는 관악기를 비교하면 쉽게 이해가 가능하다. 관악기가 소리를 낼 때 입으로 불어넣는 공기의 양 혹은 압력의 세기, 관의 길이 와 관의 두께가 소리의 높이를 결정한다.

29) Manfred Spitzer, Musik im Kopf, Stuttgart, p. 33

30) Hinrich van Deest, Heilen mit Musik, München, p. 99

31) Ibid, p. 98

32) Manfred Spitzer, Musik im Kopf, Stuttgart, p. 24

2-4-1. 음(Tone)

소리는 다양한 음들이 함께 울리는 것이다. 음악의 기본 토대는 하나의 음이다. 그리고 이 음은 물리적인 성격으로 긴장과 떨림을 전제로 한다. 그리고 사람은 음들이나 소리들을 어떤 일정한 관계의 긴장이나 떨림 관계에서 어울린다거나 편안하게 느끼게 되는데, 이는 주관적으로 체험된 유사성 기준에서 이루어지게 된다.

우리는 눈에 보이는 사물을 정의할 수 있지만 음을 정의할 수 없다. 음이 무엇인지를 알 수 있는 유일한 길은 그것을 듣는 것이다.[33] 그리고 단지 물리적인 원인에 대해서만 정의를 내릴 수 있다. 음악적인 음은 물리적인 음과는 일치하지 않는다. 음악적인 음은 물리적인 음과 음을 인식하고 생산하는 주체사이의 상호교류에 존재한다. 그러므로 음의 인상은 시기마다 그리고 나라마다 변한다. 우리는 객관적이고 물리적인 사실을 인정함과 동시에 주관적인 것도 인정한다. 음은 일정한 주파수의 반복된 울림이다. 우리는 지금까지 음이라 하면 흔히 음악을 구성하고 있는 단위가 되는 소리만을 가리켰는데,[34] 이는 다른 말로 악음(樂音)이라고도 하고 고른음, 탄력 있는 물체의 규칙적이고 주기적인 소리를 가지며, 음의 높낮이를 구별할 수 있다. 또한 소리에는 배음이 없는 음, 그러니까 진동의 cycle이 1회인 순음(純音)이 있는데, 이 음은 강약과 고저 등의 성질을 가지지만 음색의 차이는 감각할 수 없다.

33) Victor Zuckerkandl, 음악이란 무엇인가, 서인화 역(2010), 민속원, p. 22

34) 이석원, 음악심리학, 심설당, p. 90

2-4-2. 소음(Lärm)

Gehart Harrer(1975)에 의하면 소음은 음의 강도나 음의 높이가 빠르게 주기적인 교환이 일어나는 울림이다. 음향진동의 규칙성을 근거로 음의 강도나 음의 높이가 빠르게 주기적으로 교환됨을 의미 하지만, 이는 정보교류를 방해하지는 않는다. 음이나 소리 그리고 잡음과는 반대로 소음의 개념은 물리적으로 정의할 수가 없다.[35] 일반적으로 높은음들을 포함한 잡음은 규칙적인 진동을 갖는 낮은음들을 갖는 잡음보다 더 불쾌함을 느끼게 한다. 여기에는 큰소리도 동반된다. 하지만 불쾌할 정도의 큰소리의 음악은 사람에게 소음이 아니고 음악이다. 이는 규칙성을 갖기 때문이다. 소음과 음은 서로 상보관계를 갖는다. 왜냐하면 소음이 있어야 음이 있을 수 있고, 음이 있어야 소음이 생길 수 있기 때문이다. 이러한 상황은 음색과 공명에서, 선율과 화성에서 그리고 리듬에서도 마찬가지로 주관과 이에 따른 상대성에 관계한다. 따라서 우리는 객관적이고 물리적인 사실을 인정함과 동시에 주관적인 것도 인정해야 한다.[36]

2-4-3. 잡음(Geräusch)

어떤 높은음과 강한 강도의 음이 빠르게 변화되는 것을 말한다. 진동은 매우 불규칙하고 복잡하여 그 성질을 뚜렷이 알 수 없다. 교란적인 울림으로 물리적인 음향진동의 불규칙성을 근거로 함과 동시에 이

35) Gehart Harrer, Grundlagen der Musiktherapie und Musikpsychologie, Stuttgarts p. 21

36) Leslie Bunt, Musiktherapie, Weinheim und Basel, p. 61

러한 진동의 시간적 진행역시 불규칙하다. 이로 인해서 정보교류의 지장을 초래하게 된다. 엔진의 소음이나 잡음은 사람에 따라서 미학적으로 가치를 지니기도 하고 아니기도 하다. 즉 음악이기도 하고 아니기도 하다. 잡음에 따른 문제는 사람마다 그리고 상황마다 매우 다르다. 일반적으로 사람은 자신이 유발한 모든 잡음을 느낀다. 소음으로서가 아니다. 불쾌한 연상을 불러일으키는 잡음들은 부담스러운 소음으로 느끼게 된다.

일정규칙을 가진 주파수를 가지고 있는 음을 들었을 때를 우리의 인식에서 음이라고 말한다. 그러나 음악적 요소의 발달 혹은 확장에 따라 음은 좀 더 광범위한 개념을 가지게 된다. 따라서 소음이나 잡음조차도 음악적인 요소로서 사용될 때를 종종 보게 된다. 그러면 이러한 기존의 음악요소외적인 음들을 음악내로 가져올 때 소음이라고 했던 것들을 무시할 수 없음은 당연하게 된다. 잡음도 소음이다. 그리고 이 둘은 모두 인간에게 불쾌감을 느끼게 한다. 그러나 의미는 상당한 차이가 있다. 일반적으로 사람이 불쾌하게 느끼는 소리는 주관적인 정의이다. 사람마다, 상황마다 인식이 다르다. 따라서 어떤 사람에게는 소음이라 해도 다른 사람에게는 마음에 드는 소리도 있다. 우리는 객관적이고 물리적인 사실과 주관적인 사실을 음악을 인식할 때 공존한다는 것을 인지해야 한다.

소음이나 잡음은 생리적으로, 일상생활에서, 사회적으로 영향을 미치게 된다. 생리적으로는 소화기, 호흡기, 순환기, 신경계 등 생리기능에 영향을 미칠 수 있다. 그리고 일상생활에서는 심리적 불안감이나 주의집중 저하에 영향을 미칠 수 있다. 또한 이러한 생리적, 일상적인 영향으로 인하여 대인관계를 근간으로 하는 사회적인 활동에 지장을 초래 할 수 있다.

2-4-4. 목소리(Voice)

목소리는 우리가 소유할 뿐만 아니라 언제라도 마음대로 할 수 있는 직접적인 매개체이다. 각각의 사람은 자신의 음성 안에 아주 개인적이고 바뀔 수 없는 음색을 갖고 있다. 우리는 우리자신의 음성소리를 선택할 수 없다. 이는 타고나는 것이다.[37] 이러한 음성은 우리의 감정 상태에 따라 변형되어진다. 즉 음색이 변화된 것이다. 불안하거나 두려울 때 음높이나 음의 강도가 적어진다. 반대로 자신감에 차있을 때 음높이나 음의 강도는 증가한다. 음성은 육체적인 문제를 통하여 제지당할 수 있다. 이것인 다시 감정적인 혼란을 만들어 낼 수 있다.

비록 소리들이 가끔은 모순되기는 하지만. 듣는 사람은 자신의 감정적 기초와 마주치는 소리를 수용하는 반면 개인적인 목소리의 소망은 지각을 변화시킨다. 여기에는 객관적인 것은 없다. 리듬들 또는 선율들의 혼합에서처럼 맞고 틀린 것도 없다. 목에서 나오는 소리들은 각자에게 속한 감정들이다. 그리고 음색은 매우 직접적인 연상적 잠재력을 가진다.[38] 자신의 내면적인 상태를 나타낼 수 있는 직접적인 표현수단이 사람의 목소리인 것이다.

2-5. 음색(Tone color/Timbre)

음색은 소리를 만들어내는 재료의 크기, 구조, 연주법 등에 따른 소

37) Ibid, p. 60

38) Ibid, p. 61

리의 변화를 말하는데, 개인적인 배음형태의 조합 그리고 기본음과의 관계의 결과이기 때문이다. 또한 음색은 기본음에 대한 배음의 관계만을 말하는 것이 아니고 다른 요소들과도 관계한다. 음색은 측정할 단위가 없다. 이에 대한 묘사는 주관적인 설명에 의존한다.[39] 따라서 음색의 결정요인으로는 개인적인 상황, 음악이 만들어지는 환경 그리고 악기의 공명능력, 음의 특성(예를 들어 소리강도의 증가는 더 많은 배음들을 가져온다. 따라서 음색을 바꾼다), 악기들과의 합주 등등이 있다.[40] 음색 역시 단지 물리적인 원인에 대해서만 정의를 내릴 수 있다.

악기들이 다르게 울리는 것은 악기들의 배음의 강도가 다르기 때문이다. 즉 배음들의 수나 강도 그리고 배음들의 진동수의 합성 관계는 서로서로 소리의 성격에 영향을 준다. 그리고 배음들은 서로 결합되고 또 공명과 공명상태의 조절에 의해 더해지는 배음의 강화를 통해서 특징 있는 음색을 형성한다. 즉 음색이란 이 함께 울리는 배음들에 의해서 결정된다.[41] 대표적인 예로 트럼펫의 경우 소리의 강도나 크기에 따라 음색이 변한다.[42] 그리고 같은 작품이라도 음색의 차이로 현저히 다른 효과를 줄 수 있다. 음색에 대한 현악기를 예를 들면, 각 현악기들은 현(弦)의 진동을 공명상태의 조절요소인 악기의 몸체를 통하여 현 자체의 소리보다 더 큰 소리를 낼 수 있으며, 더 많은 배음을 만들 수 있다. 그리고 서로 다른 크기의 악기몸체에서 공명을 시켜 더 많은 배음들을 각기 만들어내고, 이렇게 만들어진 서로 다른 배음의 조합형태가 각각의 특징을 형성하게 된다. 이렇게 해서 현악기들은 재질, 주법,

---

39) 최병철, 음악치료학, p. 104

40) Leslie Bunt, Musiktherapie, Weinheim und Basel, p. 58

41) Gehart Harrer, Grundlagen der Musiktherapie und Musikpsychologie, Stuttgart, p. 32

42) Robert Jourdain, Wohltemperierte Gehirn, Heidelberg, pp. 58–59

크기에 따라 다른 음색이 나온다.[43][44] 어떤 바이올린이 소리가 나쁘다면, 그 바이올린의 구조가 무엇인가가 올바른 배음을 형성 하는데 영향을 미치기 때문에 또는 부정확한 배음들이 생성되고 있기 때문이라고 봐도 무방하다. 사람에게 있어서 고유한 개인적인 울림을 갖는 음색의 생성은, 먼저 폐는 필요한 공기를 제공하고 구조상 사람은 후두 안에 발성기관으로 호흡할 때에는 벌어져서 삼각형이 되고, 발성할 때에는 사이가 좁아지는 성문과 함께하는 성대를 갖는다. 여기서 고유한 목소리 형성을 시작한다. 말할 때 성대들은 긴장하고 서로서로 근접된다. 이 결과 오로지 가느다란 공간이 남는다. 공기가 성문을 통하여 밀려들자마자 성대들은 진동한다. 이들의 주파수는 성대의 팽팽한 긴장 또는 느슨한 이완을 통해서 변형되어진다. 여기서 입의 공간 그리고 코의 공간은 혀, 치아들, 입술들의 위치를 통해서 넓어지거나 좁아진다. 그리고 많은 음-음파의 겹침과 혼합에서 일정한 음들에 영향을 미칠 수 있다. 즉 강화되거나 또는 감소되어진다.[45] 따라서 각 사람은 자신의 음성에서 선천적으로 어떤 완전히 개인적인 그리고 독특한 음색을 소유한다. 이는 사람마다 공명의 폭이나 강도가 각기 다르기 때문에 이 세상에는 목소리가 완전히 똑같은 사람은 거의 없다고 할 수 있다. 다만 음색의 발성과 공명 상태를 조절하여 다른 사람의 목소리와 비슷하게 흉내만 낼 수 있을 뿐이다.

---

43) Hinrich van Deest, Heilen mit Musik, München, p. 101

44) Manfred Spitzer, Musik im Kopf, Stuttgart, p. 35

45) Hinrich van Deest, Heilen mit Musik, München, p. 100

2-5-1. 공명(Resonance)

모든 물체들은 외부에서 충격을 가할 경우 진동하게 되는데, 이때 물체들은 고유한 진동수를 갖는다. 즉 물체별로 항상 일정한 주파수를 갖게 된다. 예를 들어 철판이나 나무 조각에 충격을 가하면 서로 다른 소리가 난다. 현악기의 두꺼운 줄이나 얇은 줄을 켜보면, 서로 소리의 성격이 다른 소리가 난다. 이러한 현상들은 각각의 물체가 다른 진동수를 갖기 때문이다. 공명은 하나의 물체에 진동을 일으키게 되면, 즉 음파를 발생시키면 다른 물체에서도 진동을 일으키게 되는 현상이다. 비슷한 음의 파장들이 겹쳐지면서 동일한 파장이 이루어지는 것이다. 소리가 아니라 音으로 확장시키면, 컵에 물을 적당량 담아서 고유진동수가 440Hz가 되게 만들면 라 음을 내게 된다. 여기에 물의 양을 바꾼다면 또 다른 고유진동수를 갖는다. 그런데 물체가 가진 고유진동수를 정확히 일치하는 외부 진동을 주게 되면 물체의 진폭은 점점 커지게 되고 커진 진폭을 물체가 감당할 수 없을 경우 파괴된다. 즉 440Hz의 컵 주위에 440Hz의 자극을 주면 컵이 깨진다. 당연히 자극이 되는 440Hz는 매우 큰 에너지를 갖고 있어야 한다. 공명은 동일파장의 생성을 말한다.

맥놀이(Beats)현상은 진동수가 다른 두 소리가 간섭되어 일정한 합성파가 발생한다는 것이다. 예를 들면 1초에 1000번 움직이는 sin파(∿∿)가 있을 때, 그 곳에 1초에 1001번 움직이는 파가 섞이게 되면 동일한 부분이 있게 되고 그렇지 않은 부분도 있게 된다. 맥놀이는 파장이 합쳐졌다가도 흩어지는 경우이다. 맥놀이는 유사한 파의 생성을 말한다. 연주자들이 동시에 자기의 악기로 같음 음을 연주할 때 악기 사이에 조율이 되지 않으면 맥놀이 현상이 일어날 수밖에 없고 이때 우리가 조율한다는 것은 유사한 파를 제거하는 것으로 볼 수 있다.

물리적으로 음색을 결정하는 요소 중 하나인 공명은 어떤 물체의 진동 에너지가 다른 물체에 흡수되어 그 물체가 진동하는 것을 말한다. 인간의 공명통인 육체나 또는 악기의 공명통은 진동을 통해서 음의 성질, 소리강도, 음높이 그리고 울림의 길이의 변화들에 관계한다. 이들 공명통의 각각 재료들은 특별한 출력으로 진동한다.[46] 이때 원래 진동 에너지의 진동수와 진동 에너지를 받는 물체의 고유 진동수가 가까우면 더 큰 공명의 효과를 얻을 수 있다. 즉 보다 많은 배음이 형성되어 비로소 특징 있는 음색을 갖는다.

이 공명은 리듬에서도 일어날 수 있는데, 사람들 각자는 자기만의 불변의 반복적인 리듬이 있다. 그리고 우리의 몸은 리듬을 만들 뿐만 아니라 숨어있는 리듬과 공명/동조하는 능력이 있다. 어떤 내적으로 그리고 이미 존재하는 리듬의 동조화 때문에 외부의 리듬은 우리에게 쉽게 작용할 수 있다. 우리는 그러므로 외부의 진동에 의해서 수용되어지며 동시에 동조되어진다. 어떤 전체 집단은 리듬적으로 활동적일 수 있다. 따라서 집단무용은 직접적이고 육체적인 집단적인 형태이다.[47] 이것을 동조화라고 한다. 동조화의 또 다른 예를 들면, 다리위로 걸어갈 때 다리가 바람이나 그 밖의 에너지로 영향을 받을 때 다리는 흔들린다. 그 위로 걷는 사람은 어떤 보폭이나 속도를 갖더라도 다리의 흔들림에 맞추게 된다.[48]

---

46) Leslie Bunt, Musiktherapie, Weinheim und Basel, pp. 57–58

47) Manfred Spitzer, Musik im Kopf, Stuttgart, p. 213

48) Ibid, p. 35

2-5-2. 배음(Overtone)

우리가 음악에서 사용하는 주파수 영역에서 모든 규칙적인 진동을 갖는 모든 음들은 물리적으로 기체, 고체 아니면 액체이든지 어떤 물체를 매개체로 진동이 시작됨과 동시에 배음이 형성된다. 즉 진동체에 어떤 에너지를 전달하면 여러 가지의 주파수가 섞여 소리가 나게 된다. 예를 들어 소리굽쇠를 울려서 주의해서 듣고 있으면 소리가 약해짐과 동시에 높이가 달리 들리는 현상을 말한다. 이것은 우리가 알고 있는 음은 사실상 배음을 갖는 한 개의 주파수로부터 그 주파수의 배음들에 에너지가 분산되는 합성음이라는 것을 말해준다. 이러한 현상은 특히 2000Hz 정도의 주파수 영역에서 두드러지는데,[49] 우리가 일상에서 소음이나 잡음의 정확한 구분 없이 사용하는 일반적인 소리라고 하는 것은 바로 이러한 배음을 갖는 음을 말한다.[50] 이때 가장 낮은 주파수가 근음으로서 그 울림의 음정을 알려주고 나머지들을 배음이 된다. 그리고 이 배음들은 음색을 결정한다.[51] 음악적인 음들 또한 배음들의 고정된 연속 순서로 구성되었기 때문에 각각의 음은 기본 주파수의 상부에 여러 Octave이상의 화음을 갖는다. 그럼에도 불구하고 우리의 뇌는 어떤 통일체를 분류하여 이해한다. 즉 우리의 뇌는 외부자극들의 범주화를 통하여 규칙적인 배음관계를 잘 구분하고 이해한다.[52] 여기에는 이유들이 있는데, 이 중 하나는 어떤 음의 에너지의 큰 부분은 자신의 기

---

49) 이석원, 음악심리학. 심설당. p. 79: 관현악단이 다같이 ff로 연주하는 부분 속에서도 피콜로 독주소리는 유난히도 튀어나오는 것으로 들리는데, 이는 피콜로의 음색이 순음에 가깝고 그 주파수 영역은 2000Hz 정도이기 때문이다.

50) Gehart Harrrer, Grundlagen der Musiktherapie und Musikpsychologie, Stuttgart, p. 21, p. 32

51) Hinrich van Deest, Heilen mit Musik, München, p. 105

52) Robert Jourdain, Wohltemperierte Gehirn, Heidelberg, p. 56

본음에 있기 때문이고, 다른 이유는 기본음(전경)은 분명한 배음(배경)들에 의해서 지지되어지기 때문이다. 만약 기본음이 A라면 A의 음 특색과 소리는 높은 Octave에서 음의 반복으로 항상 강화된다. 게다가 각각의 배음은 기본음과 융합되는 경향이 있다. 만약 배음들이 정확하게 융합되었다면, 배음들은 정확하게 일치한다.[53]

2-5-3. 음고(Pitch)

음높이는 소리 진동수의 차이로 인한 높고 낮음이며, 소음으로 들리지 않을 정도로 진동수가 명확하고, 안정적인 소리가 이어진다. 일정한 시간 동안에 진동하는 진동수에 따라 결정되며 진동수가 많으면 진동이 빨라지면서 높은 음이 되고 진동수가 적으면 진동이 느려지며 낮은 음이 된다. 즉 음고는 소리의 높낮이를 말한다. 이는 음파의 매초 당 진동수의 차이를 말한다. 진동수가 많으면 고음으로 적으면 저음으로 인식한다. 진동수의 단위는 헤르츠(Hz)로 표시하며 사람의 귀는 20~20000Hz의 소리를 감지할 수 있어 이 범위의 소리를 가청음이라 한다. 음고(소리의 높이)는 음파의 진동수에 관계하지만 비례하지는 않는다. 진동수가 2배가 되어도 소리의 높이는 2배가 되었다고 하지 않고, 본래의 높이보다 1옥타브 높은 음이라 한다. 소리의 높이(주파수)는 오른쪽으로 갈수록 소리가 높아지는 피아노 건반의 역할과 유사하다. 높이가 다른 두 음을 들었을 때 대부분의 사람은 그 중 어떤 음이 더 높은지 하는 상대적인 음고 만을 판별할 수 있다. 음고에 대한 느낌

53) Ibid, p. 57

은 항상 주관적인 것이다. 사람들은 음고의 느낌을 바탕으로 보편적인 기준을 만들 수 있을 뿐이다.

우리가 조율할 때 A4는 440Hz라고 알고 있다. 이 440Hz는 어떤 과학적 증명에 의한 것이 아니라 사람들끼리 정한 것이다. 그리고 이러한 음고의 표준이 지금까지도 적용되고 있다. 하지만 가끔 금관악기나 성악에서 높은 소리일수록 화려해지는데 이를 목적으로 A4를 442Hz, 444Hz로 높게 잡아 연주하는 경우도 있다. 하지만 음고의 표준이 움직이면 악기에 여러 가지 문제점이 생겨난다. 한 악기가 다른 음고를 기준으로 연주하면 똑같은 음을 내수 없고 음조(intonation)도 달라진다. 이러한 현상은 특히 목관악기에 심하게 나타난다.

음고 속에는 높이의 개념만이 존재하는 것이 아니라 성격의 개념도 내재한다. 한 옥타브 차이를 둔 음들에서 동질성을 느낀다는 것, 즉 A라는 음은 그것이 어떤 옥타브 영역에 있든지 간에 A로서의 속성을 갖는 것으로 느껴지는 현상은 각 음고 마다 독특한 특성을 가지고 있다는 뜻이다. 결국 한 개의 음고를 다른 음고와 비교하지 않고도 즉각적으로 가려낼 수 있는 절대음고가 소리의 높이에 대한 지각력이 아니라 각 소리의 성격을 파악하는 능력이다. 따라서 절대음감이라는 것은 자신이 배운 음악의 범주 속에서 가질 수 있는 즉각적이고 절대적인 음고 지각능력을 말한다. 그래서 앞의 음과의 상호 음정 관계에 의존하여 상대적으로 지각하는 것이 아니라, 한 음의 성질을 사고함 없이 지각하는 것이다.

2-5-4. 음량(Loudness)

음량은 음파의 진폭에 따라 달라지며 진폭이 크면 소리가 세게 들리게 된다. 피아노와 같은 발음체의 경우 세게 두드릴 경우와 약하게 두드릴 경우에는 소리의 감각이 달라지는데 이 감각의 차이는 음량(음의 세기)에서 비롯되며 그 단위는 물리적인 양인 음압 레벨로 decibel(dB)을 사용한다. 감각적인 소리의 크기는 물리적인 소리의 세기(dB)와 일치하지 않는다. 음량(Loudness)과 강도(Intensity)라는 말은 일반적으로 혼용되어지고 있는데 사실상 이들의 개념은 다르다. 따라서 데시벨을 음량의 단위로 이해하는 것은 무리가 있다. 데시벨은 두 개 이상의 강도들 간의 관계를 나타내기 위한 자극 단위이며, 물리량들 간의 비율 수치이다. 데시벨은 음의 강도 수준을 나타내는 단위이다. 강도라는 말은 대개 물리적으로 에너지나 압력으로 이해될 수 있는 소리의 크기를 의미하지만 음량은 직접적으로 소리를 들음으로써 얻을 수 있는 감각의 한 양상이다. 같은 소리 세기(dB)라도 소리의 높이(진동수/주파수)가 다르면, 우리의 귀에는 다른 크기로 들린다. 일반적으로 주파수가 높은 소리는 주파수가 낮은 소리보다 귀에 가해지는 스트레스가 크며 감각적으로 크게 들리게 된다. 물리적 세계에서 큰 에너지를 가지는 소리가 심리적으로 크게 느껴진다는 것은 당연한 사실이다. 똑같이 30dB이라도 주파수가 1000Hz일 때는 잘 들리고 100Hz일 때는 지각이 잘 안 된다. 결국 저음으로 갈수록 더 큰 강도를 가져야 똑같은 음량을 낸다는 사실을 반영한다. 이는 인간의 귀는 저음으로 갈수록 둔감해 진다는 것을 말해준다. 음량이 소리의 강도뿐만 아니라 주파수에 따라 크게 변하기 때문에 강도 측정치인 데시벨이라는 단위만으로는 그것이 우리에게 어느 정도 크게 느껴지는지 알 수 없다. Contrabass

는 Flute의 3배 정도의 에너지를 갖는다. 이들이 함께 연주하게 된다면 Flute의 소리가 더 크게 들린다. 저음악기인 콘트라베이스는 플룻보다 강도는 훨씬 높지만 음량이 적기 때문이다. 이때문에 관현악단에서 상대적으로 큰 에너지를 갖는 콘트라베이스 주자가 플룻 주자보다 더 많아야한다. 관현악단의 음향은 물리적 변수인 강도가 아니라 심리적 변수인 음량에 따라 맞추어져야 한다.

물리적으로 무한한 주파수의 연속 속에서 우리의 귀가 들을 수 있는 영역은 일부분에 지나지 않은 것과 마찬가지로 소리의 세기에도 우리가 들을 수 있는 범위는 한정되어 있다. 즉 우리의 귀로 들을 수 없는 작은 소리가 있고 우리의 귀를 손상시킬 수 있는 큰 힘을 갖는 소리도 있다는 말이다.

2-5-5. 음가(Duration)

음악의 빠르기는 시간에 따른 화성적인, 멜로디적인 정보의 전달로서 이해된다. 예를 들어 불안을 완화하는 음악으로서의 사용으로 음악은 빠르고 활발한 음악이 정화의 개념에 상응하는 감정의 긴장을 해소하는데 작용한다. 또 다른 예로서 음악의 빠르기는 기쁘거나, 긴장해소의 상황에서 효과적으로 사용될 수 있다.

2-6. 선율(Melody)

하나의 선율은 다수의 음들로부터 그리고 이들의 리듬적 배치로 이루어진다. 선율은 높이가 다른 2개 이상의 음들을 수평적으로, 즉 시간을 기준으로 배열한 것이다.[54] 이 배열에서 1초 내의 진동수인 주파수에 따른 음의 높낮이, 진동시간의 길이인 음의 길이, 그리고 쉼표에 의한 소리의 중단을 포함하여 다양한 리듬의 요소가 서로 유기적으로 결합된 것이라고 이해되어진다. 원래 선율은 언어의 현상과 함께 한다. 실제로 우리가 단어들 그리고 문장들을 우리들이 원하는 의미에 따라서 강세를 둔다면 언어 선율이 나타난다. 음악에서 주요 음들의 드러남 그리고 덜 중요한 음들의 뒤로 물러남, 목소리의 높아짐 그리고 낮아짐, 반복 또는 사라짐, 의미의 발생, 일정한 선율 부분의 감정화 이들은 어떤 음 순서를 선율적으로 만든다.[55] 게다가 일정한 음 간격 그리고 음계들은 항상 반복적으로 비슷한 감정적 배경(전후맥락)을 나타낸다.[56] 선율의 형성은 기술적인 과정이 아니라 오히려 어떤 구성적인 발생이다. 그리고 음들을 어떤 생동감 있는 선율로 형태화 하는 태도 또는 감정의 핵심이다. 예를 들면 독재적인 사람들은 자신의 마지막 단어를 특히 강조하는 경향이 있다. 불안정한 사람들은 때때로 어떤 강조를 피하려는 경향이 있다.[57]

2-6-1. 음정(Interval)

하나의 음에서 두 번째 음으로 도약이다. 음정들을 선율과 소리에서 구별하는 능력에 대한 이해는 음악의 화성적 기본질서를 제공한다.

54) Manfred Spitzer, Musik im Kopf, Stuttgart, p. 81

55) Hinrich van Deest, Heilen mit Musik, München, pp. 140–141

56) Leslie Bunt, Musiktherapie, Weinheim und Basel, p. 79

57) Hinrich van Deest, Heilen mit Musik, München, p. 141

음정 도약은 리듬적 그리고 소리적 부분들과 함께하는 선율의 구성요소이다. 음악에서 음정은 물리적 측정이 중요한 것이 아니라 경험에 따른 의미가 중요하다. 중요한 것은 음정에 대한 이해이다. 같은 음정을 들어도 사람마다 각기 다른 느낌을 가질 수 있다. 그럼에도 불구하고 오래전부터 사람들은 각 음정마다 의미를 부여하였다. 그리고 많은 사람들이 이 의미를 받아들였다. 거듭 말하지만 이것은 주관적 선호도를 기반으로 도출된 것이지 정확한 물리적인 측정에 의한 것은 아니다. 따라서 획일적이고 객관적인 측정기준이 될 수 없다.

다음은 흔히 사람들이 주관적으로 성격지은 음정을 말하는데 이것은 추측을 이야기할 뿐이다. Octave는 배음 순서에서 첫 번째로 항상 듣게 된다. 완전히 신뢰할 수 있게 분위기에서 작용한다. 이는 1:2의 비율에서 생성되는데 1에서 2로 분할을 상징한다. 이것을 통해 남성과 여성의(완)전체 또는 남성과 여성의 상호관계된(양)극성들을 나타낸다.

2°는 두 위치들 간의 진동 또는 갈등으로 차이(편차)의 첫 번째 형태, 단일에서 벗어난 단계이다. 긴장, 마찰 그리고 차이를 생산한다. 그리고 움직임을 생성한다. 불을 유발하고 개발(발전)을 촉진시킨다. 창조, 실험, 변화를 상징한다. 또한 반대로 퇴행이나 반란 또는 균열(파손)을 상징하기도 한다.

3°는 선율이나 화성의 단조 특징과 장조특징을 결정한다. 소리의 개성이나 조성의 특징을 결정한다는 것이다. 3°는 단3°에서 장3°(장조-단조)의 반음 거리를 가지고 밝음-어둠, 기쁨-슬픔, 경쾌(쾌활)-우울(의기소침) 등등 분위기들을 나타낼 수 있다. 3°는 마치 하늘에 있는 것 같이 아무런 제약이나 저항 없이 감정이 극으로 손쉽게 연결될 수 있다.

4°(특히 완전 4°)는 5°와 함께 가장 열려있는/방해가 없는, 일정한

방법에서 거의 구속력이 없는 순수한(깨끗한) 음정이다. 배음에서 기본음(기초음)에서 다시 시작은 4°가 중립적으로 작용한다는 느낌에 대한 근거로 보인다. 4°는 시작한다. 새로운 단계가 시작한다. 발달들을 시작한다. 많은 노래들 그리고 작품들이 기초 음(근음)에서 4°도약으로 시작한다. 4°는 부드럽고 그리고 좋은 시작처럼 확실하게, 정진, 확장 그리고 동시에 만족감처럼 개별적으로 올린다.

5°(특히 완전 5°)는 자연처럼 완벽하고 거의 옥타브처럼 순수하다. 5°는 종지를 이끈다. 많은 선율, 화성진행은 하향 5°도약으로 끝난다. 또는 근음에서 상향 5°도약으로 끝난다(V–I). 5°는 배음에서 5번으로 두 번 나타난다. 이중 두 3°(장3°+단3°)가 행해져 소리가 난다. 그리고 5°에서 3화음의 완성을 만든다. 사물에 대한 주요 생각, 최종 결과를 상징한다.

6°는 옥타브에서 3°의 거꾸로 또는 보충을 형성한다. 6°는 연결되고 채워져 어떤 강한 소리적인 생산력을 갖고 그리고 어떤 밋밋하고 가끔은 가벼운 우울의 분위기를 전달한다. 6°는 음정들 중에서 충분히 성장한, 성숙한, 차분한, 영리한 것이다. 그리고 자신들의 소리 특성에 포괄적인 그리고 연결되는 요소들을 통해 종종 연상을 일으킨다.

7°는 2°의 거꾸로 또는 보충이다. 20세기 Jazz나 Blues에 큰 의미가 있다. 불협이라서 거부되었었는데 현재는 일반적인 것이 되었다. 7°는 엄청난 긴장을 전달한다. 그리고 7°는 급박하고, 강제적인 영향을 준다. 7°는 구원(해방), 해결(해체), 이완을 부른다. 7°는 에로틱한 분위기를 갖는다.

2-6-2. 화성(Harmony)

높이가 다른 2개 이상의 음이 동시에 울리는 것을 의미하는[58] 화음(chord)들의 상호조화된 연결 체계로서 화성(Harmonie)은 단지 습관적으로 적절하게 울리는 3화음 그리고 긴장을 피하는 일치(융화)가 아니다.

화음이 일정한 법칙에 의해 연결된 것을 의미한다. 따라서 3화음이란 3도 간격으로 쌓여진 세 개의 정지된 음을 말한다. 따라서 화음은 주파수가 다른 두 개의 음이 동시에 날 때 맺어지는 관계로 정의될 수가 있다.[59] 그리고 화성은 높이가 다른 2개 이상의 음들이 수직적으로 동시에 울리는 화음(Chord)[60]들의 연결을 말하며, 선율과 리듬의 배경이 되며 음색을 변화 있게 나타낸다. 여기서 각 구성 음들 간의 넓이에 따른 성격이나 음의 밝기(음이 높을수록 밝게 인식 된다), 그리고 외적인 조건에 따라 화성의 색의 변화가 일어날 수 있다. 음악치료에서 화성이란 개념은 복합적인 상호작용(영향)을(즉흥)연주에서 나타낸다. 음악적인 상호작용을 통해서 두 사람들은 자신의 부분들의 종합보다 큰 어떤 새로운 것을 창조한다.[61]

2-6-3. 협화음(Consonance)과 불협화음(Dissonance)

이전에도 지금도 협화음은 장3화음을 말한다. 이 장3화음을 제외

58) Manfred Spitzer, Musik im Kopf, Stuttgart, p. 81

59) 최병철, 음악치료학, 학지사, p. 104

60) Triad/ 화음은 3도 간격으로 쌓여진 3개의 음들을 지칭한다. Chord와는 차이가 있다.

61) Leslie Bunt, Musiktherapie, Weinheim und Basel, p. 80

한 모든 화음들은 화성학 적으로 불협화음의 정도에 따라 이름이 달라진다. 중세 시대 협화음과 불협화음은 서로 좋음과 나쁨, 선과 악, 쾌와 불쾌 등 대립된 의미를 가지고 있었다. 그리고 협화음과 불협화음은 두 개 이상의 소리가 긴장으로 또는 이완으로 경험되는가에 따라 결정된다. 물론 이들은 진동비로도 설명될 수 있다. 그리고 음정의 구성으로도 설명될 수도 있다. 즉 협화음과 불협화음은 동시에 울리는 음정들의 작용에 의해서 생긴다. 불협화음을 배음에 기초해서 설명하면 불협화음은 맥놀이 현상이 생겨서 나타난다고 한다. 즉 두 개의 음이 동시에 울릴 때 두 음들의 배음들 사이에 맥놀이가 일어나 불안하게 들리고, 합쳐진 소리가 끊김이 생길 때 불협화음이라고 한다. 이 반대 현상이 일어나면 협화음이라고 한다. 하지만 이렇게 객관적으로 설명된 근거들은 근거일 뿐이다. 왜냐하면 협화음과 불협화음의 기준은 주관적이기 때문이다. 그리고 협화음은 시대에 따라 달라졌고 불협화음도 시대에 따라 달라졌다. 협화음과 불협화음을 흐르는 것을 배제하고 하나의 화음만을 가지고 설명한다면 위의 설명을 타당할 수 있지만 선율 안에서 또는 흐르는 음악 안에서 협화음과 불협화음은 또 다른 주관적 이해가 필요하다. 예를 들어 우리가 화성학에서 불협화음이 나타나면 꼭 해결을 한다. 그런데 불협화음의 해결에 있어 바로 다음에 해결하지 않고 지속음개념으로 나중에 해결된다면 그리고 중간에 화성들이 존재한다면 과연 우리는 불협화음이라고 정의 내릴 수 있을 까하는 의문이 생긴다. 이러한 것은 악보 상으로는 이해가 되지만 실재 연주에서는 과연 불협화음이라고 정의 내리는 것은 전적으로 주관의 몫일 것이다. 따라서 각 개인이 화성에 대해 어떠한 감정이나 내적 상태와 관련시키는가가 중요하다.

2-7. 형식(Form)

고정과 움직임, 해체(풀림)와 단단해짐, 상승과 붕괴, 개방과 폐쇄, 내적과 외적 특성들은 어떤 형식이 있다. 어떤 움직이는 내용의 고정된 대조로 형식을 생각하는 것은 잘못된 것일 것이다. 형식은 생성과 해체, 집중과 확산, 유형과 무형 등으로 끊임없이 자유롭게 다양하고 가변적 성격을 갖는다. 모든 자유는 하나의 형식을 갖는다. 하지만 변형 가능하다. 그러므로 형식들 자체가 어떤 변형의 수단인 자유로운 즉흥연주는 형식을/구조를 가진 즉흥연주가 된다.

우리는 일반적으로 우리의 표현에 적절한 고유 형식을 갖는다. 그리고 고유한 형식을 완성하고, 변형한다. 항상 형성과 변형이 반복적으로 일어난다. 비정상적인 사람들은 형식의 변형이 불가능한 사람이다. 충족되지 않은 욕구들에 대한 불안감 때문에 형식에 매달린다. 욕구내용의 흐름이 위협적이고, 지치고 또는 고통스러운 것이기 때문에 끊임없이 경직된 형식들(증상들)을 발전시킨다. 내담자가 이러한 형식을 포기하고 그리고 현재를 직시하는 것이 준비된다면 치료가 가능하다. 치료는 특별한 상황에 외부적으로 고정된 사회적 형태들을 얻을 수 있는 창조적인 상상력과 자발성으로 구성된다. 형성과 변형에는 전경과 배경이 작용한다.

2-8. 짜임새(Texture)

음악은 monophony, homophony 그리고 polyphony를 바탕으로

구성되어진다. 여기서 monophony 자체로는 수직적 구성을 기초로 하는 화성이 없는 단순한 단선율(melody)만 있기 때문에 성부(聲部)들이 결합된 형태인 짜임새가 생길 수 없기 때문에 Victor Zuckerkandl은 monophony를 제외하고 homophony와 polyphony를 짜임새의 기본형으로 이해한다.[62] 물론 음악에서 단선율 연주가 아무 의미가 없다는 것이 아니다. 실제로 음악 속에서 단선율은 선율은 분명하게 듣는 사람에게 드러내어 강한 인상을 남기고자 하거나, 안도감이나 긴장이완 같은 정서적 효과를 기대할 수 있게 한다.

Homophony란 원칙적으로 같은 조성을 기반으로 한 성부가 주 선율을 연주하면 다른 성부는 주 선율에 대한 반주하는 형태를 취한다. 여기서 Zuckerkandl의 표현을 빌리자면 아래와 같다.

> "호모포닉(homophonic)한 음악에서도 다성 음악(polyphony)에서와 같이 상이한 음들이 계속 함께 소리를 낸다. 그러나 이것은 선율들, 정확히 말해서, 동시에 진행하는 동등한 선율들의 결합의 결과가 아니다. 여기서 선율의 직물은 주도적인 한 선율 혹은 성부와 이를 보조하는 소리가 결합되어 구성된다."[63]

이러한 표현은 나중에 알게 되겠지만 homophony와 polyphony를 구분하는 기준을 제시한다고 볼 수 있다. polyphony로 돌아가서, 여기에는 주와 보조의 관계가 있으며 각각의 성부들이 하나의 화성 안에서 연주 된다. 그러나 분명한 것은 주선율이 강조된다는 것이다. 즉 이 주선율이 한 곡을 대표하는 성격을 가진다.

62) Victor Zuckerkandl, 음악이란 무엇인가, 서인화 역(2010), 민속원, p. 88
63) Ibid, p. 89

homophony는 다성 음악이라고도 하는데 각각의 성부가 동등한 독립적인 성향을 가진다. 따라서 polyphony보다 상대적으로 화성의 영향을 덜 받는다. 그래서 polyphony의 경우 주선율을 꼭 들어야 무슨 곡인지 알 수 있지만, homophony에서는 아무 성부를 들어도 무슨 곡인지 알 수 있게 된다. homophony와 polyphony의 공통점은 진행하는 선율이라는 수평과 화성이라는 수직이 교차하면서 직물을 구성한다는 것이다. 이러한 사실로 인해 짜임새(Texture)가 생겼다. 이를 가장 잘 나타내는 것이 화성과 대위가 서로 보충적으로 이루어지는 Fuga이다. 성부의 짜임새뿐만 아니라 짜임새는 소리에서 음역이나 accent의 양(量)과 음색이나 리듬의 질(質), 화성적 전위나 구성 상태에 따른 밀도(密屠)를 나타낸다.

3

즉흥연주의 의미

우리가 음악을 연주한다는 것은 무슨 의미인가? 특히 즉흥연주를 한다는 것은 무엇을 의미하는가? 즐기기 위해서? 그냥 좋아서? 왠지 편안해서? 음악학도라면 성공을 위해서? 좀 더 멋있게 포장을 하면 다른 사람과의 소통을 위해서? 모든 질문들을 다 떠나서 지금 내가 하는 음악활동은 무슨 의미인가? 그리고 음악치료 임상에서 즉흥연주는 어떤 의미인가? 조금은 장황하지만 이러한 질문에 답을 구하고자 한다.

상당히 오랫동안 우리는 동서양을 막론하고 우리의 신체를 하등한 것으로 치부(恥部)하였다. 이에 대해 굳이 예를 들지 않아도 우리 일상에는 신체에 관계된 저급한 말들이 무수히 많다는 것을 확인할 수 있는데, 이는 정신과 신체가 분리되었다는 심신이원론(心身二元論, mindbody dualism)에 따른 결과물이다. 고대 그리스 철학자 Platon은 Socrates와의 대화 편 중 Phaidon에서 육체가 우리의 탐구과정 도처에서 끼어들어 소란과 혼란을 일으키며 얼빠지게 만들어 육체로 인해서는 참된 것을 볼 수 없게 된다.[64]고 하면서 신체(soma)와 영혼(psyche)을 구분하고, 인간 존재, 인식, 윤리적 실천 등에 있어서 기본적으로 영혼이 주도적인 역할을 하고 욕망을 가진 몸을 아주 저급하게 표현한다. 더 나아가 신체는 죽음으로 사라지지만 영혼은 영원하다고까지 주장한다. 이러한 주장은 18세기 이후 로크(J. Locke), 버클리(G. Berkeley), 흄(D. Hume) 등으로 대표되는 경험주의(empiricism)와 합리주의자 Descartes, 선험주의자 Kant 등으로 대표되는 주지주의(intellectualism)까지 이어진다. 그리고 이러한 뿌리 깊은 신체에 대한 이해는 현재 우리의 삶에까지 영향을 미치고 있다. 이들은 공통적으로 영혼의 동의어인 의식과 신체는 근본적으로 별개의 실체라고 생각하여 의식은 정신적인 것으로 신체는 물질적인 것으로 구분한다. 이러한 사실을 근거해서 우리의 연주행위를 생각해보면 "음악은 우리의 감정 혹은 정서를 표현한다."고 하는 말은 성립되지 않는다. 왜냐하면 연주는 우리의 보잘것없는 신체 없이는 불가능하기 때문이다. 감정이나 정서는 신체 속한 것인가? 아니면 정신에 속한 것인가? 이를 통한 표현은? 이후의 설명에 앞서 결론적으로 말하면 우리가 연주를 한다는 것은 신체와 정신이 동시에 작용함을 말한다. 그리고 행동과 지각이 동시에 이루어진 결과로서 즉흥연주는 이를 기반으로 한 연주자의 내적 상태의 표현으로 이해할 수 있다.

---

64) Platon, 플라톤의 네 대화편, 박종현 역주(2003), 서광사, p. 298

3-1. 즉흥연주에서 연주자의 연주행위와 지각 (Perception)

지각은 신체에 관련되어있는 것일까? 아니면 정신에 관련된 것일까? 지각은 모든 행위의 배경이자 조건이고 소통이다. 따라서 연주자의 연주행위 역시 지각을 기반으로 이루어진다. 배경과 조건이라는 말은 어느 정도 유추를 통해 가능하다고 할 수 있겠으나 소통? 좀 의아스러울 것이다. 일반적으로 지각은 감각기관을 통하여 대상을 인식하는 것을 뜻하는데, 이 지각이 없다면 음악활동 자체가 불가능하다. 예를 들어 듣지 못한다면 연주가 가능할까? 또 우리의 촉각이 없다면 악기 연주가 가능할까? 여기서 중요한 점은 지각은 지각 자체로 남는 것을 목적으로 하지 않는다는 것이다. 행동을 목적으로 한다. 그리고 이 행동에는 당연히 표현도 포함된다.

Merleau-Ponty는 지각이 모든 행동의 기초이며 전제조건이라고 강조하면서 지각이 우리의 지식획득까지를 포함한 모든 행위의 근원이라고 주장한다. 왜냐하면 지각을 통한 지각 경험은 모든 지식에 있어 근원적인 역할을 하므로 지각 경험을 통해 발견한 의미는, 즉 지각적 의미는 모든 의미의 전제조건이 된다. 이러한 이해는 이성과 신체가 각기 따로 구분된 것으로 이해하는 지금까지의 철학들에서 볼 수 있었던 진리나 객관성이 이성이 아니라 지각이라는 것을 의미한다. 이러한 지각에 관한 Merleau-Ponty 저술의 상당부분들이 공통적으로 의식을 정신적인 것으로 신체는 물질적인 것으로 구분하는 경험주의와 주지주의의 심신이원론을 부정하는데 주력한다. 즉 심신일원론(心身一元論, mindbody monism)을 주장한다.

먼저 경험주의에서는 독립적이고 객관적으로 존재하는 대상에 대한 관념은 대상이 지닌 감각자료가 감각기관을 통해 들어오고, 우리는 감각기관에 의해 외부세계를 경험하고, 그 대상에 대한 우리의 주관적인 인상을 갖게 되고, 이 인상이 이전에 알았던 사물에 대한 기억을 환기시킴으로 지각하고 있는 대상이 무엇인지 인식하게 된다. 즉 과거에 축적된 정보들에 기억투사를 기초로 하나의 인상과 다른 인상을 결합하는 주체의 정신적인 상상력인 관념연합(association)활동을 통해 지각에 의미가 부여된다. 이러한 대상에 대한 경험을 통해서만이 지식을 얻을 수 있다. 그리고 이 지식을 얻는 과정에는 자극-반응이라는 인과관계가 있다고 생각한다. 그래서 하나의 외부자극에 맞게 하나의 반응이 일어난다고 이해한다. 이러한 자극과 반응이라는 인과적 관계에서 지각하는 주체는 세계 내에 존재하는 대상들 중의 하나로 다른 대상이 주는 자극의 강도에 따라 반응하는 수동적인 특질을 갖는다. 경험주의 입장에서는 이러한 사실이 명쾌하게 설명이 되어야한다. 그런데 음식을 보면 배가 고플까? 반대로 배가 고프면 음식이 생각날까? 여기까지는 어떤 식으로든 쉽게 설명될 수 있다. 하지만 배가 부른데 무언가 먹고 싶다는 것은 무엇일까? 나의 이성으로는 저녁을 6시에 먹었고, 아직 배고픔을 다시 느끼려면 소화되는 시간이 지나야 하는데, 소화가 되기 전인데 배가 고프다면? 경험주의에 입장에서 외부의 자극이 없다면 반응은 일어날 수 없다. 다른 자극과 반응의 관계를 찾아야 할 것이다.

주지주의의 경우 지각 경험의 원천을 외부로부터의 감각적 경험을 무시하고 주체의 주의(attention)나 판단(judgement)과 같은 이성적 활동에 둔다. 왜냐하면 우리는 대상을 파악할 수 있는 지적 능력이 있기 때문이다. 대표적인 주지주의자 Descartes의 경우 인간의 정신은 원래부터 직관과 연역을 소유하고 있으므로 이를 이용하여 절대적이고 확실한 지식을 얻기 위해 그리고 참과 거짓을 가려내기 위해 이미 존재하는 모든 것을 의심하여(방법적 회의) 인간의 이성에 근거하여 새로운 지식 체계를 정립하고자 하였다. 이러한 의심의 결과 의심하는 "나"는 의심할 수 없다는 결론에 도달하게 된다. 따라서 유명한 "나는 생각한다. 그러므로 존재한다(cogito, ergo sum)"라는 말이 유일한 진실이 된다. 여기서 "나"는 당연히 이성의 지배를 받는 "나"이다. 이에 따라 주지주의자들은 대상을 보고 만짐으로써 직접적으로 파악한 감각자료에 따른 감각적 경험은 불확실하기 때문에 믿을 수 없다고 한다. 따라서 대상에 대한 지식은 대상을 다른 대상과 분리하여 분명하게 지각하는 주의나 감각과 이성의 반성을 기반으로 하는 판단과 같은 이성적 활동을 통해서만 구성될 수 있다. 그리하여 감각에 대한 이성의 깊은 성찰을 통해서만 사물에 대한 인식이 가능하다. 이러한 생각을 바탕으로 Descartes는 사유하는 자아를 믿고 감각을 불신하고, 인간을 정신과 신체로 구분함에 따라 정신을 신체의 우위에 두다 못해 무시하고, 신체를 기계적인 것으로 설명했다. Descartes의 입장에서 우리가 무엇인가를 보는 것은 우리의 정신 즉 우리의 의식이 보는 것이지 나의 눈이 보거나 눈에 의해 자극을 받은 뇌가 보는 것이 아닌 것이 된다. 그리고 정신과 신체의 개념이 지나치게 상반된 나머지 육체는 그 본성이 기계적인 연장이고 어떠한 심리 요소도 포함하고 있지 않은 순수한 물질로 존재한다고 이해했다. 이러한 정신과 신체의 이분법적 사고는 정신과 신체뿐만 아니라 모든 실재를 두 개의 대립적 영역으로 구분시켜 보게 하였고, 우리가 살고 있는 세계를 이러한 대립적 영역의 토대를 기반으로 위계적 질서와 체계를 지닌 것으로 인식하게 하였다. 그리고 영혼을 불변하는 것으로 중요하게 생각한다. 따라서 인간의 삶은 현재의 의미보다는 내세의 의미를 바탕으로 이루어지며 이곳보다 더 나은 곳 이것 보다 더 완벽한 어떤 것을 찾고, 얻기 위한 진리와 인식의 문제에 치중한다. 그 결과 인식이 정당성을 얻기 위해 객관성이 대두되었다. 관찰을 기반으로 하는 관점에서는 주관성이 들어있지 않은 객관성을 지향한다.

하지만 Merleau-Ponty입장에서 주의(注意)나 판단은 근본적으로 지각을 바탕으로 해서 이루어지는 것이고, 이미 지각 속에 포함되어 있는 작용으로 이해한다. 주의라는 것은 우리가 지각을 통해 받아들인 불확정적이고 희미한 대상을 배경으로부터 더 확실하게 떼어놓는 것일 뿐이다. 또한 판단은 지각을 벗어난 이성적 행위가 아니라 의식화된 지각일 뿐이다. 자연적 경험과 생활체험에서 비롯되는 지각을 배제한 순수 판단은 존재하지 않는다.[65] 따라서 판단은 지성 작용이 아니다.[66] 즉 이성의 작용으로 대표되는 과학은 현상들을 고정시키고 객관화시키기 때문에 판단이나 주의는 지각의 활동을 제한하는 요소로서 지성작용이 될 수 없다는 것이다. 이미 언급했듯이 Merleau-Ponty는 정신과 신체를 분리가 아닌 통합으로 이해하면서 심신일원론을 주장한다. 그리고 지각을 기반으로 하는 심신일원론으로 인해 "음악이 우리의 감정이나 정서를 표현한다."는 말이 설득력을 얻을 수 있다. 왜냐하면 우리는 지각을 통해 우리의 감정이나 정서뿐 아니라 우리의 주관이나 세계관까지도 지각을 근거로 하는 우리의 연주 행위에서 나타낼 수 있다고 이해될 수 있기 때문이다.

65) Merleau-Ponty, 지각의 현상학, 류의근 옮김(2002), 문학과 지성사, p. 76, p. 80
66) Ibid, pp. 72-73, p. 106

3-1-1. 지각과 능동성

지금까지의 경험주의나 주지주의에 의한 이해를 바탕으로 하면 우리의 모든 신경들은 신경세포들 간 시냅스(synapse)적 연결에 의해 교류가 이루어진다. 즉 하나의 자극이 어떤 신경세포에서부터 시냅스를 거쳐 어떤 다른 신경세포에 도달한다. 그리고 필요한 행동이 이루어진다. 이를 거꾸로 하면 "환원"이 이루어진다. 우리의 신경세포들을 하나의 물질로 보고, 인과관계를 대입시켜 이해하여 결과에 대한 원인을 찾아내는 즉, 다시 한 치의 오차도 없는 분명한 출발점으로 돌아갈 수 있다는 것이다. 하지만 이러한 인과관계에 의한 사실들은 현재 성립되지 않는다. 우리의 지각의 주체인 신체는 외부 상황과의 인과관계에 따라 반응하는 것이 아니라 신체 나름대로의 필요에 따라 새로운 지각적 결과들을 도출해 내기 때문이다.

"세포 분열과 세포이동을 포함하는 신경세포들의 변화에 대해서 이미 100년 전에 미국의 심리학자 William James가 신경생물학적으로 학습이란 신경세포들 간의 연결강도의 변화를 의미한다고 가정하였다. …… 학습은 세포들 간의 시냅스적인 연결에서 전달강도의 변화에 대응한 반응으로 본다. …… Kemperman에 의해서 증명되었는데, 만약 해당되는 기관이 어떤 관심 있는 환경에 있다면, 학습으로 뇌구조에 새로운 내용적 삽입 기관 중의 하나인 해마(Hippocampus)에서 새로운 신경세포가 성장한다고 한다. …… 특히 중추신경에서 신경세포들이 환경과의 필요에 따라 적응하는 복합적인 과정을 신경 가소성이라고 표현한다."[67]

---

67) 김성기, 음악 그리고 음악치료, 지식공감 pp. 15-16

이러한 사실은 현대 생리학이 고전적 반사이론을 넘어서고 있음을 제시하는 Merleau-Ponty의 입장과 함께 하는 것이다. 지금까지 이해해 왔던 과학은 1+1=2였다. 2를 역산을 하면 당연히 두 개의 1이 있었다. 하지만 이러한 입장으로 인해 이러한 계산은 정확하게 들어맞지 않을 수도 있게 된다. 1+1=1이나 3 또는 다른 답이 될 수 있다. 조건에 따라 얼마든지 답이 바뀔 수 있다는 것이다. 예를 들면 부피를 따지지 않고 개수로만 계산할 때 물 1컵과 커피 1컵을 합하면 1컵의 액체가 된다는 것이다. 따라서 1+1=1이 된다. 이러한 인과관계에 따른 작용에 오류가 있다는 사실에 대해 Merleau-Ponty는 국소적인 인과성을 제시하면서 다시 기존의 철학사조들을 반박한다.[68)]

지각이 기존의 생리학을 근거로 하는 국소적이고 선형적인 인과성에 따라 작동하는 신경체계의 결과들이라면 신경회로나 신경중추의 한 부분에 손상이 생기면 해당 부분만 문제가 일어나야한다. 하지만 우리의 신체에서는 다른 현상이 나타난다. 신경체계의 전반적인 변화와 함께 자극에 대한 구별에 있어 지각이 구조적으로 변화를 일으킨다. 따라서 신체는 수동적인 것이 아니라 능동적이 성격을 가지고 있다. 따라서 현실적 경험을 기반으로 끊임없이 역동함으로 세계와의 결합을 시도한다. 이를 뒷받침하는 또 다른 Merleau-Ponty의 진술은 다음과 같다.

> "사람들이 머리카락으로 피부의 일정한 부위를 여러 번 되풀이하여 자극하면, 처음에는. 자극할 때마다 동일한 지점에서 뚜렷이 식별되는 정확한 국소 지각을 가진다. 흥분이 반복되는 데 따라서 국소는 점차 덜 정확해지고 지각은 공간에 넓게 퍼져 동시에 감각은 특정한 것이기를 그치게 된다. 그것은 더 이상 접촉이 아니며 때로는 열에 때로는 냉기에 데 인 느낌인 것이다. 조금 뒤

68) Merleau-Ponty, 지각의 현상학, 류의근 옮김(2002), 문학과 지성사, pp. 131-133

에, 그는 흥분이 피부 위에서 움직이며 원을 그린다고 믿는다. 마침내 어떤 것도 더 이상 감각되지 않는다. 이것은 '감각적 성질', 지각된 것의 공간적 규정들 그리고 지각의 현존이나 부재마저도 유기체 바깥의 사실적 상황의 결과들이 아니라, 유기체가 자극 앞에서 보이고 자극과 관계하는 방식을 표현한다는 것을 말해준다. 흥분은 자신과 '일치하지' 않는 감관 기관에 영향을 미치지 않을 때 지각되지 않는다. 자극의 수용에서 담당하는 유기체의 기능은 말하자면, 흥분의 어떤 형태를 '인식하는' 데 있다. 따라서 '심신간의 사건'은 더 이상 '세속적' 인과성의 유형의 것이 아니며, 두뇌는 피질 단계 이전부터도 일어나는, 그리고 신경 체계의 등장에서 부터 자극과 유기체의 관계들을 뒤섞는 '형태화'의 장소가 된다."[69]

여기에 아주 중요한 내용이 있다. 뇌의 작용은 계속 변화한다. 이는 신피질의 발달을 보면 쉽게 이해될 수 있을 것이다. 뇌가 발달하는 과정은 예측 가능한 패턴을 보이며, 여러 시점에서 서로 다른 구조와 기능들이 서로 다른 속도로 성숙되고 발달한다. 이러한 과정은 환경에 의해 결정된다. 이는 뇌세포들이 끊임없이 자극환경과 개인의 능동적인 활동을 통해 새로운 신경연결들이 형성되면서 이루어지는 것을 의미한다. 뇌의 어떤 구체적 구조와 특정기능은 환경의 영향에 의해 최종 결정된다. 또한 도태도 이루어진다. 따라서 뇌의 신경연결구조는 필요에 따라 계속된 이합집산(離合集散)을 통해 진행된 결과이다. 그런데 여기서 간과하지 말아야 할 것은 신경의 전달이 일직선으로 움직이는 것이 아니라는 것이다. "넓게 퍼져"움직인다는 것이다. 마치 파장을 통한 확산으로 이해하면 될 것이다. 이것은 서양철학에 뿌리 깊은 인과관계에서 존재하는 이분법적 사유방식을 배척하고, 인간을 세계와 그리고 세계 속의 타인들과 끝없이 변증법적 대화를 나누며 살아가는 존재라

69) Ibid, pp. 133–134

고 이해하는 기초가 된다. 이러한 Merleau-Ponty의 진술은 형성된 형태는 동시에 총체가 되고 이 총체는 다시 이합집산과 확산과 함축을 동반한 형태화 과정을 통해서 형태가 되는 과정을 반복하고 이러한 과정은 일직선이 아닌 끊임없이 나선움직임을 갖는다는 Salber의 주장과 일맥상통함을 나타낸다.

3-1-2. 지각과 표현행위

앞에서 언급된 경험주의나 실증주의는 객관적인 사고를 중요하게 생각한다. 궁극적으로 명백하고 투명한 세계를 지향하는 객관적인 사고는 신체를 하나의 대상으로 본다. 하지만 신체는 모든 정보와 지식을 받아들이고 의미를 만드는 도구이기에 대상 세계 역시 신체를 통해서만 인간에게 나타나고 의식 역시 신체를 통해서만 가능하다. 그래서 우리는 생물적 감각, 기계적인 원리에 의한 인식이 아니라 신체를 통한 지각을 의미하며 생각이 체(體)화된 그리고 정신이 스며있는 신체로서의 지각을 통해 지각된 대상의 세계와 하나의 의미작용을 이룬다. 따라서 우리는 신체를 중심으로 세계가 의미를 획득하게 되고, 역사가 의미를 획득하게 되고, 시간이나 공간이 의미를 획득하게 되고, 예술이나 문화가 의미를 획득하게 된다. 그리하여 우리는 정신과 서로 분리될 수 없는 지각의 주체인 신체를 매개로 하여 대상, 자연 그리고 문화와 뒤섞여 삶을 영위할 수 있게 된다. Merleau-Ponty는 지각을 "모든 행위가 떨어져 나오는 기초이며 모든 행위가 전제하고 있는 것"[70]이라고 한다. 지각이 모든 행위의 배경이자 모든 행위의 조건임

70) Ibid, p. 18

을 주장한다. 그리고 우리의 외부로 향한 표현행동 역시 지각에 근거한다. 따라서 이를 통해서 사람들은 세계나 사물에 관계를 맺고 상호관련 되어 진다. 지각함과 동시에 의미는 발생된다. 왜냐하면 "지각을 분석하고자 할 때 그 대상들을 의식에로 옮겨 놓음으로"[71] 지각하는 의식에 의해서만이 의미는 갖게 되기 때문이다. "우리는 지각된 것을 가지고 지각을 형성하기"[72] 때문에 우리에게 다가오는 대상은 이미 지각되어진 것이다. 지각적 경험이 된다는 것이다. 따라서 Merleau-Ponty는 지각이 새로운 창조나 구성이 아니라 "매 순간 세계의 재창조나 재구성으로 주어진다."고 주장한다. 따라서 지각이란 100% 주관적인 것이 아니다. 왜냐하면 지각되어진 것은 이미 타자와의 상호관계에서 도출된 것이기 때문이다. 여기서 나온 상호관계는 나중에 살펴볼 '살'에 있어 중요한 의미를 갖는다. 즉흥연주의 경우를 대입해보면 독주를 하던, 합주를 하던 연주하는 순간 우리는 듣게 된다. 그리고 연주는 중단 없이 진행되기 때문에 들음과 동시에 들음을 기반으로 표현이 나오고 동시에 또한 들려지게 된다. 아마 이때 우리는 '판단중지'에 아주 근접한 활동을 하게 될 것이다. 왜냐하면 우리의 의식 속에 자리 잡은 타인을 포함한 환경과의 관계에서 형성된 지식이나 앎을 껍질을 벗어던진 나의 근원적인 표현이 나오게 될 것이기 때문이다. 이때 들려지는 것은 동일한 반복이 아니다. 그리고 반복을 무시한 것도 아니다. 연주하는 순간의 자신과 타자를 포함한 환경과의 상호작용 속에서 통일성을 기반으로 하는 변화된 반복이 나오게 된다. 만약 변화된 반복이 아니라면 우리는 더 이상 음악활동에 집중할 수 없을 것이다.

71) Ibid, p. 40

72) Ibid, p. 40

아무튼 다시 지각으로 돌아가서, 우리에게 지각되는 세계를 현상적 장(phenomenal field)이라고 하는데, 이는 우리가 살고 있는, 실제적인 지각이 이루어지는 세계를 말한다.[73] 즉 매 순간 우리 바로 앞에 현존하는 세계이다. 우리의 기존의 객관적 사고 즉 과학적 사고에 의하지 않는 신체지각에 의해 직접 체험되는 세계를 말한다. 이러한 현상적 장은 객관세계도 내면세계도 아닌, 의식의 사유나 반성이 아닌 원초적인, 근원적인 지각경험이다. 따라서 이를 선객관적인 또는 전의식적인 세계라고도 한다. 그래서 현상학은 이러한 본질인 현상적 장을 규정하는 것을 목표하고 이 목표를 달성하기 위해 모든 객관적인 이성 활동을 배제하고, 즉 인과적인 사고를 배제하고 우리가 우리 몸으로 지각하는 그대로를 기술(記述)한다. 이 기술이 흔히 연구 방법론에서 등장하는 질적 연구(qualitative research)의 기초가 된다.

3-1-3. 지각과 연주행위

지각되는 세계는 그 자체로만 존재한다면 아무런 의미가 없을 것이다. 지각하는 것도 있어야 한다. 이를 지각하는 주체라고 하는데, 이를 Merleau-Ponty는 '몸'이라고 한다. 이 몸은 정신과 신체가 분리되지 않고 함께 얽혀(intertwining)있어 하나의 통일된 지각 주체이다. 나중에 살펴보겠지만 이 몸의 개념이 더 커진 것을 '살'이라고 한다. 몸은 사유나 반성 같은 정신활동이 시작하기 전 상태로 단순히 감각기관이나 정신활동이 아닌 두 측면을 모두 포함하는 통합된 제3의 영역이다. 중요한 것은 정신활동이 시작하기 전 상태이지 전 단계가 아니다. 즉

73) Ibid, p. 27

정신과 신체가 따로 존재하다가 합해지는 단계가 아니라 원래부터 몸에는 정신 또는 의식이 포함되어 있는 상태였던 것이다. 그래서 몸은 주체와 객체를 동시에 갖고 있다. 이러한 몸이 활동하기 전 상태를 '몸'이라고 한다. 용어의 혼란을 막기 위해 Merleau-Ponty는 앞선 문장에서 나타나는 두 몸 중 후자의 '몸'을 다른 말로 체화된 의식(embodied consciousness), 육화된 의식(incarnate consciousness), 체험된 신체(the lived body), 고유한 신체(the body itself)라고 부르기도 한다. 이후 등장하는 몸은 이러한 의미에서의 몸이다. 이'몸'에 대해 부연 설명을 하면 예를 들어 우리 몸 자체가 의도하지 않았지만 그렇다고 반사 신경에 의한 것이 아닌 순간순간 전체 상황에 맞게 행동하는 것을 말한다. 우리가 piano 앞에서 초견(sight-reading)으로 연주를 할 때 매번 건반과 악보의 음표를 확인하면서 연주하지 않는다. 악보를 보면서 그냥 손 가는 데로 작품을 끝까지 연주를 한다. 이렇게 연주하는 것이 우리의 동물적 반사 신경에 의해 연주하는 것일까? 아닐 것이다. 그러면 우리의 의식에 의해서 연주하는 것일까? Merleau-Ponty 입장에서 이러한 현상은 몸을 기반으로 한 것이다. 우리는 이를 일상에서 체화(육화/incarnate)되었다고 표현한다. 우리는 이러한 몸을 매개로 끊임없이 세계와 소통하면서 의미를 만들어간다. 이때 지각은 단순한 감각적 접촉이 아니라 지성적, 감정적, 능동적 활동으로 세계에 참여한다. 즉 지각된 세계는 "모든 합리성, 모든 가치, 모든 존재가 항상 전제하고 있는 일종의 토대."[74]가 된다는 것이다. 그리고 다양한 감각들이 소통되고 통일되는 것이 몸의 종합, 즉 지각적 종합에 의해 이루어진다. 이는 Gestalt와 유사한 개념으로 보여 진다. Merleau-Ponty

74) Merleau-Ponty, 현상학과 예술, 오병남 역(1983), 서광사, pp. 61-62 참조

는 신체와 정신의 통합된 구조를 이렇게 몸이라고 표현하면서 지각의 행위가 일어나는 신체의 지위를 영혼(정신)과 동등한 수준으로 높이고 정신과 신체, 몸(신체-주체)와 세계, 주체와 대상 사이에 근본적인 연결이 있음을 드러내고자 하였다. 그런데 지각된 것은 지각의 지평(horizon)을 조건으로 한다. Merleau-Ponty는 대상과 지평을 Gestalt심리학에서 말하는 전경(figure)와 배경(ground)의 개념으로 이해한다.[75] 그리고 모든 지식은 지각에 의해 열린 지평에 자리 잡는다.[76] 이에 대해 다음과 같이 주장한다.

> "내가 광경의 일부를 응시할 때 그것은 살아나며 펼쳐지고, 다른 대상들은 주변으로 물러나며 잠자지만 거기에 잇는 것을 멈추지 않는다. 그런데 그것들과 더불어 나는 그것들의 지평을 내 뜻대로 하고, 내가 고정시키는 대상이 거기에 얽혀 있으며 주변의 시각에 나타나 보이게 된다. 따라서 지평은 탐색 과정에서 대상의 동일성을 보증하는 자이고, 나의 시선을 자신이 방금 보고 발견하려고 하는 새로운 세목들을 이미 지니고 있는 대상들에 붙들어 두는 임박한 prochain[77] 능력의 상관자이다."[78]

내가 어디에 집중하는가가 전경이 되고 그렇지 않은 것이 배경, 즉 지평이 된다는 것이다. 이것이 Salber가 언급한 전경과 배경의 변증법적 관계를 기반으로 하는 '형태화 과정'의 조건이다. 이러한 관계는 멈춘 것이 아니라 항상 나선형태로 움직인다. 그리고 이 대상-지평관계

---

75) Merleau-Ponty, 지각의 현상학, 류의근 옮김(2002), 문학과 지성사, p. 38 참조

76) Ibid, p. 318

77) 언제든지 기회만 주어지면 곧바로 자신의 권능을 발휘하고 행사할 듯 한 능력을 말한다.

78) Ibid, pp. 124-125

는 모든 지각에서 동일하게 관련된다.[79] 따라서 Merleau-Ponty는 시(視)지각을 비유로 많이 드는데 꼭 시 지각으로만 제한할 필요 없이 우리 신체에서 가능한 모든 지각이라고 이해해도 의미는 같다. 우리가 온전한 또는 정확한 대상을 지각하기 위해서는 전경과 관계된 배경 모두가 필요하다. 대상-지평구조에서 한 대상이 전경이 되면 대상을 드러내지만, 배경이 될 경우는 대상을 숨기는 것이 된다. 따라서 "대상을 더 잘 보기 위하여 주위를 잠재우는 것이 필요하고, 사람들이 형(形)에서 획득하는 것을 지(地)에서 잃는 것이 필요하다. 즉, 대상의 내적 지평은 주위의 대상들이 지평이지 않고서는, 그리고 시각이 두 국면을 지닌 행위이지 않고서는 대상이 될 수 없다."[80] 전경과 배경과의 관계가 성립될 때 우리는 온전한 대상을 지각할 수 있다는 것이다. 이러한 전경과 대상의 지각이 동시에 이루어져 통일되는 과정을 지평의 종합이라고 한다. 이 종합을 장(場)이라고도 하고 Gestalt라고도 한다. 따라서 한 사물을 파악할 때 우리는 단면만 보고 이해하는 것은 종합적으로 파악하기 힘들다. 그래서 내가 본 것(전경)과 내가 볼 수 있는 모든 것(배경)을 종합해서 판단하는 것이 대상을 온전히 파악할 수 있는 방법이다.

앞서 언급한 열린 지평이란 몸의 개방성과 관계하는데, 지각의 열림이 없이 세계는 어떤 방식으로든지 인지될 수 없음을 의미한다. 이러한 개방성으로 인해 세계-에로-존재에 있어서 지각이 몸을 통해 그리고 몸이 지각을 통해 세계 속에서 이미 참여하여 세계 속의 타인들뿐만 아니라 대상들과 의미 소통한다. 이러한 개방성은 종합이 완결될 수 없는 열린 전체성이라는 의미를 또한 포함한다. 이를 Salber는 '미완성

---

79) Ibid, p. 126. "우리는 공간적 조망에 대하여 방금 말한 것을 시간적 조망에 대해서도 역시 말할 수 있다."

80) Ibid, p. 125

적인 완성'이라고 표현한다. 형태를 완성시키려고 노력하였지만 결국은 완성이 아니라는 의미이다. 인간은 Lacan의 욕망이론에서 보듯이 계속 완성에 도달하고자 한다.

지금까지의 서술을 근거로 하면, 즉흥연주활동은 지각에 근거한 정신과 신체의 통합된 표현을 대변하는 것으로 이해가 가능함을 볼 수 있다. 즉 모든 즉흥연주의 구성요소이자 음악적 요소들이 전경과 배경의 관계형성을 통해 하나의 Gestalt를 형성한다는 것이다. 선율을 예로 들면 선율은 전경으로 이해할 수 있고 이 선율을 중심으로 구성되는 화성 음들은 배경으로 이해될 수 있다. 이러한 예는 음악에서는 쉽게 찾아볼 수 있다. 쉼을 배경으로 소리, 소리를 배경으로 쉼, 음과 배음관계, sonata의 1주제와 2주제의 관계, fuga의 주체와 대위 등등. 이러한 구조는 시간의 흐름에 따라 긴장과 이완의 원리를 통해 선율의 기본적인 윤곽은 유지하면서 변형되어 진행된다. 이때 변형가능성은 셀 수 없을 만큼 다양하다. 왜냐하면 즉흥연주의 요소들은 앞에서 살펴보았듯이 많고 이들의 조합으로 인한 경우의 수는 더 많기 때문이다. 즉 이들이 조합되면서 음악이 만들어지는데 여기에서 하나만 바뀌어도 음악적 변화를 성립되기 때문이다. 이들이 복합적으로 상호관계하면 수많은 경우의 수가 발생하게 된다. 여기에 우리의 지각을 통해 내적인 상태가 합하여 의미가 형성된다면 이 역시 전경과 배경의 의미관계가 형성될 것이고 우리는 기본적인 윤곽에 해당하는 선험적 의미를 기반으로 의미의 변형을 통일된 재구조 속에서 Gestalt로 받아들일 수 있다. 앞서 언급했듯 이 Gestalt는 형성이 곧 변형이다. 이는 또 다른 Gestalt형성을 요구한다는 것이다. 그리고 이러한 관계는 멈춤 없이 지속적으로 이어진다.

3-2. 즉흥연주의 진행

지각하는 몸과 지각되는 세계와의 관계에서 '몸'은 "세계-에로-존재(being-in-the-world)"로 기능한다. 여기에는 어디론가 향하는 지향성(internationality)을 내포하고 있는데, 몸은 이 세계를 향해 역동적이고 능동적으로 나아가는 지향성을 통하여 세계와 소통하는 기능을 한다.

Merleau-Ponty는 "자신의 신체를 움직이는 것은 신체를 통해 사물을 겨냥하는 것이고, 신체로 하여금 신체에 대하여 아무런 표상도 없이 행사하는 사물의 간청에 대응하게 하는 것이다."[81]라고 하면서 우리의 오감의 감각작용을 통한 지각은 항상 대상을 향한 신체 운동이 수반된다고 주장한다. 그리고 신체를 갖는 의식은 무언가를 지향하게 된다고 지향성을 설명한다. 이는 리듬에 있어 grouping뿐만 아니라 전경을 형성함에 있어서도 아니, 우리의 모든 행위에 있어서도 지대한 영향을 미치게 된다. 모든 지향하는 지각대상들은 각기 흩어져 있는데 어떤 방향성을 갖고 지향 호(intentional arc)에 의해서 능동적으로 통일되어 하나의 대상으로 우리에게 주어진다. 이 지향호의 특성은 다음과 같이 표현된다.

"의식의 삶 -인식의 삶, 욕망하는 삶, 또는 지각적 삶- 은 지향적 弧(호)에 의해서 기초 지어지고, 이 지향호는 우리의 주위에서 우리의 과거, 미래, 인간적 환경, 물리적 상황, 이데올로기적 상황, 도덕적 상황을 기투하며, 아니 오히려 우리가 그러한 모든 관계 속에 위치 지어지도록 한다. 감각의 통일성,

81) Ibid, p. 222

감각과 지능의 통일성, 감성과 운동성의 통일성을 이루는 것은 바로 이 지향적 호이다."[82]

우리는 우리의 신체나 우리에게 지각되어지는 대상을 통합된 Gestalt로 지각한다. 따라서 대상의 각 부분들은 분해할 수 없는 구조로 제시된다. 그리고 뒤에 나올 신체도식 역시 신체의 기능들을 하나로 통일 시키고 지각기능들이 동시에 연속적으로 지각하는 세계를 통일시킨다. 따라서 대상을 향한 지향성은 우리의 의식과 신체 그리고 모든 감각작용이 지향 궁에 의해 통일된다. 이 지향성 때문에 음악을 들을 때 음 하나하나를 따로 듣고 종합하는 것이 아니라 Gestalt인 선율을 듣게 된다. 이러한 통일된 또는 종합된 몸은 인간 상호 간의 소통의 장이되고 소통은 지식을 통해서가 아니라 몸을 통해 이루어지게 된다. 따라서 지각하는 주체는 항상 세계와 관계 속에서 규정된다. 또한 Merleau-Ponty는 "나는 살아 있는 신체의 기능을 스스로 수행함으로써만, 세계를 향해 일어나는 신체인 한에서만, 그 기능을 이해할 수 있다."[83]고 표현하면서 몸의 기능을 설명하는데, 내가 세계 속에서 세계와 함께하면서 세계를 이해할 수 있다는 것이다. 지금까지 객관적인 실험은 관찰자로서의 실험자가 실험을 하고 이를 토대로 결과를 도출해 내었다. 하지만 실험 속에 자신을 포함시키면서 상대성 이론이 나왔듯이 세계를 이해할 때 나는 관찰자가 아닌 참여자로서 세계에 관계할 때 온전한 이해가 도출될 수 있다. 또 "살아있는 신체"는 능동성과 역동성을 의미하는데 이는 기본적으로 끊임없는 운동성의 측면에서 드러난다. 지각하는 주체는 필연적으로 세계 내에 존재하면서 동시에 세계

---

82) Ibid, p. 218

83) Ibid, p. 134

와 관계 맺기 위해 세계를 향해 부단하게 나아가는 존재이다. 이는 신체가 상호작용을 기초로 참여적이고 개방적이란 것이다. 세계-에로-존재란 세계에 그냥 존재만 하는 것이 아니다. "신체는 세계-에로-존재의 운반도구이고, 신체를 가진다는 것은 생명 존재에 대하여 일정한 환경에 가담하는 것이며 어떤 기획과 일체가 되는 것이고 계속적으로 거기에 참여한다는 것이다."[84]라고 하면서 Merleau-Ponty는 인간의 신체는 세계를 연결하는 매개체이라고 주장한다. 이 매개체라는 말은 단순히 연결하는데 만 그치지 않고 세계에 존재하면서 동시에 세계로 향해 나간다는 것을 의미한다. 또한 지각은 인간이 '세계-에로-존재', 즉 세계 속에서 살아가는, 세상과 관계 맺는, 세계를 향해 역동적이고 능동적으로 나아가는 그리고 현전하는 실존적 존재이기에 가능하다[85]라고 표현하면서 "세계-에로-존재"는 세계로 향한다는 의미를 포함하고 있음을 더욱 강조한다. 그리고 세계 속에 살아간다는 말은 몸이 고정되지 않은 일정한 거주공간을 갖는다는 것을 뜻하고, 세상과 관계를 맺는다는 말은 일정한 거주공간 안에서 관계를 맺는다는 것이 되고, 또한 세계를 향해 역동적이고 능동적으로 나아간다는 말은 신체가 정지해 있는 것이 아니라 운동성을 지니고 있음을 의미한다. 이를 종합하면 나의 신체는 결코 대상들처럼 나의 신체로부터 분리되지 않고, 나는 나의 신체를 움직이면서 지각의 지평으로부터 대상들을 나타나게 하고 사라지게 할 수 있지만 나의 신체는 결코 나의 지각의 장으로부터 사라지지 않는다. 나는 나의 신체를 벗어나 밖으로부터 나 자신을 볼 수 없다. 그것은 나의 신체가 지각의 지평을 구성하는 지각의 출발점이기

---

84) Ibid, p. 143

85) Ibid, p. 224

때문이다. 그리고 기본적으로 공간성과 끊임없는 운동성이 여기에서 드러난다. 그리고 이들은 밀접하게 관련되어 있다. 왜냐하면 지각하는 주체는 신체적인 공간성을 통해 세계 내에 거주하면서 세계 내에서 정지하는 것이 아니라 운동성을 통해 끊임없이 세계를 향해 나아가면서 세계와 관계를 맺기 때문이다. 또한 지금 현재 살아있고, 행동하고, 지각하는 실존적인 몸이 현실적응 능력 있고 스스로 자신의 기능을 수행할 수 있음을 강조한다. 이는 가장 능동성이 높은 즉흥연주의 특성과 일맥상통하는 것이다. 그리고 즉흥연주를 할 때 연주자가 수많은 연주 가능성 중에서 통일성을 이룸에 대한 즉, 이강숙이 주장하는 자연스럽게 질서가 생김에 대한 답을 제시하는 것이다.

"세계를 향해 자신을 일으키는 몸"은 곤충의 환경이나 상황에 적응하는 방식을 통해 증명하는데 이것은 '세계-에로-존재'가 인간을 포함한 모든 동물에서 적용된다는 것을 말한다. '세계-에로-존재'에서 필요한 것은 객관이나 주관, 의식이나 신체의 구분이 아니라 이들보다 앞선 선객관적인 또는 선 의식적 앎을 근거로 생존을 위해 환경과의 적응노력이다. 이것이 지향성이 도달해야 하는, 그리고 도달함으로써 통일된 Gestalt를 형성하는 궁극적인 목표이다. 이는 일반적인 음악활동에서보다는 음악치료에서 더욱 두드러진다. 내담자가 자신의 외부로 나타내는 증상을 단순한 증상으로만 이해할 것이 아니라 표현으로 이해한다면 즉흥연주를 통한 내담자의 연주는 생존을 위한 적응노력이 될 것이다.

세계와의 관계에서 신체가 고정되지 않은 거주공간을 갖는다는 것은 친숙함을 전제로 한다. 세계와 신체가 친숙하다는 것은 우리가 세계의 환경에 적응하는 과정에서 세계에 대한 경험들이 아무렇게 나가 아닌 일관되고, 통일되고 조화로운 어떤 유형으로 신체에 형태 지워짐으로써 나타난다. 지각되는 세계가 전경과 배경의 연속으로 지각된다. 여기서 개인적인 차이가 있어 '특별한 형(形)'들이 생성된다. 각각의 신체는 저마다 풀어야 할 과제가 있다. 따라서 세계를 향해 역동적이고 능동적으로 나아가는 방식이 다르다. 그러므로 전경과 배경의 연속이 다르게 나타나게 된다. 이것은 나름대로 자기 쪽으로 모여들어 통일된 방식으로 나타난다는 것이다. 우리는 신체가 적응하는 과정에서 발생시킨 일정한 형태를 받아들이는 것을 '구조화'라고 한다. 우리의 신체는 결국 세계를 향해 나아갈 때 자신에게 친숙한 거주 공간으로 세계를 변화시키게 된다. 하지만 변증법적 대화를 나누며 살아가는 존재인 인간은 새로운 적응과정을 필요로 하게 된다. 그래서 우리의 신체는 세계에 의해 구조화되는 동시에 세계를 구조화 한다. 그리고 우리의 신체는 환경과의 관계에서 습관화를 통해 획득한 형태에 따라 세계를 자신과 하나로 통일시켜 지각하는 구조화 능력을 갖는다. 이러한 습관화된 형태를 신체도식(body schema/Körperschema)라고 한다. 경험주의적 입장에서 신체도식이란 원래 없던 것이 어린이의 성장에 따라 생겨난다. 그러나 Merleau-Ponty는 경험주의 입장과는 달리한다. 습관화의 역할로 인해 "신체도식은 나의 신체가 세계를 향해 내적으로 존재하고 있다는 것을 표현하는 하나의 방식이다."[86]는 말이 성립될 수 있다. 결국 사람은 나름대로의 신체도식을 근거로 전경과 배경을 통한 전체로 지각함으로써 하나의 통일된 세계를 지각한다. 따라서 신체도식은 몸의 기능들을 하나로 통일시키고 동시에 연속적으로 지각하는 세계를 통일시킨다.

Merleau-Ponty는 이러한 사실을 "그러므로 대상의 종합은 몸 자

86) Ibid, p. 169

신의 종합을 통해 형성된다. 대상의 종합은 몸 자체의 종합의 응답 혹은 상관자이다."[87]라고 표현하면서 각각의 사물들을 필요에 따라 통일된 어떤 형태로 구조화한다는 것을 뒷받침한다. 이러한 상황은 우리의 신체는 전체를 관통하고 있는 통일적 원리가 전제되어 우리의 신체가 특별한 계산 없이 협응하여 행동할 수 있는 근거가 된다. 예를 들어 첼로를 연주할 때 왼손 운지에 따라 오른 손으로 활을 켠다. 이때 우리는 왼손가락의 위치를 하나하나 계산하지 않고 첼로 줄을 집는다. 그러면 오른손 활은 역시 계산하지 않고 해당 줄을 켠다. 그런데 우리의 왼손과 오른손의 역할이 고정되었다면, 다른 말로 위치가 정해졌다면 우리는 기계처럼 움직일 수밖에 없을 것이다. 그런데 우리는 왼손과 오른손을 계산하지 않고 연주한다. 기계론적인 입장에서는 이해가 되지 않는다. 그냥 나의 왼손과 오른손의 상황에 따라 어떤 계산 없이 연주한다. 만약 신체도식이 존재하지 않는다면 또는 제대로 기능하지 않는다면 악기연주를 할 때 큰 혼란이 올 것이다. 먼저 시각적으로 악기와 청각적으로 들리는 악기의 소리, 악기와의 접촉으로 발생하는 촉감이 불일치하게 된다. 그리고 악기를 연주할 때, 특히 마림바나 실로폰에서 화음을 연주할 때 일일이 악기와 내 신체와의 거리를 계산하고, 확인해야 한다. 이러한 사실에 대해 좀 더 부연설명하자면, Merleau-Ponty는 자기 코를 손가락으로 지적하라고 하면 수행을 하지 못하나 만지라고 하면 잘 만지는 질병을 가진 Schneider[88]를 통해서 행동과 지각이 하나의 체계로 작용한다는 것을 주장한다. 이것은 "가위, 바늘, 그리고 손에 익은 작업 앞에 놓인 주체는 손이나 손가락을 찾을 필요가 없다. 왜냐하면 이것들은 객관적 공간에서 발견될 수 있는 대상들 즉, 뼈, 근

87) Ibid, p. 314

육, 신경이 아니라 가위나 바늘에 대한 지각에 의해서, 이 가위나 바늘을 주어진 대상에 연결하는 '지향적 실마리'의 중심 말단에 의해서 이미 동원된 능력들이기 때문이다."라고 하면서 Merleau-Ponty는 지각을 통한 행동보다는 친숙한 환경에서 발달한 신체도식에 의한 행동이 더 유용하다는 것을 나타낸다. 더 나아가 행동과 지각은 분리되지 않고 통일된 체계인 신체도식 안에서 작용한다고 주장한다. 이는 즉흥연주 진행에서 내담자가 수많은 연주진행 가능성 중에서 왜 그러한 연주를 하는지에 대한 답을 제공해주는 것이다. 내담자가 연주한 것은 지향성의 원리에 따른 통일성을 갖는 연주인 것이다.

3-3. 즉흥연주와 도구

앞에서 세계를 향해 역동적이고 능동적으로 나아간다는 말은 신체가 정지해 있는 것이 아니라 운동성을 지니고 있음을 의미한다고 하면

---

88) Ibid, pp. 172-173: 전통적 정신의학이 심인성 실명으로 분류하는 환자는 눈을 감은 채로 '추상적' 운동을 수행할 수 없는데, 추상적 운동은 이를테면 명령에 따라 팔이나 다리를 움직이는 운동, 손가락을 펴거나 구부리는 것과 같은 운동이다. 말하자면 어떤 실제적 상황에도 관계되지 않는 운동이다. 그는 자기 신체의 위치, 더욱이 자기 머리의 위치, 자기 다리의 수동적 운동도 기술할 수 없다. 결국 사람들이 그의 머리, 팔이나 다리에 손을 델 때 그는 사람들이 자기 신체의 어느 지점에 손을 댔는지 말할 수 없다. 그는 간격이 8센티미터나 되는 피부 상의 두 접촉점도 구별할 수 없다. 그는 사람들이 자기 신체를 향하여 제공하는 대상의 크기도 형태도 인식할 수 없다. 그가 추상적 운동을 잘 해내는 것은 사람들이 그에게 그 운동을 수행하기 위해 필요한 다리를 바라보는 것을 허락할 때이거나 온몸으로 예비적 운동을 수행하게 할 때뿐이다. 자극의 국소화와 촉각적 대상의 인식 역시 예비적 운동의 도움으로 가능해진다. 환자는 눈이 감긴 채라도 생활에 필요한 운동들을, 자기에게 습관적으로 되어 있기만 하다면, 보통을 넘는 확실성을 가지고 민첩하게 수행한다. 즉 그는 호주머니에서 손수건을 꺼내고 코를 풀며 성냥갑에서 성냥개비를 집어 등을 밝힌다. 그는 생업으로 서류 가방을 만들어야 하고 그의 작업 능률은 정상인의 노동 작업의 75퍼센트에 달한다. 심지어 그는 아무런 예비적인 운동 없이도 명령에 따라 그러한 '구체적' 운동을 수행할 수 있다.

서 우리의 신체는 환경과의 관계에서 습관화를 통해 획득한 형태에 따라 세계를 자신과 하나로 통일시켜 지각하고 이러한 것은 단 회적으로 이루어지는 것이 아니라 변증법에 입각해 연속적으로 이루어진다고 언급한 바 있다. 여기서 중요한 점은 신체도식은 고착된 것이 아니라 역동적이라는 것과 이 역동성은 평면적 순환 구조로 이루어지는 것이 아니라 나선형 구조로 이루어진다는 것이다. 평면적으로 구조화가 이루어지면 경험주의나 주지주의로의 회귀가 발생하게 되기 때문이다.

우리는 지금까지 음악 공부할 때 부단히 연습을 하였다. 반복에 반복을 거듭하였다. 여기에는 과거 지향적인 생각이 지배적이었다. 그래서 piano에 많은 건반 중에서 내 손이 거침없이 가서 내가 원하는 건반을 일일이 보지 않고 정확히 눌렀다. 이것은 신체도식으로 설명이 가능하다. 그래서 우리는 무수히 많은 음표가 있는 악보를 보면서 건반을 보지 않고 연주를 한다. 하지만 우리가 알고 있는 습관화는 이를 뛰어넘는다. 이에 대해 Merleau-Ponty는 아래와 같이 설명한다.

> "주체는 개별적 자극에 개별적 운동을 갖다 붙이지 않으나 어떤 형태의 상황에 대해서는 어떠어떠한 해결 유형에 의해서 반응하는 능력을 획득한다. ...... 상황과 반응은 여러 경우에 요소들의 부분적 동일성에 의해서라기보다는 그들의 의미의 공통성에 의해서 서로 닮는다. ...... 예를 들어, 춤의 습관을 획득하는 것은 운동의 공식을 분석적으로 찾아내어 이를 이미 획득된 운동, 즉 걷는 운동과 뛰는 운동을 이용해서 그 관념적 궤적에 따라 재조직하는 것이 아닌가? 그러나 새로운 춤의 공식이 일반적 운동성의 어떤 요소들을 통합하려면 그것은 맨 먼저 운동의 서품을 받았어야 한다. 사람들이 때때로 말한 것처럼 운동을 '포착하고' '이해하는' 것은 신체이다. 습관의 획득은 진정 의미의 파악인 것이다. ...... 장님의 지팡이는 장님에 대하여 대상이기를 그쳤고, 더 이상 그 자체로 지각되지 않으며, 그 끝은 감각적 지대로 변형되었고, 그 지팡이는 접촉 행동의 넓이와 반경을 증대시키며, ... 습관은 우리가 우리의 세계-에로-

존재를 확장시킬 수 있는 능력이나 새로운 도구들에 의해 우리를 합병시킴으로써 존재를 변화시킬 수 있는 능력을 표현한다. ...... 타자수가 필요한 운동을 타자할 때, 이 운동은 의도에 의해서 통제되나 이 의도는 글쇠를 객관적 소재지로서 접촉하는 것을 정립하지 않는다. 타자하는 법을 배우는 그 주체가 글쇠판의 공간을 자신의 신체적 공간에 통합한다는 것은 말 그대로 사실이다."[89]

여기서 Merleau-Ponty는 시각장애인의 지팡이를 단순한 지팡이로 보지 않는다. 시각장애인이 지팡이를 사용하게 되면 신체도식의 과정이 습관화되는 것일 필요하다. 이때 습관은 신체를 새로운 상황에 맞게 새롭게 변화시킨다는 것이다. 이때 '이해하다'는 목적과 실행사이의 조화를 의미한다. 그리고 이때 사용되는 도구는 신체의 延長(연장)이 된다. 따라서 습관은 의식적이거나 지적인 분석이나 반복된 조건반사가 아니면서 신체적 도식을 다양하게 하고 목적 지향적으로 재조직하는 것이라고 할 수 있다. 또한 대상을 신체의 일부분으로 통합하는 것이다.

우리가 즉흥연주할 때 악기선택에 있어 자유를 갖는다. 이를 악기에 부여된 상징으로 설명하기도 한다. 하지만 Merleau-Ponty의 주장을 근거로 생각하면 악기의 자유로운 선택은 상징 이상의 의미를 갖는다. 악기는 그저 단순한 사물이 아니라는 것이다. 왜냐하면 자신의 지각 더 나아가 표현하는 신체의 연장이고, 목적에 따른 다양한 표현가능성과 수용가능성을 받아들이고 사용하는 것이기 때문이다. 또한 즉흥연주의 진행을 더욱 풍부하게 할 뿐만 아니라 즉흥연주에서의 신체도식 이해를 통한 선객관적인 또는 선의식적 앎에 더욱 가까이 다가갈 수 있게 하기 때문이다.

89) Ibid, pp. 227-230

3-4. 즉흥연주에 있어 합주

우리가 어떤 방식으로든 타인과 함께한다는 것은 상호관계를 전제로 한다. 이러한 사실은 어디서라도 대상인 타인만 있으면 발생한다. 특히 즉흥연주에서 합주는 역동적인 상호관계가 증명되는 장이다. 지금까지 Merleau-Ponty의 몸은 내가 살아가는데 필요한 모든 요소들이 포함된 세계와 함께 얽힌 하나의 장(field) 중에서 타인을 구분하는 경계이자 자극을 수용하는 동시에 자신의 내면을 표현하고 나아가 행동하는 세계와의 능동적인 소통도구로 이해되었다. 그런데 세계가 지평으로 존재한다면 무수히 많은 세계가 존재할 것이다. 내가 나 자신을 또 다른 자아인 타자와 구별된 주체로 인식 가능한 것은 세계라는 배경에 수많은 객관적인 타자들이 있기 때문이다. 이러한 배경의 수많은 타자들 때문에 익명성이라는 말이 등장한다. 아무튼 우리는 우리의 지각이 몸을 통해 그리고 몸이 지각을 통해 세계 속에 이미 참여하여 세계 속의 타인들뿐만 아니라 모든 대상들과 세계가 하나가 되기 위해 의미를 소통하는 '세계-에로의-존재'이기 때문에 이러한 타자들이 나와 세계 속에 포함되어 서로 함께 의식하면서 타자가 나의 지각영역으로 들어온다. 지각에 의해 열려진 지평을 통해 우리는 항상 세계를 향해 열려 있으며, 세계와 교류하게 되기 때문에 타인들과의 소통은 내 몸과 타인의 몸인 세계가 서로 구조를 교환한다. 이때 지금까지의 몸의 역할 보다 더 넓은 의미를 가진 살(flesh)이 등장한다. 여기서 '살'은 몸의 개념을 넘어 구체적으로 타자들과의 소통에서 몸의 역할을 하는 것이라고 볼 수 있다.[90] 살은 내부지평과 외부지평이 만남으로 존재하게 된다. 결국 타인을 포함하는 모든 세계는 인간의 몸 중심으로 유기적인 서로의 소통을 통해 서로 속해 있도록 하는 상호 얽힘(intertwining)으로 하나의 통합된 거대한 몸이다. 이 얽혀 있는 지각 세계를 기반으로 생성된 거대한 몸을 '살'이라고 한다.

나의 의식이 세계와 관계하기 이전에 이미 나의 감각과 직접 연결된 몸은 세계와 관계한다.

예를 들어 눈 가리고 술래잡기 놀이를 할 경우 의식을 통한 인식 전에 손에 잡히는 대상의 외형적 표상을 통해 감각되어진 것을 판단하여 몸에 직접적인 감각이 나타나게 된다. 그래서 의식 없이 책상과 식탁을 구분하고 엄마인지 아빠인지 아니면 동생인지를 구분한다. 내 손에 만져진 사람이 누구인지 확인하지 않고 알 수 있다는 것이다. 그리고 눈 가리개는 벗고 확인하게 된다. 이러한 예는 유아가 엄마와 타인을 구별하는 것에도 나타난다. 이때 주체도 대상도 아닌 감각에는 잡은 사람과 잡힌 사람 사이에 이중적인 감각이 나타나게 된다. 이중적인 감각에 대한 더 구체적인 예를 Merleau-Ponty는 악수로 예를 든다. 우리의 신체가 사물들 사이의 사물로 객관(대상)의 질서에 속하기도 하고, 사물들을 감각하는 존재로서 주관(주체)의 질서에도 이중적으로 속해있다.[91] 악수에서 만지는 동시에 만져지는 이중적 감각에는 명확하게 분리되지 않는 모호성이 있다. 이렇게 정확하게 구분될 수 없는 것을 애매성(ambiguity)라고 한다. 결과적으로 교차의 결정체인 살로서의 몸은 결코 인간의 구성요소를 명료하게 구분하거나 그 경계선을 확정짓지 않으며, 인간 주체의 존재론적 정체성에 대한 자각을 애매모호한 그

90) Merleau-Ponty가 자신의 저서 '지각의 현상학(Phenomenology of Perception)'에서 몸은 대상과의 매개체로서 이해했다면 자신의 후기 연구에서는 몸보다는 더 넓은 의미의 살(flesh)의 개념을 사용한다.

91) Merleau-ponty, 보이는 것과 보이지 않는 것, 남수인, 최의영 역(2004), 동문사, pp. 196-197

대로 방치해 버린다. Merleau-Ponty에게서 "몸의 대상성과 주체성/수동성과 능동성[92]"이 동시에 보존되는 애매한 상호 얽힘의 직관적 인식이 '살'이다. 살은 한편으로 가역성(reversibility)을 통해, 다른 한편으로 감각적 존재인 나와 내 안에서 감각되는 나머지 모든 것과 분리불가능성(애매성)을 가지므로 Merleau-Ponty는 '세계의 살[93]', '사물의 살[94]', '존재의 살[95]'이라고 주장한다. 이는 지각하는 주체는 지각되는 것이 될 수 없다는 전통적인 이분법을 무너뜨린다. 그리하여 주체와 객체간의 이분법적 분리가 아니라 주체가 대상이 되고 대상이 주체가 되는 상호 교차를 이루어낸다. 우리가 이미 보았듯이 몸은 경험의 주체이지만 근본적으로 열린 주체이며 몸, 정신, 세계는 분리될 수 없다. 모든 감각은 상호 엮임 속에 존재한다. 타자가 세계와 살에 근거한 '얽힘' 관계에 있다는 것은 세계의 보편적 살이 '나의 살'뿐만 아니라 타자에게로도 퍼지고 확산되는 것을 의미한다. 이와 같이 타자는 나와 함께 이 살이 보편성에 귀속될 때에야 비로소 서로 서로에게 현존할 수 있고 상호침투관계를 맺을 수 있다. 이런 점에서 살은 "나와 타자가 분리되는 표면인 동시에 나와 타자의 결합관계를 나타낸다."[96]

지각하는 주체는 동시에 지각된 세계인데, 이때 보이는 것은 보는 것에 대해 자기 자신을 열어 놓은 것이고, 상호 간에 소유됨으로써 얽혀 있다. 이러한 이중성을 기반으로 하는 상호주관성에서 악수는 손을 잡음과 동시에 잡힘이다. 이런 감각의 현상은 각 유기체의 내부에

92) Merleau-Ponty, 지각의 현상학(2002), 류의근 옮김, 문학과 지성사, pp. 637-639

93) Merleau-ponty, 보이는 것과 보이지 않는 것, 남수인, 최의영 역(2004), 동문사, p. 368, p. 390

94) Ibid, p. 121

95) Ibid, p. 198

96) Ibid, p. 283

서 일어나는 것처럼 여러 다른 유기체들 사이에서도 일어난다는 것이 Merleau-Ponty의 주장이다. 내가 타인과 악수할 때 또는 타인을 껴안거나 보거나 할 때 동일한 가역성이 일어난다. 내가 타인의 손을 잡을 때 나의 잡음과 동시에 나의 잡힘이 느껴진다. 이러한 동일한 가역성은 신체와 신체 사이에도 나타난다.[97] 여기에서는 주체도 대상도 아닌 감각이 몸을 이중적으로 감각하는 주체로서 내적 균열을 가지고 있다. 여기서 균열은 쪼개지거나 분리되는 것이 아니라 통일성이 이루어지지 않음을 의미한다. 이 균열에서는 예를 들어 내가 누군가와 이야기 하면서 말하는 나의 목소리를 동시에 나의 귀로 들을 때 동시적으로 일어나는 사물과 사물 사이의 틈인 '간극'[98]을 느낄 수 있다. 이에 대해 Merleau-Ponty는 "나는 내가 다른 사람들의 소리를 듣듯이 나의 소리를 듣지 못하다. ...... 이러한 경험들이 절대 서로 정확히 겹치지 못하는 것, 서로 합치는 순간에 빗나가는 것, 이들 경험들 사이에 언제나 '움직여진 것', '간격'이 있는 것, 그것은 정확히 나의 두 손이 동일한 몸의 부분을 이루고 있고, 나의 몸은 세계 속에서 움직이는 탓이며, 나는 나의 목소리를 내부에서와 외부에서 듣는 탓이다."[99]라고 주장한다. 이 간극에서 '살'과 관념의 결합을 시도한다. 즉 보이는 것과 보이지 않는 것이 드러나기도 하고 숨겨지기도 하는 내적인 구조물간의 결합을

---

97) Ibid, p. 211

98) 오른손을 왼손이 만질 경우, 만지는 왼손은 오른손에 의해 만져지는 대상이 된다. 그 역으로도 마찬가지이다. 그런데 이때 무엇인가를 만지는 오른손과 그러한 오른손을 만지는 왼손의 감각은 정확하게 하나로 일치되지는 않는다. 살의 두께로 거리를 갖기 때문이다. 이런 일치되지 않음은 지각에서 본질적이다. 어떤 사물을 지각하는 것에는 그것과의 거리가 반드시 존재한다. 어떤 사물을 지각한다는 것이 바로 그 사물과 하나 됨을 뜻하지 않는다. 그러나 오른손의 움직임과 동작을 왼손도 같이 느끼기에 개별적인 둘로 볼 수도 없다. 간격과 공존이 동시에 나타나는 것이다.

99) Ibid, pp. 211-212

시도한다는 것이다. 따라서 관념들은 경험의 짜임새(texture)이다.[100)]

이 짜임새에 대해 부연설명을 하자면, Merleau-Ponty는 "사물과 세계는 나의 신체의 부분들과 함께 어떤 '자연적 기하학'에 의해서가 아니라, 나의 신체 자체의 부분들 사이에 존재하는 연결과 비교 가능한, 더 정확히 말해 동일한 살아있는 연결로 나에게 주어진다."[101)]고 말하며 신체 주체와 사물 간의 어떤 일종의 동일한 조직을 전제하면서 신체 기관끼리의 연결처럼 사물과 세계는 우리의 신체와 연결되어 있다고 하면서 상호 얽힘을 강조한다. 이러한 상호 얽힘은 '직물'과 동의어로 이해된다. 앞선 이해에 따라 지각의 열림 없이 세계는 인지될 수 없다. 이 열림을 바탕으로 통일된 전체가 도출되고, 이를 바탕으로 질서가 나타난다. 이 질서 속에서 '실재는 잘 짜여 진 직물'[102)]처럼 존재하게 된다. 그리고 이 직물은 주체와 객체를 형성시키는 환경이다.[103)] 이는 환경이 나와 사물뿐 아니라 나와 타자와의 관계형성에서도 배경이 됨을 의미한다. 즉 다른 몸들까지 하나의 장(field)으로 통합하여 모든 사물들이 서로서로 직물과 같은 관계를 갖도록 배경을 형성한다.[104)] 상호주관적인 관계에서 나와 타인의 겹침에서 상호교차가 이루어진다. 이를 Merleau-Ponty는 주름이라고 표현하는데, 상호 얽힘은 주름과도 동의어가 된다. 그리고 상호 얽힘은 경험에 관계하여 짜임새와도 동의어가 된다. 나와 타인과의 관계에서 세상은 어느 누구나 경험한 적이 있는 세계이고 이러한 경험들은 서로 얽혀 있고 이 얽혀 있는 것들이 우

100) Ibid, p. 172

101) Merleau-Ponty, 지각의 현상학, 류의근 옮김(2002), 문학과 지성사, p. 314

102) Ibid, p. 18

103) Merleau-ponty, 보이는 것과 보이지 않는 것, 남수인, 최의영 역(2004), 동문사, p. 209

104) Ibid, pp. 189-190

리와 상호관계를 맺는다. 그리고 모든 감각들은 상호 엮임 속에 존재한다. 따라서 나와 타인의 지각과정에서 서로의 경험이 교차하면서 지각의 종합을 이룬다. 이 지각의 종합은 각자의 입장에서 적합하게 된다. 이러한 과정을 짜임새라고 한다.[105)]

상호 얽힘, 직물, 짜임새 그리고 겹침에서 각각 분리되었던 존재들의 통합과 재통합이 이루어지도록 기반이 되는 것이 '살'이다. 이러한 살은 한 신체로부터 다른 신체로의 이행과 소통의 가능 근거이고 나와 타자가 상호주관적인 관계를 맺도록 해주는 존재론적 조직이다. 따라서 '살'은 우발적인 것, 또는 카오스(chaos)가 아니라 자기에게 되돌아와 자기 자신에게 적합해지는 짜임새(texture)이다.[106)] 서로간의 얽힘인 짜임새 또는 직물 역시 나선형 모양으로 끊임없이 앞으로 나아간다. Salber에 의해 나타난 형태론적 심리학(morphologische psychologie)은 이 작용 형태를 잘 설명하고 있는데, "항상 진행형이고 멈추지 않는 '정신적인 것'이라고 하는 의식, 무의식, 사물을 이해하고 판별하는 마음의 작용인 의식, 감각기관을 통해 외부의 사물을 인식하는 지각, 스스로 깨닫는 자각 등 모든 정신적인 활동 과정들은 현실과의 교류에서 형태화 특성을 갖고 '진행하는' 그리고 '진행한 것'으로 이해한다. 이를 기초로 '정신적인 것'은 기억들 또는 여러 이전 경험들과의 계통화나 범주화를 통해서 동시에 상보(相補)적인 관계에서 끊임없는 전진적인 나선(螺線)형태로 움직이는 입체적인 이합집산(離合集散) 과정을 통해서 도출과 결과물을 미완성적인 완성의 형태(Gestalt)

105) Ibid, p. 209

106) Ibid, p. 209

라고 한다."[107][108] 즉 몸과 세계의 관계는 끊임없이 서로 작용을 주고받으면서 발전해 가는 역동적인 과정에서 세계에 의해 구조화된 몸이 그렇게 구조화된 자신의 형태로써 세계를 다시 구조화하고, 그렇게 구조화된 세계는 몸을 다시 구조화하는 과정을 반복하게 된다. 즉 정신적인 것은 전혀 완성된 형태를 의미하는 것이 아니라는 것이다. 형성된 형태는 동시에 총체(總體)가 되고 이 총체는 다신 형태화 과정을 통해서 형태가 되는 과정이 반복된다[109]는 것이다. 이러한 작용은 '열림' 즉, 개방성을 기반으로 하는데 경험은 완결될 수 없이 열린 전체성을 갖게 된다. 따라서 지각의 종합 역시 완결이 될 수 없다. 이에 대해 Merleau-Ponty 역시 나는 보는 존재이므로 세계의 중심은 나의 신체가 되며, 동시에 나는 또한 보이는 존재이므로 나는 보이는 세계의 직물 속으로 빠져들게 된다. 그리고 이 가역성은 주체와 객체가 지각의 과정에서 서로 교차하면서 지각의 종합을 이룬다. 하지만 이 가역성도 역시 언제나 임박해 있지만 결코 사실로 실현되지 못하는 그러한 것이다[110]라고 하면서 Salber의 주장에 동의한다.

즉흥연주에서 합주한다는 것은 주체와 다른 주체 간의 상호 침투 및 상호교차가 이루어진다. 이는 곧 주체는 대상에로 대상은 주체에로 완전히 열리게 됨을 의미한다. 이 역시 앞선 이중적 감각을 기반으로 하는 개방성을 기초로 한다. 모든 의식의 기초는 지각적 의식이다. 여기서 지각은 선반성적, 선객관적, 선술어적 차원에서 기능하는 타자성에로의 개방성을 말한다. 따라서 각각의 주체성이 상호주체성으로 확장

---

107) Rosemarie Tüpker, Ich singe, was ich nicht sagen kann, München, pp. 17–18

108) Wihelm Salber, Wirkungseinheiten, Wuppertal, p. 41

109) Ibid, pp. 35–36

된다. 자기의식이라는 것이 의미를 가지기 위해서 타인의 의식은 존재해야 한다. Merleau-Ponty "의미는 보이지 않는 것이다. 하지만 보이지 않는 것은 보이는 것의 모순적인 것이 아니다. 보이는 것은 그 자신이 보이지 않는 것의 뼈대를 지니고 있다. 그리고 보이지 않는 것은 보이는 것의 은밀한 보완적 상대방이어서, 보이는 것의 내면에서만 나타난다....... 우리는 세계에서 보이지 않는 것을 볼 수 없으며, 거기서 그것을 보려는 모든 노력은 그것을 사라지게 한다. 그러나 그것은 보이는 것의 선상에 있고, 보이는 것의 잠재적인 초점이며, 보이는 것 내면에 새겨져 있다."[111]라고 표현하면서 이를 뒷받침하고 있다. 자기의식은 자기가 아닌 것, 말하자면 타인 없이는 불가능한 것이다. '자아의 현전은 차이가 나는 다른 세계에 대한 현전이다.'[112] 그리고 가역성은 나의 신체가 타자와의 접촉과 분리를 미리 형성한다는 것이다. 한 손이 다른 손을 잡을 때 주체가 되는 손은 이미 그 자체로서 객체이기 때문이다. 자기는 전적으로 자기 자신과 일치하는 것이 아니며 이미 자신 안에 타자성을 포함하고 있다. 이러한 타자성이 주체성을 상호주체성이게 하는 것이다. '보이지 않는 것'과 '보이는 것'은 반대개념이 아니다. 보이지 않는 것은 보이는 것 이면에 숨어있는 것이다. 이는 마치 음악연주에서 연주하기 직전의 침묵을 '쉼'으로 치부하고 음악으로 보지 않는 오해를 풀어주는 것과 같다. 즉 우리가 연주하기 직전에 고요함은 아무 의미가 없는 것이 아니라 음악에 포함되어 있는 음악적 요소인 것이다. 소리가 어떤 침묵 즉, 쉼을 가지는가에 따라 의미가 달라진다는

---

110) Merleau-ponty, 보이는 것과 보이지 않는 것, 남수인, 최의영 역(2004), 동문사, p. 211

111) Ibid, p. 312

112) Ibid, p. 279

것이다. 이를 극명하게 보여주는 Orchestra연주를 예를 들면 tuning을 위해 Oboe가 A을 소리 내고 이에 다른 악기들이 조율을 마친다. 그리고 지휘자가 등장한다. 관객들은 이 광경을 지켜보고 있다. 그리고 아무 소리도 없는 침묵이 흐른다. 이 침묵의 시간을 필요이상으로 길게 유지하는 경우와 연주할 곡의 빠르기와 유사한 침묵을 가질 경우 의미는 분명히 다르다. 이것은 못갖춘마디를 연주할 경우 더욱 극명하게 나타난다. 일반적인 경우 지휘자는 연주할 곡의 빠르기를 기준으로 침묵을 갖는다. 이는 관객들을 연주할 곡에 자연스럽게 안내하는 역할을 한다. 이것은 보는 자(관객)는 이미 사물(음악)의 깊이 안에 있고, 사물도 보는 자 속, 보는 자의 몸 안에 메아리치고 있다. "몸과 세계 사이의 관계를 인정하면 내 몸이 가지를 치고 나가고 세계도 가지를 치고 나오며 그래서 세계의 내면과 나의 외면, 나의 내면과 세계의 외면은 서로 부응하게 된다."[113] 보는 자와 사물이 상호 침투하여 얽히고 상호 의존하고 능동성과 수동성의 상호역전이 일어나고 서로 융합된다. 그리고 타인의 신체를 만지는 것과 사물을 만지는 것은 나의 왼손이 나의 오른손을 만지는 것과는 다르다. 타인과 사물은 나의 신체의 일부도 아니고 사물을 지각하는 것은 나의 신체의 체계에서 일어나는 지각과 다르다. 우리는 우리의 신체가 뿌리를 내리고 있는 세계를 타인과 함께 공유하는데, 이것은 우리가 타인과 근원적으로 결합되어 있음을 뜻한다. 우리는 몸을 통해 세계를 지각하고 동시에 세계에 반응한다. 타인과의 관계 맺는 것은 의식이 아니라 몸과의 관계 맺음이다. 만짐에 사물의 여러 성질이 그 사물에 종속되어, 그 사물을 떠나서는 존재할 수 없는 관계의 몸 운동과 만져지는 것의 주어짐 사이의 관계를 말하고 있는 것이

113) Ibid, p. 179

다. 존재한다는 것은 감각 또는 지각하고 있을 때 존재한다. 이중감각은 신체의 각 부분들의 상호작용적 감각현상이지만 우리와 타자의 관계 속에서도 이루어진다. 즉 내 오른손이 나의 왼손을 잡을 수 있지만, 내 오른손이 다른 타인의 손을 잡을 수도 있다. 포옹은 몸의 만져짐과 만짐을 통한 몸의 언어적 표현이지만 사실상 언어보다 더 강렬한 감각적 행위이다. 포옹이라는 행위를 통해 사물의 대상으로 마주하는 것이 아니라 서로 상대방의 몸을 안고 안긴 이중성 때문이다. 포옹할 때 우리는 내가 남의 몸을 감싼다고 생각하지만 사실은 나도 남에 의해 몸이 감싸여지는 관계를 경험하게 된다. 이것은 사물과 타자의 열림을 통해 사물과 타자에게 덧 씌워져 있던 매개물을 걷어내는 것이다. 그리하여 타자와 나 자신은 동일한 것이 될 것이다. 따라서 내가 느낀 감정을 통해 타인이 느낌 감정에 대한 이해가 가능하게 되는 것이다.

즉흥연주에서 연주는 신체 없이는 불가능하다. 상호 간의 연주인 합주 역시 당연히 마찬가지이다. 이때 지향성을 내포한 신체적 운동성은 의미의 발견으로 이어진다. 의미는 전반성적 차원에서 즉, 생각하기 이전에 지각을 통해 최초로 발견된다. 주체는 근본적으로 자신이 아닌 것을 향해 나아가고 또 그것을 향해 항상 수렴되는 것이다. 그러므로 세계-에로-존재인 주체는 자신을 둘러싼 세계와의 능동적인 초월의 관계를 형성한다. 내가 무엇을 지각할 때에 나는 이미 나를 벗어나 그 대상에 현전하며, 지각된 대상은 이미 내 안에 어떤 의미로든 존재하는 것이다. 의미는 이러한 주체와 세계 간의 친밀한 의사소통의 과정에서 즉각적으로 획득된다. 예를 들어 어떤 특정한 색을 우리가 지각하는 순간, 그것은 단지 외부에 존재하는 객관적인 색으로서 주어지는 것이 아니라 우리에게 어떤 의미로서 다가온다. '몸은 감각되는 것 전체를 자신에게 합체하고 합체하는 바로 그 동작에서 자기 자신을 감각되는 것 자체에 합체시킨다.'[114] 즉 감각하는 자와 감각되는 자가 하나의 동일한 운동에서, 서로 동시적 운동으로서 가역성을 통해서 우리는 감각하는 자이면서 동시에 사람들이 감각하는 것이라는 이중적 의미로 읽혀야 한다는 사실을 이해할 수 있다.[115]

즉흥연주에서 발생되는 독주나 합주행위는 의미를 갖는다. 경험주의적 언어관에 따르면 단어는 그저 신경이나 연상 법칙에 따라 객관적 인과성의 결과에 불과한 '무의미한' 물리적 현상일 뿐이고, 주지주의적 언어관에 따르면 의미는 의식의 범주에 의해 미리 내적으로 형성되므로 단어는 단지 외적인 기호에 불과하다. 따라서 의미는 생각에 존재하고, 생각은 이미 우리의 의식 속에 선재(先在)하기 때문에, 말을 절대적으로 필요로 하지 않는 것이다. 결국 두 주의들은 말에 의미가 없다고 보는데, 단어는 의미를 갖고 있다고 보는 Merleau-Ponty와는 정반대이다. 말과 살 사이에는 사실상 병행관계나 유비관계가 있기보다는 연대와 얽힘이 있다.[116] 이는 의미는 이미 내재되어 있는 것을 의미한다. 이후 Lacan의 상징계에서도 이러한 사실을 마주하게 되겠지만, 우리는 이미 어린 시절 말을 배우고 표현함으로써 사물을 인식한다. 말이란 지각하는 주체가 드러낸 지각적 의미가 처음으로 표명되는 표현작용이 된다는 것이다. 사물이 말로 불리어 지면서 사물에 대한 이해나 정보가 만들어진다는 것이다. 사물이 말로 불리어 질 때, 명칭 되어 질 때 사물이 인식되고, 본질이 된다. 그래서 우리가 어떤 것을 안다고 하면 우리는 말로 그 어떤 것을 표현할 수 있다. 따라서 Merleau-Ponty가 주

114) Ibid, p. 198

115) Ibid, p. 259

116) Ibid, p. 170-171

장하는 암묵적 코기토는 자기 자신이 표현되었을 때만 코기토이다[117]라는 주장이 받아들여지게 된다. 생각은 반드시 말을 필요로 하고, 말과 동시적으로 일어나며, 말을 통해 완성된다. 결국 말은 이미 존재하고 있는 사유를 나타내는 수단이 아니라 사유 그 자체이다. 그러므로 언어에서는 표현되어지는 것(사물의 잠재적 의미, 기의, 사유 등)이 표현하는 것(주관의 신체적 지향, 기표, 말)에 의해서만 비로소 실존을 획득하게 되며, 역으로 표현하는 것은 표현되어지는 것이 존재하기 때문에 가능하다. 이와 같은 순환적 인과의 관계는 사물의 잠재적 의미와 신체의 지향성간의 관계와도 동일하다. 앞선 Salber의 '진행하는' 그리고 '진행한 것'처럼 기존의 경험과 새로운 의미에 대해 Merleau-Ponty는 말은 이미 규정되어 있는 바대로 쓰인다는 의미에서 '말해진 말'과 쓰이면서 새로이 규정된다는 의미에서 '말하는 말'로 구분된다.[118]고 한다. 말해진 말이 관념의 차원에 속하며 말에 대한 기존의 해석에 가까운 개념이라면, 말하는 말은 관념이 아닌 실존의 차원에 의존하며 고유한 시각을 드러낸다고 할 수 있다.[119] 말이 쓰이면서 새로이 규정될 수 있는 이유는 신체의 운동이 자신을 둘러싼 상황에 결부되어 이루어지듯 발화가 자신을 둘러싼 상황에 결부되어 이루어지기 때문이다. 이러한 사실에 즉흥연주를 대입한다면, 말해진 말은 이미 연주된 것이라고 이해할 수 있고 말하는 말은 연주된 이후에 나타나는 지금 여기서의 연주라고 이해할 수 있다. 상황의 열린 가능성이 말의 열린 가능성으로 이어지는 것이다. 창조성을 기반으로 하는 말하는 말은 이미 사용된 경험적 소리의 반복이 아니어야 한다는 조건을 갖는다. 따라서 말하는 말

117) Merleau-Ponty, 지각의 현상학, 류의근 옮김(2002), 문학과 지성사, p. 604

118) Ibid, p. 304

은 침묵이어야 한다. 왜냐하면 침묵은 말 그대로의 침묵이 아니라 앞으로 나아가기 위한 토대이기 때문이다. 이 토대에서 창조성이 나타나기 때문이다. Merleau-Ponty의 주장을 정리하면 말이 그 자신 안에 의미를 지니고 있고 말이 세계의 객관적 물질처럼 아무런 의미를 지니지 않은 것이 아니고, 정신의 사고 작용에 의해 의미를 가지게 되는 것이 아니라, 그 자신에 의해 의미를 가지게 된다는 것이다. 따라서 단어의 의미와 관련해서 내가 그 의미를 배우는 것은, 마치 내가 도구가 일정한 상황의 맥락에서 사용되는 것을 봄으로써 그 도구의 사용법을 배우는 것과 같다.[120] 이러한 사실을 근거로 Merleau-Ponty는 몸짓을 침묵으로서 아직 발현되지 않은 의미라고 주장한다. 창조를 기반으로 하는 말하는 말은 결국 신체의 표현이 된다.

열림 즉 개방성을 기반으로 하는 경험이 완결될 수 없는 것 같이 언어는 완벽하게 표현되는 것이 아니라 말해지지 않은 의미를 내포하고 있다. 앞서 살펴보았듯이 언어는 단순히 사유를 번역하는 매개물이 아니기 때문에 언어의 표현 내용과 표현행위는 완전하게 분리될 수 없다.[121] 나의 신체적 행동이 나와 타인에 대하여 나를 둘러싸고 있는 대상에 어떤 의미를 부여하듯이, 음성적 동작은 말하는 주체와 듣는 주체에 대하여 경험의 어떤 구조화, 실존의 어떤 변조를 실현한다.[122] 즉 우리는 성대의 떨림, 신체의 떨림을 통해 목소리를 내어 말을 한다. 즉

119) Ibid, p. 304. 랑그와 파롤을 구분한 소쉬르의 언어이론에서 많은 영향을 받아 이러한 생각에 다다랐음을 넌지시 밝힌다. "사람들은 저 유명한 구별*을 다시 가져와서 이렇게 말할 수 있을 것이다. 언어langage, 즉 구성된 어휘 체계 및 구문 체계, 다시 말하면 경험적으로 존재하는 '표현 수단들'은 언사parole 행위의 적립과 침전이고, 이 언사 행위에서 표현되지 않은 의미는 밖으로 번역되는 수단을 발견할 뿐만 아니라 대자적 존재를 획득하기도 하고 그야말로 의미로서 창조된다고 말할 수 있다. 다시 말해서 사람들은 말하는 언사parole parlante와 말해진 언사parole parlé를 구별할 수 있다."

120) Ibid, pp. 602-603 참조

말은 음성장치의 사용을 통해 세계로 향하는 나의 신체의 직접적인 어떤 변조인 것이다.

연주는 언어와 같이 신체적 표현의 행위인 한편 '말'하지 않는 '침묵의 언어'이다. 이는 연주가 언어와 같이 의미를 나타내는 방식 중 하나인 것을 의미한다. 사물과 사물 사이의 틈인 간극에서 발생하는 애매함에서 통합을 이루려고 하는 시도에서 음악적 표현은 시작한다. 지각된 대상의 숨겨진 의미는 연주로 표현된 이후에 구체적으로 드러나며 진정한 의미를 갖게 된다.

Merleau-Ponty는 "신체는 탁월한 표현의 공간이다."[123]라고 주장하면서 "표현공간들의 근원이고, 의미들에 장소를 제공함으로써 그것들을 밖에 투사하는 표현의 운동 그 자체이다."[124]라고 주장한다. 지각하는 것은 받아들임과 동시에 밖으로 표현하는 것이라는 것이다. 이는 앞서 기술된 이중감각으로 쉽게 이해될 수 있다. 연주자는 자신의 신체를 사용하여 어떤 정서를 표현한다. 연주는 연주자의 지각적 체험을 바탕(배경)으로 표현하고, 지각되는 세계는 연주자의 주변 환경에서 비롯 되는 것이다. 연주는 연주자 자신과 연주자와 관계 맺는 세계 속에서 도출되는 의미의 표현과정이다. 그리고 연주는 창조적인 말하는 말

121) Merleau-Ponty의 언어에 대한 현상학은 소쉬르의 언어학 이론이 제시하는 기호의 자의성에 바탕을 두고 있다. 소쉬르는 기표와 기의는 미리 정해진 일대일 대응관계가 아니며, 기호와 지시체 사이에는 어떠한 유사성도 없으므로 기호는 이미 형성된 기의를 암호화한 기표가 아니라고 보았다. 기호의 의미는 다른 기호들 간의 차이, 즉 변별적인 관계 속에서만 이해될 수 있다. 결국 기표, 기의는 자의적인 것으로서 고정되고 보편화된 기표나 개념은 존재하지 않으며, 따라서 이 둘은 오로지 변별성에 근거해서만 존재한다. 예컨대 우리가 파란색의 의미를 알기 위해서 빨간색, 노란색 등의 같은 색깔 체계 내에서 다른 이름들과의 변별적인 관계를 알아야 하듯이, 한 언어 단위의 가치는 다른 언어 단위와의 변별적 관계에 의존한다.

122) Ibid, p. 300

123) Ibid, p. 232

124) Ibid, p. 232

처럼 하나의 의미를 위해 하나의 기호를 선택하는 것이 아니라, 그것의 의미는 확정되거나 결정되지 않고 언제나 발생 중에 있다. 세계-에로-존재인 연주자에 의해 완벽한 연주란 존재하지 않고 언제나 재탄생을 가지고 창작되는 과정에 있다는 것이다. 이는 소통에 있어서도 듣는 타자에게서도 동일하게 연주자의 표현에 대한 새로운 의미 발견이 이루어진다. 표현과정인 연주는 신체와 밀접한 연관이 있다. 특히 즉흥연주는 신체 없는 연주는 불가능하다. 이는 타자에게서도 마찬가지이다.

즉흥연주에서 나타나는 연주 style은 즉흥연주에 참여하는 사람들 사이 의미교환 작용을 기반으로 하고, 지각과 표현의 연장선상 안에서 드러난다. Merleau-Ponty에 의하면 "사물은 그 사물이 자신의 근본적 성질에 알맞은 매개를 통해서 우리에게 나타난다. 이 나무 조각은 색깔과 촉각적 소여의 집합도 아니고 이것들의 총체적인 형태도 아니며, 그 자신으로부터 나무의 본질 같은 것을 방출한다. 이러한 '감각적으로 주어진 것들'은 어떤 주제를 변조시키거나 또는 나무 자체인 어떤 style, 이 나무 조각과 그것에 대해 내가 가지는 지각의 주위에 의미의 지평을 형성하는 어떤 style을 예시한다."[125]고 한다. style은 대상에 내재되어있는 지속적인 각각의 특징과 개별성을 말하고 존재의 모든 양상에 대한 근본적 다양성을 내포하고 있다. 따라서 style은 지각에서 드러나는 의미를 특징화하는 방법과 현상에 대한 질적 영향력을 서술하는 방법을 제공한다. 왜냐하면 대상의 고유한 style은 지각하는 주체에 의해 야기되고, 지각하는 주체는 세계와의 관계 속에서 구성된 자신의 신체의 도식을 기준으로 대상이 지닌 스타일을 파악하여 이를 해석한다. style에는 연주자와 듣는 사람의 신체 도식에 침전되어온 자

125) Ibid, p. 672. 참조

신의 습관적 행동뿐만이 아니라 그가 살았던 시대의 사회적이고 역사적인 구조와 관습 또한 잠재적으로 존재한다. 연주자가 의도하고 지향했던 것은 연주자의 신체에 무의식적 혹은 익명적으로 침전되어 있던 시대적 · 사회적인 영향을 기반으로 한다. 그리고 그것은 세계 속에 현전하여 듣는 사람에서 읽혀지게 된다. 이때 연주자와 듣는 사람 사이에는 간극이 존재하게 된다. 여기서 재창조가 이루어진다.

우리가 무엇인가를 지각한다는 것은 이미 그것을 해석하고 있다는 것을 의미하기 때문에 지각에는 언제나 style이 내포되어 있다는 것이다. 연주자의 삶과 지금 현재 일어난 사건에 대한 이해에서 도출된 내적 도식이라는 말이다. 연주자 특히 즉흥연주자에게 style은 세계에 접근하는 방식이면서 동시에 그것을 표현하는 방식이다. 연주자의 지각을 통해 형성된 세상에 대한 내적 논리를 자신만의 일관된 변형으로 듣는 이에게 제시한다.

4

음악과 언어

우리는 음악은 언어라는 말을 심심치 않게 듣는다. 더 나아가 음악을 정의할 때 음악은 소리를 통해 인간의 사상과 감정을 전달하는 예술이라고 한다. 어째서? 왜? 이런 질문을 받으면 뭐라고 대답할 수 있을까? 이러한 질문에 답을 구할 때 우리는 음악의 요소와 언어의 요소를 비교하는, 언어의 운율을 리듬을 통해 설명하는, 언어와 음고의 관계를 말하면서 우리의 감정에 따라 음고가 바뀌면서 언어의 의미를 강화 시켜준다고 설명하는, 음악은 언어보다 더 우리의 감정을 잘 표현할 수 있다는 등등 이야기들을 들을 수 있다. 이런 말들이 다 옳다고 하자. 그러면 어떻게 가능한가?

음악이 언어와 같은 소통의 도구가 되기 위해서는 사람과 사람 사이에 일어나는 상호작용이라는 기본전제를 충족하여야 한다. 작곡가가 자신의 가치관이나 세계관을 근거로 작곡을 하게 된다. 그리고 작곡된 곡을 연주하는 연주자 역시 자신의 가치관과 세계관을 통해 연주를 하게 된다. 연주를 듣는 감상자의 이해 역시 마찬가지이다. 그래서 똑같은 악보를 가지고 연주를 하더라도 표현은 다를 수 있고, 듣는 사람 역시 같은 음악, 같은 연주자의 연주임에도 불구하고 자기 나름대로 음악을 받아들이기 때문에 이해도는 다를 수 있다. 작곡자 역시 하나의 사건에 대해 자신의 가치관과 세계관을 가지고 있기 때문에 연주자와 듣는 사람과 같은 입장에 있다. 여기서 무의식은 어떤 작용을 할까? 우리의 음악활동은 의식에 의한 활동일까?

Jacques Lacan은 음악 현상의 구조가 무의식에 그 뿌리를 두고 있다고 이해한다.[126] 이를 설명하기 위해 Lacan은 Ferdinand De Saussure의 언어학을 정신분석에 도입하는데, Saussure의 언어학과는 차이를 두고 있다. 먼저 이 차이에 대해 알아보도록 한다.

기호(sign/Zeichen)는 감각으로 지각될 수 있는 지시나 신호(성질을 직접 나타내는)로 인간이 가지고 있는 지식, 의지, 감정을 어떤 물리현상을 통하여 나타내는 하나의 표현형식으로서 인간의 의지나 감정, 지식을 남에게 전달한다. 기호중 하나인 언어(lange)는 언어는 발화(parole) 이전에 존재하는 유아와는 무관한 단지 사회적 약속으로서 각 개인의 두뇌 속에 저장된 사회적 산물[127]이다. 즉 각자의 두뇌 속에 잠재적으로 존재하는 문법 체계이다.[128] 이러한 언어는 한 사회에 구성원들 간에 약속 혹은 계약되어 채택된 표현 수단이고, 집단적 습관에 토대를 둔 개인이 수동적으로 습득하는 산물[129]이다. '말'과 '언어'를 혼동하지 않는 것이 중요하다. 먼저 말을 하려면 호흡, 턱, 혀 등 신체를

126) 서우석, 음악과 현상, 문학과 지성사, p. 204
127) Ferdinand de Saussure, 일반 언어학 강의, 최승언 역(2006), 민음사, p. 33
128) Françoise Gadet, 소쉬르와 언어과학, 김용숙/임정혜 역(2001), 동문선, p. 97
129) Ferdinand de Saussure, 일반 언어학 강의, 최승언 역(2006), 민음사, p. 20

사용해야 한다. 그리고 부수적으로 언어로부터 단어와 문법을 가져와 주체는 자신의 내적 상태를 표시한다. 그러므로 우리가 사용하는 말은 이전에 존재하는 언어체계 없이는 의사소통이 불가능하고, 말을 할 때 그 발화행위가 상대방에게 이해되기 위해서는 구성원 모두가 공유하는 그 언어의 사회적 관습이나 약속, 즉 어휘나 문법체계 등이 있어야 한다. 왜냐하면 언어는 우리가 태어나기 전에 이미 우리가 태어날 사회에 존재했었기 때문이다. 이 언어는 나만의 것이 아니다. 내가 없어도 언어는 존재하고 잘 기능한다. 아이가 수유기 때 처음 듣는 엄마의 말은 단지 소리일 뿐이지 의미가 아직 습득되지 않아 언어가 될 수 없다. 성장에 따른 학습에 의해 의미가 합해져야 언어가 될 수 있다. 따라서 개인 혼자서는 언어(lange)를 생산할 수도 변경할 수도 없다. 개인은 언어(lange)를 조작하기 위해서는 개인은 학습해야함을 전제로 한다. 음악도 언어와 마찬가지로 대상들에 대해 표현함으로써 지각을 명료하게 하는 기능을 한다. 그리고 이러한 대상에 대한 명료한 지각이 서로 다른 방식으로 나타난 것일 뿐이다. 위의 사실에서 언어는 아무렇게나 조합된 것이 아니라 일정한 규칙이 있고, 사용하기 위해서는 사용방법을 습득해야 한다. 이것은 음악 역시 마찬가지이다. Saussure는 "인간이 가지는 보편적인 언어능력과 상징 활동을 언어활동이라고 하는데, 언어활동(langage)은 능력인 동시에 기구(器具)이고, 생산인 동시에 수신(受信)이며, 음성체인 동시에 사고(思考)이고, 개인 행위인 동시에 사회현상이며, 체계인 동시에 진화(進化)이다."[130]라고 표현한다. 언어의 역사는 언어를 '말'하는 존재들의 역사와 관계되어 있다.[131]

---

130) Françoise Gadet, 소쉬르와 언어과학, 김용숙/임정혜 역(2001), 동문선 p. 88

131) Bruce Fink, 라캉의 주체, 이성민역(2010), 도서출판b, p. 43

우리는 다른 사람들의 말을 들음으로써 모국어를 습득한다. 수많은 경험을 통해서 모국어는 우리의 뇌에 자리 잡게 된다. 그리하여 문화에 따른 시간의식, 공간의식, 상상력, 수치심 등등을 만들어 낸다. 결국 언어를 진화시키는 것은 화언이다.[132] Saussure에게 있어 우리의 언어활동(langage)은 체계로서의 언어인 '언어(lange)'[133]와 개인적 발화로서의 언어인 '화언(parole, 話言)'[134]으로 구성된다. 이를 좀 더 명료하게 표현하면(언어)기호는 기표(signifier)와 기의(signified)로 구성되어있다고 본다.[135] 좀 더 정확히는 개념(기의)과 청각영상(기표)의 결합을(언어)기호라 한다.[136] 여기서 청각영상[137]이라 함은 발화되는 '말' 즉 지각되는 소리이다.[138] 곧 대상을 표시하는 발화된 말이다. 말하는 사람이 자신의 신체를 조작하여 만들어낸 '말소리'는 음향 매체일 뿐이고, 그 소리는 공기의 진동을 통해 듣는 사람의 귀에까지 전달된다. 어떤 대상을 발음한 소리는 사람마다 다를 것이다. 하지만 우리는 음향적으로 각각의 다양한 소리 속에서 공통적인 소리 패턴이 있음을 발견하고 같은 의미를 가진 소리로 받아들인다. 따라서 기표는 소리 그 자체가 아니라, 우리가 그 소리 속에서 듣게 된 발음패턴이며 이를 "청각영상"이라고 부른다. 이것이 Saussure가 '소리'와 '청각영상'을 구분

132) Ferdinand de Saussure, 일반 언어학 강의, 최승언 역(2006), 민음사, p. 27

133) 한 언어가 갖는 추상적인 체계이며 구성원 모두가 공유하는 사회적 약속이다. 그리고 체계이기 때문에 유한하다.

134) 개인적 발화행위이며 체계의 구체적 실현이다. 개인적 발화이기 때문에 무한하다.

135) Sean Hall, 기호학 입문, 김진실 역(2016), 비즈앤비즈, p. 21

136) Ferdinand de Saussure, 일반 언어학 강의, 최승언 역(2006), 민음사, p. 93

137) 어떤 사람이 "책상"이라고 말하면, 우리는 그 말소리를 듣고 무엇인가를 마음속에 떠올리게 되는데, 이때 기표는 책상이라는 말소리이며 기의(지시 받는 것)는 우리가 그 말소리를 듣고 떠올린 개념이다.

138) Ibid, p. 94

하고 기호학에서의 기표를 소리가 아닌 청각영상으로 정의하는 이유이다. 즉 청각영상이 개념을 지시한다는 것이다. 개념을 지시하고 있지 않은 말소리는 아무런 개념도 지시하고 있지 않기 때문에 (언어)기호가 될 수 없으며, 그렇기 때문에 (언어)기호는 청각영상과 개념을 모두 포함한다. 이 조건이 성립되지 않으면 언어로서 기능하지 못한다.

Lacan과 Saussure는 기표를 더 확장하여 글씨를 쓰던 그림을 그리던 소리를 내건, 무엇이든지 우리가 표현해내는 것 수단을 기표로 간주한다. 하지만 기표와 기의가 결합되는데 있어서 Lacan과 Saussure의 차이가 생긴다. 우선 Saussure는 기표와 기의관계가 자의적이라고 주장한다. 의사소통을 위해 사용하는 대다수의 기호는 우리가 바로 이해하지 못한다는 점에서 자의적이라는 것이다. 기표와 기의의 관계가 필연적인 관계로 맺어진 것이 아님을 의미한다. 사과를 '사과'라고 발음하는 것과 실제 존재로써의 사과는 아무 상관이 없다. 정하기 나름이다. 따라서 사과를 기표로서 '시과', '사고' 혹은 '샤과' 무엇이라 부르든 그 존재하는 기의로서 사과는 아무런 변동이 없다. 이를 역으로 해도 마찬가지이다. 많은 사물, 개념들과 그것들을 가리키는 이름은 필연적으로 맺어져 있는 것이 아니다. 즉 기표와 기의의 조합이 필연적인 것은 아니다. 하나의 동일한 사물에 대해 언어(외국어)마다 서로 다른 이름이 있다. 그러나 기표는 자유롭게 선택되는 것처럼 보이지만, 그것을 사용하는 언어집단과 관련하여 생각해보면 자유로운 것이 아니라 강요된 것이다. 즉 언어의 경우에는 자의적이지만, 이 관계를 받아들이는 화자에게는 이 관계가 자의적이지 않다는 것이다. 이는 기의와 기표 사이의 관계는 기호를 사용하는 개인이 변경할 수 없고, 일정 시점(時點)의 언어 체계 내에서는 필연적인 관계로 묶여 있다는 것을 의미한다. 기표와 기의의 관계는 계약 또는 약속이 아니라 또 화자에게 언어는 자유롭게 받아들여지는 규칙이 아니라 감수해야 하는 것이다.[139] 결국 기표와 기의는 처음에는 서로 자의적인 관계이지만 일단 묶여 기호가 되어 통용되면 그것은 떨어질 수 없는 일대일 대응관계를 이루게 된다. 그래서 사람들은 있는 그대로의 언어와 관련을 맺고 있다. 이 관계는 화자가 자유로이 선택할 수 있는 것이 아니라 필연적인 것이다.[140] 결국 언어란 완전히 익숙해진 다양한 문화의 관습과 편견의 부산물인 것이다.[141] 이러한 관계를 Saussure는 아래와 같이 표시한다.

$$\frac{\text{S(ignifie): 기의}}{\text{S(ignifiant): 기표}} = \frac{S}{S}$$

Lacan은 Saussure가 주장한(언어)기호가 기표와 기의로이루어진다는 것은 받아들이지만 이들이 결합하여 의미가 만들어지는 의미화작용(signification)에 대해서는 Saussure의 주장을 거부한다. 그리하여 Lacan은 아래와 같이 표시한다.

$$\frac{\text{S(ignifiant): 기표}}{\text{s(ignifie): 기의}} = \frac{S}{s}$$

이러한 도식에서 Lacan은 또 기표를 대문자 S로 나타내어 가름대/저항선 위로 두고 기의는 소문자 s로 표현하고, 저항선 '–' 밑에 두어서 기표 밑으로 기의가 끝없이 미끄러져 들어감을 나타낸다. 이를 두고 기표가 기의를 지배한다고 표현한다. 끝없이 미끄러져 들어간다는 것

---

139) Françoise Gadet, 소쉬르와 언어과학, 김용숙/임정혜 역(2001), 동문선, p. 47

140) Ibid, p. 48

141) Sean Hall, 기호학 입문, 김진실 역(2016), 비즈앤비즈, p. 26

은 어떤 공간적인 개념으로 빠져들어 간다는 의미가 아니라 Saussure가 주장하는 기표와 기의가 1:1로 고정된 관계가 아니라 1:다(多)의 관계를 의미하는 것이다. 즉 기표와 기의는 서로 다른 질서를 가지고 독립되어 있어 기의 s에 여러 개의 기표가 가능한 것처럼 하나의 기표 S에 여러 개의 기의 s가 가능하다는 것이다. Lacan은 실제 우리가 말할 때 하나의 기표에 여러 가지 기의가 대응될 수 있음을 주장한다. 이를 근거로 하면 결국 언어와 대상간의 순간적인 일치는 가능하나 고정된 일치는 불가능하다. 왜냐하면 계속 관계형성이 이루어지기 때문이다. 이렇게 언어는 우리의 통제를 벗어나 독립적으로 작동하기[142] 때문에 정신분석에서 말실수, 은유, 환유 같은 무의식에 대한 표현이 의미를 갖는다.

4-1. 즉흥연주에 있어 주체

Lacan에게 있어 주체는 상상계(imaginary), 상징계(symbolic) 그리고 실재계(real)로 이루어진다. 이러한 구분은 단지 이론적 차이이고 발달 과정에서의 실제 순서는 중요하지 않다. 실제로는 세 영역들은 소멸 없이 계속 유기적으로 작용하면서(상호작용하면서) 인간의 정신적, 물질적 삶의 영역을 역동적으로 만든다. 이때 Lacan은 주체와 자아를 구분한다. 여기서 자기와 자아를 구분하면, 자기는 실제적인 나이고, 자아는 자기가 구성하는 심적 관념이다. 이는 자아는 태어날 때 완성되어져 있는 것이 아니라 후천적으로 어떤 정신작용이 더해지면

142) Bruce Fink, 라캉의 주체, 이성민 역(2010), 도서출판b, p. 44

서 구성되어지는 것이라는 것이다. 이 자아는 상상계의 일부이고, 주체는 상징계의 일부이다.

4-1-1. 상상계(Imaginary)

상상계는 생후 6개월에서 18개월 사이의 시기로 자아(ego)의 형성에 기초가 되는데 주체가 자신의 신체와 맺는 관계에 근거한다. Lacan에 따르면 이 시기 이전에 어린아이는 자신의 신체를 통일된 전체가 아닌 흩어진 어떤 것으로 경험한다. 6개월 쯤 되면 유아의 시각이 발달로 거울 속 자신의 이미지를 인식할 수 있게 된다. 이 이미지를 소타자 또는 유사자아라고 한다. 이 시기에는 쾌락의 원칙만 존재하는데, 이러한 단계를 거울단계(mirror stage)라고 한다. 여기서 거울은 우리가 아는 거울이 아니라 유아가 동일시(identification) 가능한 주변의 모든 것을 말한다. 심지어 유아에게 응답하는 타자의 모든 행동까지 포함한다. 주체는 한 개인도 아니고, 의식적 주체도 아니고, 사고하는 주체는 더욱 아니다. 주체와 객체, 자아와 외부를 구분하지 못하는 유아가 동일시를 통한 이미지를 반복적으로 경험을 통해 획득된 이상적인 이미지들의 조합으로 자아가 생긴다. 즉 유아에게 파편화되고 흩어진 것들로 보여진 신체들을 자아는 거울 속 이미지와 동일시를 통해 통합된 하나의 상(象)인 허구적인 자아가 생겨난다. 이 통합된 하나의 상을 형태(Gestalt)로 이해할 수 있다. 이후 시간이 지나면서 거울 속의 이미지가 실제가 아닌 이미지인 것을 깨닫는데 상상계에서는 이 이미지를 자아로 알게 된다. 그리고 이 자아는 이미지로서의 세계가 아주 조화롭게 통일되어 어떤 차이나 분열도 없는 완전히 통합된 전체로 오해한 자기 자신에 대한 상상적 이미지이다. 이를 거울을 통해 설명하면, 이것은 거울에 비친 이미지에 대한 동일시이기 때문에 허구인 것이다. 이 허구적인 활동이 인간과 동물의 차이점이자 자아의 탄생이 원동력이 된다. 아이의 발달단계에 있어 '자아'가 시작되는 순간이다.

허구적인 자아 즉, 환상이라는 독특한 심리 상태가 거울 단계에서 극복되고 유아의 정상적인 발달이 이루어지는 경우 파편화되고 흩어진 것들로 보여진 신체의 환상적 경험은 '실제 나'와 '거울 속에 비친 나'가 반복되면서 확인되고 우리는 신체의 흩어짐에 대한 불안을 없애고 결국 자기 신체의 통일성을 얻게 된다. 이미 살펴보았듯이 자신의 거울 속 이미지와 동일시를 통해 자아가 형성된다. 결국 이 거울단계는 동일시에 의해 객관화되기 이전 즉, 언어구조 속에 진입하여 주체기능을 부여받기 이전의 '나'가 거울 속에 나타난 이상적인 자아를 보고 자아를 인식하고 이를 기반으로 주변 환경을 인식해가는 과정이다. 그리고 이후 주변인들의 발화를 통해 대상을 처음 얻게 된다.

이 시기에 대상은 그것의 실제적인 유무와 관계없이 우리가 인식할 때만 우리에게 대상으로 인식되는 의식의 산물이다. 거울 속 이미지(상상적 타자/이상적 자아)에 대한 동일시를 통해 형성된 유아의 자아는 통일되고 안정된 구조를 제공하는 것이 아니라 주체의 소외(疏外)와 분열을 가져오는 오인(misunderstanding)의 구조에 놓이게 된다. 의식의 산물인 내용은 언제나 우리의 고유한 의식구조 안에서 가공되거나 변형된 것으로 실제 대상의 정보와는 다른 것이다. 왜냐하면 유아는 지속적인 동일시 과정을 통해 자아를 형성하는데 이때 동일시 과정은 자기가 아닌 자기 주변의 대상들(상상적 타자)을 기준으로 이루어졌기 때문이다. 따라서 자아는 정해진 실체를 가질 수 없고 이미지에 대한 오인으로 만들어진 허구이다. 그러므로 상상계는 통일된 이미지가 보여주는 환상을 통해 아이가 자아라는 자기정체성을 형성하는 단계(stage)다. 이것은 주체의 인식 구조에 근거한 환상이다. 이 자신이 보여 짐이 없고 바라봄만 있는 착각에서 비롯된 환상은 다음 단계인 상징계로 이어지면서 주체가 살아가는 동안 지속적으로 발생한다. 결국 주체는 환상으로 인해 삶을 지속할 수 있는 것이 된다. 여기서 소외와 분열에 대해 언급하면, 유아는 환상이나 허구 또는 오인 속에서 자신의 진정한 이미지를 확인할 수 없다. 거울 상(像)이라는 이미지는 타자와의 동일시를 통해 형성된 통합된 자기에 대한 인식으로 거울 속에 있는 자신 즉 대상화 된 나의 신체 이미지를 매개로 하여 구성된 것이기 때문에 본래의 자기는 타자가 되는 소외가 발생한다. 상상계에서 본래의 자기가 타자가 되는 소외는 유사자아(소타자)와 동일시를 통해 자아가 구성됨에 있어 꼭 필요한 과정의 결과이다. 즉 타자를 통해 형성된 '나'의 이미지인 상징적인 기표를 상징적 동일시를 통해 '나'와 같은 것으로 인식한 결과 상징으로 인해 불가피하게 일정 부분 소외 역시 자아가 구성됨에 있어 꼭 필요한 과정의 결과이다. 실제 몸의 불완전성과 거울 속의 완벽한 이미지 사이의 불안과 분열(불일치)은 자아의 일체감을 위협하게 된다. 이러한 이미지와 현실의 분열 때문에 공격성이 발생하게 된다. 즉 공격성은 잠깐의 총체적이고 통일된 것으로 보이는 이상화된 자아가 육체적인 불안과 미숙을 완전하게 덮어주지 못하기 때문에 발생한다는 것이다. 상상계의 특성상 불안감과 상상적 안정이 결합되어 있다. 거울 단계의 자기애적 동일시는 안정된 자아를 보장해주는 것이 아니고 사실은 분열의 순간이며, 이는 동시에 주체가 구성되는 최초의 순간이자 이후로도 주체를 영원한 분열과 소외 속에 위치시키는 실질적인 계기다. 따라서 공격성은 인간의 본래적 성향 중의 하나이다. 결국 대부분 정상적으로 상상계를 거쳐야 하는 유아는 거울속의 원형인 타자와 이자(二者) 관계 속에서 자기애를 통해 이 원초적인 공격성을 억제하게 된다. 하지만 자기애 역시 자아의 분열을 완전하게 막지는 못한다.

언어의 기반이 되는 소리는 상상계에서 주어진다. 출생 이후에서 인간은 모든 감각기관을 통제할 수 있지만 귀는 통제가 불가능하다. 청각적 자극을 무조건 받아들이게 되는데, 여기서도 역시 시각에서와 마찬가지 현상이 발생한다. 출생 후 자신과 타인을 구분하지 못하는, 의식도 무의식도 아직 생기지 않은 태아의 경우 자신과 타인의 구분이 없기 때문에 다른 사람과의 감정 동화, 무조건적인 감정이입이 존재한다. 이는 우리가 한 아이가 울 경우 주변의 아이들은 그 아이의 상황을 이해해서 우는 것이 아니라 그 아이가 울기 때문에 자신들도 우는 상황에서 경험할 수 있다. 이때 우는 아이를 보고도 따라 울 수 있지만 우는 소리를 듣고서도 울 수 있다. 타인과 자신을 구분할 수 없음으로 대립적 양극(좋음-싫음)이 함께 존재한다. 여기서 선험성이 위치한다. 즉흥연주에서 타인의 연주에 대한 자연스런 반대 진행을 설명하는 근거가 될 것이다. 즉 우리가 선율을 상행시켰을 경우 이후 다른 연주자의 연주는 하행 선율이 나타난다. 물론 여기에는 긴장에 따른 이완의 의도, 지향성에 따른 선택도 포함되어 있을 것이다. 하지만 대립적인 양극의 이해에는 하등의 문제가 없다. 왜냐하면 우리의 행동은 상호작용의 결과물이기 때문이다.

4-1-2. 상징계(Symbolic)

상상계의 유아는 상징계로 들어오면서 거울 속의 '나'가 사회적인

'나'로 인식된다. 여기서 교환의 가장 기본적인 형태인 의사소통이 시작된다. 이 의사소통에는 언어가 중요한 역할을 하게 되는데, 언어의 기표는 상징계적 측면이고 언어의 기의와 의미작용은 상상계적 측면이다. 앞선 언어활동에 대한 언급이 여기에 해당된다. 언어활동 없이는 인식도 존재할 수 없고, 타인과 주위 세계는 물론 자아의 인식도 불가능하다. 따라서 유아가 언어활동에 참여하게 됨으로써 객관적 인식이 가능해진다. Lacan의 언어관에서는 기표는 대상을 지칭하는 것이 아니라 순수차이를 통해 의미작용을 만들어낸다.[143] 그리고 이 의미작용은 다른 의미작용을 참조하지 않고서는 불가능하다.[144] 이러한 의미작용의 과정 속에서 기표는 자율적이고 독자적으로 움직이며, 기의는 기표의 우위에 따라 저항선에 막혀있으며, 기표는 밑으로 계속해서 미끄러져 간다. 그러면서 기표들은 서로 결합해 기표의 연쇄사슬(Ponty의 직물과 유사하다)을 구성하며 이러한 기표의 연쇄가 언어체계를 이룬다.[145] 이러한 기표의 연쇄를 Lacan은 다음과 같이 설명하고 있다.

> "언어구조와 마찬가지로 기표들도 차이를 만드는 요소들로 구조화되어 있다고 할 수 있다. 기표들은 의미생성을 위하여 다른 기표 속으로 침투하고 또 다른 기표를 포섭하기도 하며 상대방에게 서로 의존한다. 궁극적으로 기표들은 차이를 만들어 내는 요소로 환원되고 동시에 완결된 체계를 이루어려는 목적으로 서로 결합하기도 하는 이중운동을 수행한다. … 차이를 만들어낸 것 이외에 기표가 갖는 두 번째 특징은 체계적 연결성인데 이것은 내가 늘 언어의 기저를 이루는 필수적인 것으로 강조해왔던 의미연쇄를 이룬다. 기표들은 목

---

143) Jacques Lacan, 욕망이론, 권택영외 역, 문예출판사, p. 60 참조
144) Ibid, pp. 55–56
145) 김석, 프로이드 & 라캉: 무의식의 초대, 김영사, 2010, pp. 133–134
146) Jacques Lacan, 욕망이론, 권택영외 역(2009), 문예출판사, pp. 60–61

걸이의 고리들처럼 연결되어 있지만 그 목걸이 자체도 이미 고리들로 만들어진 또 다른 목걸이 속의 고리일 뿐이다."[146]

언어구조 속에서 만들어진 대상은 기표의 연쇄 속에서 만들어진 '개념' 즉 의미 이다. Lacan에 따르면 하나의 기표는 계속적인 미끄러짐에 의해 하나의 기표에 수많은 기의가 생길 수 있으며 역으로 하나의 기의에 수많은 기표가 생길 수 있다. 즉 하나의 장(場)이 구성되는 연쇄사슬이 생성된다. 여기서 미끄러짐이란 기표가 기의와 영원히 결합되지 못한다는 것을 의미한다. 이렇게 기표와 기의관계가 끊임없이 미끄러짐을 통해 수많은 관계들이 형성되는 연쇄사슬 속에서 기표와 기의간의 고정 조합은 고정점[147]에 의해 잠시 이루어진다. 즉 의미작용이 가능해지는 고정점은 기표가 언제나 필수적으로 하나의 기의와 결합하여 형성되는 것도 아니고 절대적인 지점도 아니라는 것이다. 이 잠시 동안 의미작용이 가능해질 때 언어작용에 의해 형성되는 주체가 발생

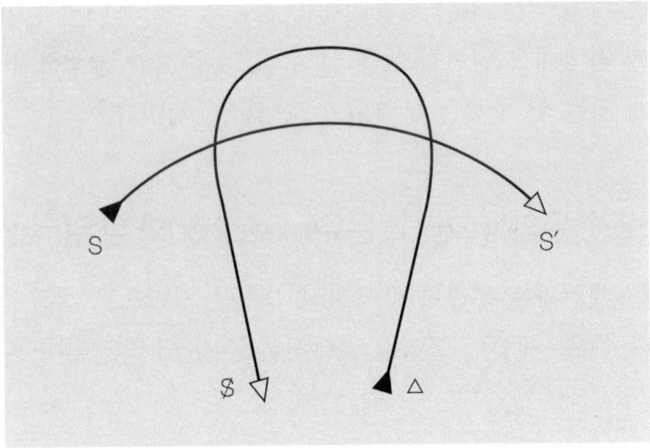

Jacques Lacan(1966), 에크리, 홍준기 외 역(2019), 새물결, p. 948

된다. 잠시 고정될 뿐이다. 그리고 다시 미끄러짐은 계속된다. 이러한 관계를 Lacan은 의미화 고리(signifying chain) 또는 욕망그래프(the graph of desire)를 통해 설명한다.

갓 태어난 유아는 언어를 사용할 수 없다. 이를 Lacan은 △로 표시한다. 그리고는 상상계에서 형성된 자아가 오인되었던 것임을 깨달은 주체를 의미한다. S'은 언어를 배우는 과정에서 단일기표이고 Lacan에 관계된 책에서는 S_1이나 제1기표와 동의어이다. S는 이러한 과정에서 대항기표이고 역시 Lacan에 관계된 책에서는 S_2나 제2기표와 동의어이다. 유아가 태어나기도 전에 이미 부모들은 태어날 아이에 대해 이야기한다. 이 아이가 태어남과 동시에 부모가 사용하는 언어를 접하고 이러한 언어는 아이의 평생 동안 함께한다. 즉 아이는 부모가 미리 정해놓은 언어의 규정 속에서 태어나고, 살게 되고. 죽게 되며, 기억된다. 여기서 중요한 사실은 언어는 주체와는 별개로 독립적으로 작용하므로 인간은 언어를 의식적으로 통제할 수 없다는 것이다. 단일기표가 대항기표로 대체되어 은유가 생기는데, 이는 정상적인 의미화과정이다. 이러한 두 개의 기표가 만들어내는 은유과정을 통해서 언어와 사회의 질서에 편입해서 언어적 삶을 살 수 있는 주체가 발생하지만, 언어 속에 살게 되는 이 주체는 분열되고 소외된 주체이다.

4-1-2-1. 무의식 그리고 은유(metaphor)와 환유(metonymy)

언어는 개인과는 무관하게 사회적 약속을 기반으로 객관적인 구조를 갖는다. 이는 개인이 언어를 습득하는 순간 이전에 이미 존재했다.

147) Ibid, p. 62 참조

이는 개인이 기표를 조직하는 규칙에 강제적으로 지배받고 있음을 의미한다. 앞선 Lacan의 언어에 대한 도식(S/s)에서 보았던 기표(S)와 기의(s)에서 기의란 기호를 사용하려는 사람이 본래 말하고 싶었던 의도인데 이 의도는 사회적 약속을 기반으로 객관적인 구조를 갖는 기표의 규칙을 무시하고는 의도를 나타낼 수 없다. 결과적으로 의도는 기표를 사용하는 순간 기표에 의해 원래의 의도가 100%전달될 수 없게 된다. 즉 기표에 의해 억압당한다는 것이다. 여기서 순수한 나의 의도와 기표를 통해 드러나는 나의 의도 사이에는 분열이 발생한다. 이를 다른 말로 기표를 사용하면서 순수한 나의 의도가 소외되고 억압된다고 표현한다.

위의 과정에서 두 기표 사이에는 어떠한 의미가 형성된다. △→$\$$와 S→S'에서 두 개의 기표의 미끄러짐을 잠정적으로 중단시키면서 기표를 잠정적으로 고정시키는 고정점이 발생하는데(욕망그래프에서 △→$\$$의 선과 S→S'이 교차하는 지점) S→S'의 방향으로 기표들이 다른 기표대체하고 △→$\$$ 방향으로 의미가 발생한다. 이는 S→S'는 상징계에서 이루어지고 △→$\$$는 상상계에서 이루어짐을 의미한다. 이때 고정점에서는 1:1의 관계로 이루어지는 것이 아니라 1:多(다)의 관계 속에서 1:1의 관계가 도출된다. 또한 1:1의 관계가 도출될 때 직선으로 관계가 아니라 나선형으로 진행된 결과로 1:1의 관계가 도출된다. 이렇게 형성된 기표와 기의의 관계는 영원히 안정된 의미를 도출하지 못하고 잠정적인 의미만 있다. 이렇게 현실에서 형성된 의미는 결국 결핍과 미완성의 상태를 나타낸다. 여기서 의미의 완성과 충족을 시도하는데 두 가지 방법을 사용한다. 하나는 기표를 대체시키는 은유와 다른 하나는 기표를 다른 기표로 바꾸는 환유(Metonymy)이다. 이들은 공통적으로 기표들이 하나의 고정된 기의를 가지지 못한다. 그러므로 이들의 결과는 계속 결핍과 미완성으로 귀결된다. 그럼에도 불구하고 주체는 계속 끊임없이 완성을 시도한다. 여기서 은유와 환유의 특성을 알아볼 필요가 있다. 환유는 한 낱말(기표) 대신 그것과 가까운 다른 낱말(기표)을 사용하는 것이다. 즉 낱말 간에 근접성을 기초로 이루어진다. Lacan이 예를 들어 설명하는 "30개의 돛"은 환유작용을 대변하는 것이다. 돛은 배와 밀접한 관계를 갖는다. 따라서 이 문장은 배와 인접 관계에 있는 돛이라는 말로 전치되어 성립한 환유가 이루어진 결과이다. Freud의 정신분석에서 무의식은 우리가 직접적으로 이해할 수 있는 것이 아니다. Freud는 무의식이 말실수, 꿈의 현상, 증상, 농담 등이 언어를 통하여 드러날 때 무의식이 존재한다는 것을 증명했다. 그리고 이때 언어로 드러난 결과는 원래 의도와는 다르다. Freud에 의하면 Es의 욕망은 억압에 의해 의식에 떠오르지 못하고 무의식에 남겨진다. 무의식에 남겨진 욕망은 끊임없이 의식으로 떠오르려 하는데 의식의 검열을 통과하지 못해 번번이 떠오르는데 실패한다. 이 무의식이 검열을 피하는 데 있어 실패를 만회할 수 있는 방법이 압축(condensation)과 전치(displacement)로 위장되거나 왜곡되어 의식에 나타나는 것이다. 그래서 Freud는 꿈을 압축과 전치를 통해 무의식이 드러난 것으로 이해했다. 여기서 전치는 의식으로 떠오르려는 무의식의 요소가 의식적인 입장에서는 부차적이거나 이차적인 요소와 결합되어 나타나는 것을 말한다. 따라서 배의 이차적이거나 부차적인 요소가 돛이라는 관계가 성립된다. 이러한 관계는 연상(association)에 근거한 인접성에 의해 생성된다. 이러한 전치가 Lacan에게는 환유로 표현된다. 압축은 무의식의 요소들이 축약과 함축으로 감춰져 표면상으로는 단순한 형태로 드러나게 한다. 흔히 일부가 전체를 대신하거나, 이미지들의 합성형태로 나타난다. 이때 압축에서 축약과 함축은 유추를 근거한 유사성에 의해 생성된다. 은유는 하나의 사물을 설명하기 위해 다른 사물을 끌어들이는 방법으로, 두 사물을 결합하는 양식이다. 제 3의 새로운 의미를 창출한다. 이 두 사물 간에서 서로 공통적인 요소, 즉 공유소(共有素)를 지니고 있어야 한다. 공유소가 클수록 두 사물의 결합은 설득력이 강하게 된다. 이 은유는 공유소를 생략한다. 생략된 공유소는 유추에 의해 추측해서 알아내야 한다.[148] 따라서 은유의 표현과 이해는 창조력을 기반으로 하게 된다. 상상계의 동일시를 벗어나 상징계의 동일시로 새로운 자기욕망의 주체가 창조된다. 이러한 압축을 Lacan은 은유로 표현한다. 은유는 원칙적으로 어떤 사물을 다른 사물의 이름으로 지칭하는 것이다. 한 단어가 다른 단어로 대체된다는 것이다. 이는 궁극적으로 기표와 기의의 결합을 통해 의미를 생성한다. 이때 유사성의 관계에 의해 연관된 기표들 사이의 대체관계 속에서 창조적인 기의와의 결합을 통해 새로운 의미를 생성한다는 것이다. 여기서 주의해야 하는 것은 기표는 단 하나의 기의에 고정되지 않고 관계 속에서 또 다른 의미를 낳는다. 여러 개의 기의와 관계를 갖는다. 일대일 대응이 아니라는 말이다. 의미를 생성하는 은유와 의미가 계속적으로 자리를 바꾸는 환유는 무의식을 변형시키는 역할을 한다. 이러한 은유와 환유는 끊임없는 기표의 연쇄 속에서 작용하나 종국에는 결핍만 남겨지게 된다. 왜냐하면 이들은 결핍을 채우려고 하지만 기표의 순환 속에서 충족 또는 완성을 이루는 과정에서 또 다른 결핍을 초래하기 때문이다. 그래서 기의에 영원히 도달할 수 없다. 따라서 영원히 의미가 생성되지 않게 된다.

앞선 도식에 따라 정리하면 S→S'는 상징계에 기반을 둔 환유작용을 의미하고, △→$\$$는 상상계를 기반으로 하는 은유작용을 의미한다.

---

148) 김춘경, 아동상담(이론과 실체), 학지사, p. 333

이 둘의 작용으로 의미가 생성된다. 하지만 은유를 통한 의미(기의)는 계속해서 1:1의 관계로 완성되지 못하고 계속 완성을 추구한다. 이를 보완하기 위해 기표연쇄를 통해 계속해서 다른 기표를 연결한다. 이때 환유는 새로운 의미를 창출하는 것이 아니라 경험 또는 기억을 바탕으로 하는 연상에 의해 생성된 다른 기표를 연결하게 된다. 이러한 과정을 토대로 심리적 과정을 언어적으로 이해할 수 있다. 왜냐하면 언어 역시 은유와 환유로 형성되기 때문이다.

정신분석은 의식에 떠오른 변형된 무의식을 해석한다. 우리가 살펴보았듯이 결과적으로 언어의 습득과 함께 인간은 주체로 탄생되는 동시에 무의식이 생겨난다. 따라서 주체는 언어의 효과라고 이해할 수 있다. 상징계에서 주체는 언어 이외의 어떤 방법으로도 파악될 수 없다. 인간은 결여의 존재이며 자신 및 대상을 표현할 수 있는 완벽한 의사소통의 능력을 갖고 있지 않다. 모든 욕구가 언어로 완벽하게 표현될 수 없으며 언어에 의해 걸러진 것은 표현되기 위해 끊임없는 욕구를 일으킬 뿐이다. 이를 Lacan의 표현으로 바꾸면 언어에 의해 주체에게 부여되는 것은 욕망의 대상이 아닌 그 대체물인 것이고 그러므로 언어에 의해 발화된 욕구는 주체로부터 소외를 겪게 된다. 언어에 의해 소외된 것은 주체에게 무의식을 형성한다. 이렇게 하여 주체는 언어에 의해 무의식을 갖게 된다는 것이다. 무의식과 언어의 공통점은 은유와 환유의 구조로 형성된다는 것이다. 이를 근거로 Lacan은 “무의식은 언어처럼 구조화되어 있다.”[149]고 주장한다. 이러한 사실에 대한 Lacan의 주장을 통한 보충을 하고자 한다.

언어체계로 구조화된 상징계 역시 기표에 의해 구성되지만 상상계

149) Jacques Lacan, 욕망이론, 권택영외 역(2009), 문예출판사, p. 18

와 마찬가지로 기표가 주체를 완전하게 대신할 수 없다. 따라서 상상계와 마찬가지로 주체의 소외 역시 발생한다. 그렇기 때문에 상징계에서 기표의 효과에 의해 드러나는 주체 역시 절대적 실체가 아니다. 어머니와의 이자관계와 거울이미지와의 동일시가 이루어지는 상상계의 자아는 이자관계가 깨지고 아버지로 인한 삼자관계가 형성됨으로 상실과 결핍이 극대화되면서 동시에 소외와 분열이 완성되는 상징계로 진입하면서 성숙해 진다. 언어활동이란 계약 또는 약속에 근거한 사회규범, 관습 등 문화에 따른 보편적 질서와 연관된다. 이는 자연스럽게 사회에서 용납될 수 없는 Ödipus komplex의 욕망을 억압함으로써 유아를 사회화시키는 역할을 한다. 이 억압 때문에 무의식적으로 무언가를 계속해서 욕망하는 주체로서 살아가게 된다. Freud에게는 Ödipus komplex단계가 신경증의 한 원인이었지만, Lacan에게 이는 모든 인간 존재가 거치게 되는 필수적인 발달 단계이다. Ödipus komplex 초기 단계는 거울 단계의 마지막 시기가 일치하는데, 유아가 거울 속에 비친 자신의 이미지와 자신을 동일시함과 자기 어머니와 자신을 동일시함이 거의 같은 시기에 이루어진다. 이어 유아가 의존할 수밖에 없는 타자인 어머니와 유아간의 상상적 결합관계인 이자(二者)[150]관계가 사라지고 다자(多者)구조의 시작인 삼(三者)자 관계가 시작되는데 아버지의 금지가 거세로 다가오는 시기이다. Ödipus komplex의 마지막 단계로 '아버지의 이름'이 문제 되는 시기, 즉 상징계로 진입하는 시기로서 아이가 이번에는 어머니가 아니라 아버지와 자신을 동일시하는 두 번째 동일시 단계가 이루어진다. 이 마지막 단계에서 '나'는 언어

150) 유아는 어머니가 자신만을 사랑한다고 믿으며 자신 또한 어머니의 결여를 채워주는 절대적인 존재라 믿는다. 즉 어머니는 무언가가 결여된 존재이기 때문에 자기 아이를 욕망하며 아이 역시 자신의 결여를 채우기 위해서 어머니를 욕망한다는 것이다.

를 통해 결정적인 주체로 구조화되어 나타난다. 여기서 나오는 아버지의 이름이란 생물학적 아버지가 아니라 상징계 구조에 있어 사회관계의 근본 원리인 문화의 상징질서와 자연의 상징질서를 의미하는 것이다. 삼자 관계가 시작되면서 유아는 어머니의 남근(phallus)[151]이 되고 싶은 욕망 때문에 아버지를 증오하는 유아는 거세공포를 느끼면서 어머니의 남근이 되려는 욕망을 포기하고 아버지와 동일시를 통해 또 하나의 아버지가 되기를 갈망한다. 이때가 본격적으로 Ödipus komplex 단계에 들어가는 시기이다. 여기서 아버지란 실제 아버지를 포함한 아이보다 더 우월한 존재를 상기시킬 때 등장하는 상상적 아버지이다. '아버지의 이름'은 상상적 아버지를 의미하는데 어머니의 욕망의 대상이 위치한 곳 이라는 상징적 자리를 의미한다. 이 상상적 아버지를 통해 유아는 자신이 남근도 아니며 어머니처럼 남근을 가지고 있지 않다는 것을 받아들임으로써 아버지의 이름의 기능을 통해 어머니의 욕망에 종속된 상상적 동일시에서 벗어나 자기욕망의 주체가 되는 계기를 마련하게 된다. 이러한 과정이 상상계적 욕망의 좌절을 통해 언어라는 상징계로의 진입을 위한 과도기라 할 수 있다.[152] 여기서 아버지의 이름은 기표이고 금지는 기의가 된다. 이 과정이 유아가 상징계 속에서 주체화하는 순간이다. 즉 아이는 아버지의 남근이 상징계에 존재하고 있다는 것을 이해한 후 어머니의 남근이 되고자 하는 욕망을 벗어던지고 자신의 욕망을 욕망하기 시작한다. 이를 위해 유아는 법으로서 기능하는 아버지의 이름에 대한 동일시라는 강제된 선택을 해야 한다. 이

151) 남근(phallus)은 오이디푸스콤플렉스(Oedipuscomplex)시기 아이가 성적 쾌락을 집중시키면서 애착을 가지는 남성기의 상징적 기능과 역할을 의미한다.

152) 김석, 프로이드 & 라캉: 무의식의 초대, 김영사, pp. 138-139
Jo ë l Dor, 라깡 세미나, 에크리 독해 I, 홍준기, 강응섭 역(2009), 아난케, pp. 131-140

동일시를 2차동일시 또는 상징적 동일시(symbolic identification)라고 한다. 이 타자를 통해 형성된 '나'의 이미지인 상징적인 기표를 '나'와 같은 것으로 인식한다. 따라서 역시 나'의 주체화를 가능하게 한 상징은 본래의 '나'를 온전하게 드러낼 수 없다. 그 결과 상징으로 인해 불가피하게 일정 부분 소외될 수밖에 없다. 대타자로서의 언어적 질서를 받아들이는 것은 형식상 선택처럼 보일 뿐 자신의 의지와 관계없는 강제된 선택이다. 따라서 인간은 상징계 속에서 존재하기 위해서 언어적 질서를 수용해야만 한다. 이때 선택은 필연적으로 주체의 소외를 낳을 수밖에 없다. Fink는 언어에 의한 강제된 선택과 그로 인한 소외의 개념을 다음과 같이 설명한다.

> "Lacan의 소외개념에서 아이는 어떤 의미에서 언어에 복종하기를 선택한다고 이해될 수도 있다. 즉 어떤 의미에서 아이는 자신의 필요를 언어라는 왜곡하는 매체 또는 구속을 통해 표현하는데 동의하는 것이며 자신이 단어들에 의해 대리되는 것을 허락하는 것이다."[153)]

강제된 상징적 동일시를 통해 욕구는 억압되어 무의식이 발생한다. Ödipus komplex에서는 주체가 상징, 문화체계에 진입하여 개별성을 지닌 주체가 되기 위해 반드시 거쳐야 하는 단계이다. 이때 유아는 아버지의 법을 받아들이면서 거울단계에서 가정했던 자신 그리고 자신의 욕망을 포기하게 되고 다른 것으로 대체된다. 그리고 상징계가 제공하는 가치에 자신을 맞추려고 한다. 이러한 대체과정에서 창조가 시작된다. 거울에 비친 이미지와의 동일시를 아버지와의 동일시로 대체되고, 어머니와 아이의 욕망은 아버지에 의해 새롭게 질서로 대체된다.

153) Bruce Fink, 라캉의 주체, 이성민 역(2010), 도서출판b, p. 105

소외의 구조는 상상계에서 보다 상징계에서 더욱 철저하게 일어나며 여기서 소외 현상은 완성된다. 상징적 동일시의 강요된 선택에 의해서 분열된 주체($)가 된다. 이 분열된 주체는 은유로만 자신을 나타낼 수 있다. 따라서 실재에 도달할 수 없는 분열된 주체인 인간은 은유적 존재이다. 기표의 우위, 즉 기표들의 연쇄가 기의를 지배한다는 기표의 논리로부터 은유와 환유가 중요해진다.

Lacan의 주장을 통한 은유와 환유의 보충을 하고자 한다. 은유[154]와 환유[155]는 기표들로 이루어진 의미화작용의 사슬 속에서 기표들 아래로 기의가 미끄러지기 때문에 가능하다. 만약 Saussure가 이야기하는 것처럼 하나의 기의에는 하나의 기표가 대응되는 것이라면, 은유와 환유는 불가능하다. 즉 자신이 말하고자 하는 것과 다른 단어를 사용하는 것은 불가능하다는 것이다. 발화 이후 어떤 단어를 선택하는가에 따라 은유와 환유가 결정된다. 은유는 선택 가능한 단어들은 모두 동등한 가치를 가지고 있거나 반대의 의미를 가지고 있는 등 다양한 등급의 유사성에 의해 연결되는 것이다. 환유는 하나의 자리 다음에 어떠한 단어를 조합시킬 것이냐를 생각할 때는, 조합 가능한 단어들은 전달하고자 하는 메시지에 따라 인접성에 의해 연결된다. 은유는 유추를 통한 하나의 대체다. "다른 단어가 어떤 단어를 대체하는 것",[156] 즉 하나의 기표가 다른 기표로 대체하는 것이다. Lacan은 은유를 다음과 같이 나타낸다.

154) 시간은 금이다.

155) 서른 개의 돛이 강에 떠 있다.

156) Jacques Lacan, 욕망이론, 권택영외 역(2009), 문예출판사, p. 67

$$f(\frac{S^1}{S})S \cong S(+)s$$

이 은유의 연산 식을 살펴보면, f는 은유의 기능(function), S는 signifiant, S^1는 그 문맥 속에서의 의미의 효과를 만들어 내는 용어, s는 signifie, ≅는 합동을 나타낸다.(S^1/S)는 하나의 기표(S)와 의미와 연쇄 속(유사성, 등가성의 원리)에 다른 기표(S^1)로 대체된다. 여기서 의미를 만들어 내는 은유가 나타난다. 의미가 무의미 속에서 생산되는 바로 그 지점에 은유가 위치하고 있다. 그 결과 새로운 의미 s가 생성된다. 예를 들어 "사랑은 태양 아래 미소 짓는 조약돌"이라면 S^1(조약돌)/S(사랑)는 저항선 '−'를 뚫고 의미작용과 상상력이 가능하게 됨으로 새로운 의미 s를 발생시킨다는 것이다. 즉 새로운(S^1/S)/s가 된다. '≅'로 인해 등식에 성립되어야 하기 때문에 억압된 기표와 그 대체물은 오른쪽 항의 기표(S)와 기의(s)가 일치할 때 은유가 성립된다. 그리고 '+'는 기표와 기의 사이의 저항선을 넘어간다는 것을 나타낸다. 이 저항선을 넘어감이 새로운 의미출현을 이룬다. 부재하는 기표가 기표의 연쇄 속에 있는 다른 기표들과 결합해서 새로운 의미를 창조한 것이다. 위 예에서는 '사랑'이라는 기표는 '조약돌'이라는 기표로 대체되면서 시적 의미작용과 상상력을 가능하게 한다. 더불어 '사랑은 조약돌처럼 단단하다'라는 식으로 의미를 제약하지 않고 '사랑은 조약돌'이라는 단순한 대체를 통해 풍부한 의미화의 길을 열어놓음으로써 의미가 고정된 것이 아니라 기표 아래로 끝없이 미끄러짐을 보여주고 있다. 여기서 알 수 있는 것은 은유의 기능뿐만 아니라 대체를 통한 의미의 생산은 한편으로는 주체의 출발점이 된다.

환유(metonymy)는 기표의 연쇄를 가능하게 한다. 즉 하나의 기표에서 다른 기표로 끊임없이 이동한다는 것이다. 여기에는 유추가 필요 없다. 이 끊임없는 기표의 연쇄에서 대상은 완전함이 아닌 끝없는 결핍이 발생한다. 끊임없이 이동하므로 기표(S)와 기의(s) 사이의 저항선 '–'를 넘어가지 못하여 합의점을 찾지 못하고(–) 의미 발생이 일어나지 못하기 때문이다. 따라서 환유는 언제나 표면상으로는 의미가 없다. Lacan은 환유를 다음과 같이 나타낸다.

$f(S....S^1)S \cong S(-)s$

f(S....S¹)는 기표와 기표의 연결에서 발생하는 억압된 생략을 의미한다. 이는 다시 결핍을 발생시킨다. 낱말에서 낱말로 자리를 바꾸는 과정이 생략되었는데도 의미 작용이 보존되려면, 두 낱말 사이에 인접관계 또는 결합관계가 있어야 한다. 사랑과 조약돌인 은유의 예에서 환유의 예를 들자면 사랑과 조약돌 대신 사랑과 인접한 즉 관계가 깊은 것이 필요하다. 따라서 환유는 생략과 연상에 의한 의미의 이동이라 할 수 있겠다.

은유는 환유일 수밖에 없는 무의미로부터 의미가 발생하는 곳에 있다. 따라서 은유와 환유는 완전히 독립되어 서로 배제하지 않는다. 은유끼리 하나의 환유적 관계를 맺는다. 그러므로 환유적 연결은 은유에 토대를 제공한다. 정신분석학에서는 현상으로 드러나는 모든 것을 은유와 환유로 분석한다. 가장 대표적인 것이 꿈의 기호로서 꿈은 검열을 거치면서 현실 안에서 불가능한 것을 은유와 환유라는 기제를 써서 검열과정을 통과하게 된다. 증상 속에서 어떤 것이 무의식의 자리에 나타나고 어떤 것(공포와 같은 주체를 지배하는 고립된 기표)이 주체 대신 자신을 드러내고 있다. 그러므로 Lacan은 "증상은 은유"이고, "자아는 욕망의 환유"라고 말한다. 은유에 대한 풀이는 동일화와 상징화에 관련된다. 결국 "무의식 혹은 의식에 미치는 그것의 영향들은 은유와 환유라는 언어의 과정과 같이 또는 그와 상당히 대등하게 구조화된다."로 해석이 가능하다.

기표로서 음악은 상징계에서 언어처럼 많은 기의를 가질 수 있다. 똑같은 음악을 들어도 해석이 다양하다. 듣는 사람에 의해 음악이 하나의 정확한 의미에 부합할 경우를 잠시 동안 언어활동의 조건에 충족된다. 따라서 주체가 의미를 생성하여 언어를 구사할 수 있게 되고, 소통이 가능해진다. 하지만 형태처럼 다시 계속해서 한 곳에 머무르지 않고 이동한다. 따라서 은유와 환유는 가능해진다. 그리고 상징계의 대체과정을 통해 은유와 환유의 다양성이 창조된다. 음악과 언어가 의사소통의 매개체라는 공통적인 의미를 갖는다. 이는 상징계에 기반을 두고 있는 음악역시 은유와 환유가 가능하다는 것을 의미한다. 굳이 차이점을 두자면 음악은 언어보다 상상을 기반으로 하는 유추의 폭이 더 넓다는 것이다. Freud에서 은유와 환유를 통해 의식의 검열과정을 통과하는 것처럼 음악 역시 의식에서는 이해될 수 없는 방식으로 자신을 나타낸다. 의식의 지배 하에서 우리는 음악을 언어로 정확히 묘사할 수 있을까? "OO는 활기차다."라고 할 때 '활기차다'란 말 대신 무수히 많은 단어가 올수 있다. 즉흥연주 자체도 은유이다. 연주된 소리가 표현이라면, 연주된 소리는 기표일 것이고 이에 대한 기의는 무수히 많을 수 있다. 단지 무의식의 의미발생에서 유추를 기반으로 하는지 또는 기표에서 기표로의 대체인지가 구분될 뿐이다. 특히 즉흥연주의 경우 일반적으로 우리가 경험하는 음악보다 선험성에 더 근접할 수 있으므로 은유와 환유의 작용이 훨씬 더 활발히 이루어질 수 있다.

4-1-2-2. 욕망(desire)

은유와 환유에 대한 언급에서 우리는 영원히 고정된 의미에 도달할 수 없다고 했다. 이에 대한 보충설명을 하고자 한다.

상상계에서는 유아가 울음으로 표현하고 어머니는 울음을 기반으로 유아를 이해하고 유아의 욕구를 충족시켜준다. 욕구(need)는 목마름이나 배고픔 배설 등과 같이 인간이 생물학적으로 느끼는 필요다. 그렇기 때문에 인간의 욕구는 특정한 대상을 통해 충족이 가능하고 이를 충족시켜줄 수 있는 특정한 대상을 향한 지향성을 가지고 있다. 요구(demand)는 생물학적 유기체로서 우리가 가진 욕구를 언어적인 형식을 통해 표현함으로써 성립된 상징적 기능을 가진 것이다. Lacan은 요구에 대해 다음과 같이 설명한다.

> "요구 자체는 자신이 요청하는 만족이 아닌 다른 것을 향해 있습니다. 요구는 현존 또는 부재의 요구입니다. 이는 어머니에 대한 원초적 관계가 드러내주는 것으로, 이 관계는 대타자를 내포하는 것이며, 대타자는 자신이 충족시킬 수 있는 욕구의 안쪽에 위치시켜야 합니다. 이 관계는 대타자를, 욕구를 충족시킬 수 있는 특권을 가진 것으로, 그리하여 욕구의 충족을 박탈할 수 있는 권력을 가진 것으로 구성합니다. 그래서 대타자의 이 특권은 자신이 가지지 않은 것을 증여하는 근본형식을, 즉 우리가 사랑이라고 부르는 것을 지시해 줍니다."[157][158]

---

157) Jacques Lacan(1966), 에크리, 홍준기 외 역(2019), 새물결, p. 807

158) 요구란 특정한 대상이 충족되면 만족될 수 있는 것이 아니라 근본적으로 현존이나 부재에 관한 것이다. 그러므로 요구는 어머니와의 원초적인관계 속에서 드러난다. 어머니와의 원초적 관계란 결국 타자(Other)와의 연관성을 의미하게 되어 그 관계 속에서 단순한 욕구충족은 불가능해 진다. 요구는 이미 욕구를 만족시킬 수 있는 특권을 가진 타자를 상정하지만 다시 말해 타자가 자신의 요구를 만족시켜줄 수 있을 것이라 생각하지만 타자가 소유하고 있어야 할 특별한 재능인 사랑은 타자인 어머니 자신도 가지고 있지 못하다. 왜냐하면 사랑은 욕구가 아닌 요구로 나타나 욕구를 충족시키는 특정한 대상들을 빼앗아 버리는 특권을 소유하고 있기 때문이다.

상징계에 있는 유아는 자신의 욕구를 충족하기 위해 타자와의 관계에서 언어를 통한 욕구전달을 통해 자신의 욕구를 충족한다. 이때 유아는 자신의 욕구를 충족시킬 수 있는 대상을 향해 표현을 한다. 요구역시 지향성을 갖는다는 것이다. 하지만 앞의 유아에 대한 예에서 보았듯이 욕구들은 요구로 완벽하게 표현될 수 없다. 어떤 것은 요구될 수조차 없다. 요구로 완벽하게 표현될 수 없는 욕구들은 더 많은 요구들을 양산해 낼 뿐 욕구를 완전히 충족시키지 못한다. 사실 욕구를 언어로 완벽하게 표현한다는 것은 처음부터 불가능한 것이기에 이 결여의 발생은 불가피한 일이다. 따라서 충족되지 못함은 결여를 발생시킨다. 이 결여가 발생하는 지점이 바로 언어에 의해 무의식적 욕망이 형성되는 지점이다. 우리가 밥이라는 것을 단순히 에너지를 얻기 위한 목적으로만 이해한다면 우리는 왜 집 밥을 그리워할까? 집 밥이나 식당 밥은 우리의 에너지를 충족시키는 목적을 충분히 달성할 수 있다. 그런데 왜 집 밥을 그리워할까? 집 밥에는 밥보다 더 많은 의미가 있지 않을까?

요구는 철저하게 타자와의 관계 속에서만 가능하다. 인간의 욕구를 만족시키기 위해서는 요구를 듣고 응답해 줄 타자와 욕구를 만족시켜 줄 대상이 있어야만 한다. 그렇기 때문에 요구는 타자와의 관계 통해서만 가능하고 이 관계 속에서 요구는 욕구를 충족시켜 줄 대상에 대한 요구와 타자(가족)의 사랑을 요구하는 이중적 기능을 갖게 된다. 하지만 타인도 역시 분열되고 결여된 존재이기에 욕구는 충족시킬 수는 있지만 사랑에 대한 요구는 완벽하게 채워주지 못한다. 결국 욕구가 충족된 이후에도 언어의 한계로 인해 계속 잔여로 남은 결여는 우리에게 욕망을 갖게 한다. 욕구와 요구 사이의 충족되지 못하는 결핍경험이 욕망과 관계된다. 욕망은 결여의 산물 즉 결여된 존재로서 인간이 가질 수밖에 없는 본질적인 것이며 인간을 주체화 시키는 근원적인 힘이다.

우리가 유아를 다 이해할 수 없지만 만약 유아가 필요한 것이 배고픔을 충족하는 것이 아니라 어머니의 사랑이라면, 유아의 울음이 엄마의 체온이라면, 자신의 존재감이라면, 완전히 충족된 것으로 볼 수 없을 것이다. 따라서 요구와 현실 사이에서 분열과 결여가 생기게 된다. 욕망은 욕구와 요구 사이에 생기는 차이, 틈, 분열, 결핍에 관계되는 것이다. 이러한 부족함에 대해 욕망이 발생하고, 이를 채우기 위해 주체는 노력하지만 충족되지 않는다. 그래서 Lacan은 욕망의 특징을 "인간의 욕망은 대타자(the Other)의 욕망이다"[159]라고 주장한다. 즉 욕망은 인간 자신의 욕망이 아니란 것이다. 이 욕망은 언어의 장(場)을 매개로 하는 변증법적 관계 속에서만 형성된다. 이는 대타자의 편에서, 대타자의 욕망과 같은 방식으로 구조화되는 동시에 대타자의 욕망을 욕망하는 것이다.[160] 이때 언어를 통해서 주체는 자신의 욕망을 자신과의 상호관계의 참여하는 타자에게 알린다. 여기서 우리에게 요구와 욕구의 차이에서 발생되는 '결여'는 당연한 것이다. 그리고 이 욕망은 사라지지 않고 상징계 속에서 끊임없는 환유를 통해 욕망의 사슬을 이어간다. 우리는 우리 자신이 원하는 것이 무엇인지 잘 알지 못할 때가 많다. 자신이 진정 원하는 것이 무엇인지 알기 위해서 끊임없이 타자의 욕망을 확인한다. 이 과정 속에서 인간은 타자의 욕망을 만족시킬 수 있는 대상을 창출해 내는데 이것이 바로 '대상a(object a)'다. 대상a는 결여된 것을 충족시킬 수 있을 것이라 기대하는 실재계(the real), 집 밥에서 가족의 정을 느낄 수 있는 완벽한 상태인 욕망의 원인이자 대상이다. 대상a는 욕망을 만드는 원인이다. Lacan은 이러한 사실들에 대해 다

159) Ibid, p. 738

160) Bruce Fink, 라캉의 주체, 이성민 역(2010), 도서출판b, p. 113, p. 120 참조

음과 같이 설명하고 있다.

> "시니피앙이 시니피앙으로서의 자신의 현존을 통해 시니피에의 효과들을 조건 짓는다....... 이 효과들은 우선 인간이 말을 한다는 사실에서 비롯되는 인간의 욕구에 어긋남입니다. 인간의 욕구가 요구에 깊이 종속될수록 인간에게서 소외된다는 의미에서 말입니다. 이 사실은 인간의 실질적 의존의 결과가 아닙니다. 이 사실은 시니피앙적 형태와의 결과이며, 시니피앙의 메시지가 대타자의 자리로부터 발송된다는 사실의 결과입니다.
> 욕구 속에서 이처럼 소외된 것은 원초적 억압을 구성합니다....... 그것은 일종의 새싹 속에서 나타납니다. 이 새싹은 인간에게서 욕망으로 출현하는 것입니다.[161)]

하지만 대상a는 욕망의 기표를 계속해서 다른 기표로 대체하는 식의 기표의 연쇄를 되풀이해갈 뿐이다. 만약 사회가 그 필연적인 욕망을 인정하지 않고 욕망하는 존재임을 부정할 때 우리는 욕망의 주체가 될 수 없으며 욕망을 요구로 고착화시켜 심리적 문제를 피할 수 없게 된다. 결여는 언어를 통해 기표화되지 못하고 완전히 채워지지 못한 부분이 있음을 표현하는 말이다. 이 결여된 부분 즉 존재의 결여를 채우기 위한 시발점이 욕망이 탄생하는 지점이다. 따라서 '결여'는 욕망함을 지속 가능케 하는 근원이며 언어의 장(場)인 상징계 속에서 변증법적 과정을 통해 끊임없이 주체를 형성해 가도록 하는 힘이다.

앞선 언급에 의하면 욕망은 대타자의 욕망이다. 나의 욕망은 타인에게 종속되었다는 것이다. 이는 타자도 근본적으로 결여를 지닌 존재란 것이다. 따라서 주체의 결핍 역시 타자가 충족시킬 수 없다. 그리고 대

---

161) Jacques Lacan(1966), 에크리, 홍준기 외 역(2019), 새물결, pp. 806-807

상의 결핍도 환상에 의해서 결여를 충족시키지 못하기 때문에 충족을 위해 새로운 대상을 끊임없이 찾는다. 이렇게 끊임없이 찾게 되는 타자 또는 대상을 '대상a'라고 한다. 이것이 바로 소외로부터 벗어나 새로운 주체로 거듭나는 분리(separation)과정이다. 이를 통해 주체는 타자적 시선을 통해 만들어진 자아이상으로서의 나(I)와 대상a 간의 거리를 유지할 수 있게 되며, 스스로를 욕망의 원인이자 대상으로 만들어냄으로써 분리가 가능해 진다. 이는 넓은 의미에서 타자의 욕망으로부터의 분리로 해석할 수도 있다. 하지만 엄밀하게 보면 타자의 결여를 토대로 기표화된 욕망의 환유를 주체자신의 결여의 기표로 바꿔 자기존재의 결여를 메우는 것이다. 분리과정에서 주체는 능동적 역동성을 지닌다.

분리는 환상을 통해서만 가능하다. 환상을 통해 인간은 욕망을 형성하고 유지해 갈수 있다. 하지만 한 인간이 진정한 욕망의 주체로 거듭나기 위해서는 다시 말해 자신의 무의식을 욕망의 원인으로 대면하기 위해서는 인간은 환상을 넘어서야만 한다. 끊임없이 되풀이되는 욕망의 환유를 넘어설 때 인간은 참된 욕망의 주체로 거듭날 수 있다.

결여를 충족할 수 있을 것이라는 환상이다. 욕망은 충족되었다고 착각할 뿐 욕망은 잠시 사라졌다 다른 대상이나 상황에 다시 나타난다. 욕망은 환상적 대상 즉 대상a를 좇아 끝없는 환유 속에서 지속되는 것이며 대상을 향하는 것처럼 보이지만 대상을 향한 것이 아니라 욕망하기를 욕망한다. 이것은 무의식적으로 이루어진다. 욕망의 대상원인으로서 대상a를 향한 욕망의 끊임없는 환유는 '환상(Fantasy)'이 있기에 가능하다. 환상은 주체로 하여금 대상a를 통해 욕망을 충족시킬 수 있고 대타자의 결여를 메울 수 있다고 믿게 한다.

Lacan은 환상 속에서 대상a와 주체와의 관계를 "환상도식 $\$ \diamond a$"[162]으로 표현한다. 여기서 $\$$는 결여된 존재로서 주체를 의미한다.

욕망에 대한 주체의 능동성을 통해 주체는 대상a를 좇아 지속적으로 욕망한다. 환상은 타자의 욕망을 만족시키기 위해 또는 무의식을 숨기기 위해 주체가 사용한다. ◇를 실재계에 나타나는 결핍, 틈 또는 구멍이라고 한다.[163]

Lacan은 인간을 기본적으로 분열과 결핍의 존재라고 이해한다. 상상계에서 거울 속 타자의 이미지를 동일시하며 발생하는 자아는 근본적으로 소외된 자아이다. 이것이 상징계로 들어와 Ödipus komplex와 언어화의 과정을 거치면서 주체로 성숙하게 되지만 상징적 거세와 기표 우위의 세계인 상징계 속에서 주체의 분열은 극대화 되고 욕망이 발생한다. 분열된 주체는 그 틈새를 메우고자 타자인 대상a를 추구하지만 그 틈새는 메워지지 않고 주체는 다시 자신을 완전하게 해줄 것 같은 대상a로 욕망의 대상을 옮겨가며 환상 속에서 삶을 지속한다. 그러나 주체의 욕망이란 타자의 인정을 요구하므로, 사실은 타자의 욕망이 주체 자신의 욕망인 것처럼 무의식적으로 각인된 것이라는 점에서 근본적으로 소외된 욕망이다.

소외를 통해 존재의 결여를 발견한 주체는 기표에 의한 상징화과정에서 자기존재의 사라짐을 통해 형성된 상징계 내의 결여를 알게 되고 대상a를 통해 이 틈을 메우고자 욕망의 환유를 사용하는데 이때 주체는 자신뿐만 아니라 타자 역시 결여된 존재라는 것을 깨닫게 된다. 소외는 결여인 동시에 상징계에 주체의 존재 가능성을 의미한다. 상징계에서의 언어활동에서 기표를 통해 주체는 상징계에 있을 수 있다. 하지만 기표화에 의해 존재를 잃어버린다. 이 소외의 과정에서 주체는 무

162) Ibid, p. 961

163) Jacques Lacan, 욕망이론, 권택영외 역(2009), 문예출판사, p. 19

(無)로서의 주체다. 이러한 주체는 태어나지도 않은 아이를 위해 태명을 짓고 그 이름을 부름으로써 실재하지 않은 존재로서 아이가 현실세계에 존재하게 되는 것과 비슷한 것이다.[164] 타자에 대한 동일시를 넘어 분리로 향하는 지점은 주체가 타자 역시 결여된 존재 즉 소외된 존재임을 직시하는 순간이다. 상징계에서 존재의 결여로서의 소외는 주체에게만 해당되는 것이 아니다. 말하는 존재인 한에 있어 소외는 주체와 타자 모두에게 해당되는 것이다. 아이는 타자로서 엄마의 결여 가능성이 없을 때 다시 말해 항상 완전한 존재로 있을 때 불안을 느끼게 되는 것이다. 타자의 결여 소외가 없는 경우 아이는 분리의 가능성을 상실하기 때문에 불안을 느낀다. 오히려 모든 것을 다 해결해주는 완벽한 엄마는 아이 주체에게 더 큰 불안을 줄 수 있다. 타자의 결여는 주체의 불안을 해소하는 해결책임과 동시에 주체가 타자로부터 분리할 수 있는 계기를 마련하는 것이다.

4-1-3. 실재계(real)

상상계, 상징계 그리고 실재계는 서로관계를 가지고 함께 할 때 의미가 분명해진다. 이러한 실재계는 상징계의 언어로 표현된 것 이상의 의미인 잉여부분을 나타낸다. 즉 형태(Gestalt)의 전체는 자신들의 부분들의 합보다 크거나 다르다는 것을 말한다, 그리고 부분들은 그때그때의 형태 속에서 그리고 부분들의 협력 작업에서 부분들의 의미를 정할 수 있다는 것을 의미한다.[165] 집 밥의 예에서 자취하는 학생이 "아

164) Bruce Fink, 라캉의 주체, 이성민 역(2010), 도서출판b, pp. 108–110

165) Rosemarie Tüpker, Ich singe, was ich nicht singen kann, p. 32

~~! 집 밥 먹고 싶다."하는 생각이 들었을 때 단순히 집에서 밥만 먹고 싶다는 뜻은 아닐 것이다. 이때 '집 밥'이외 기타 등등에 해당하는 것이 실재계이다. 언어로 표현되지 못하는 의미를 실재계라고 한다. 여기서 "아~~! 집 밥 먹고 싶다."는 상징계의 언어에 의해 표현된 것이다. 실재계는 상징계를 떠나서는 존재하지 않는다. 상징계가 있기 때문에 '집 밥'이외의 기타 등등이 존재할 수 있다. 우리가 단순히 상징계만 존재한다면 "아~~! 집 밥 먹고 싶다."라는 말을 들은 타인은 "그럼 집에 가서 밥 먹어."라고 대답할 것이다. 그 이상의 이해나 대화는 없을 것이다. 이 상징계에서는 어머니의 그리움, 가족의 따뜻함 등등 말하는 사람의 실재의미는 없다. 이 의미는 실재계에 있는 것이다. 실재계와 실재의 의미 구분이 중요하다. 여기서 실재는 우리가 마주하는 대상, 우리가 완전히 파악할 수 있는 대상, 기의와 기표가 짝을 이루는 것을 의미한다. 또한 욕망의 주체에게서 실재는 환상이다. 따라서 실재계와 실재의 의미를 혼동하지 않기를 바란다.

Lacan의 실재계는 틈이 없는 영역으로 언어 이전에 존재하는 선험적 존재이지만 언어를 통하지 않고는 드러날 수 없고 언어를 앞서므로 실존하지 않는다.[166] 따라서 실재계는 기표로 완전히 표현할 수 없다. 그리고 실재는 단순히 상상계에 반대되는 것이 아니고 상징계를 넘어서 위치한다. 이는 상징계가 수용할 수 있는 범위를 넘어서, 즉 언어세계를 초과하여 남은 부분, 상징계가 수용할 수 없어서 억압이라는 이름으로 무시한 것, 현실을 초월해서 환상으로밖에 설명할 수 없는 것을 의미한다. 형태심리학에서 도달할 수 없는 미해결 과제로 이해할 수 있다. 이러한 것들은 사라지지 않고 환각적 형태로 다시 상징계에 나타나

166) Bruce Fink, 라캉의 주체, 이성민 역(2010), 도서출판b, p. 63

상징계에 억압당하면서도 끊임없이 영향을 미친다. 이러한 것은 갈라짐 없고 분화되지 않은 일종의 직물이며, 모든 곳이 충만한 그런 방식으로 짜여 있다.[167] 실재는 상징계의 지배를 받기 "이전", 배변 연습을 하고 세상의 방식들을 배우기 이전의 유아의 신체이다. 사회화 과정에서 점차로 그 신체에는 기표들이 기입되거나 덧 기입된다. 쾌락은 일정한 지대들로 부분화되며, 다른 지대들은 언어에 의해 중화되거나 사회적, 행동적 규범들에 순응하도록 구슬려진다.[168] 우리가 사용하는 말, 글 등으로도 완전히 상징화할 수 없는 결핍, 잉여, 간극, 빈자리가 바로 실재계이다. 여기에 욕망은 항상 상실된 최초의 대상을 대체된 대상들을 통해 만족시키는 대체 만족을 지향하고, 대체로 인한 편차 간극, 거리는 실재계의 존재를 알게 한다.

실재계의 경험은 충동을 통해 드러나는 쾌락이면서 고통인 Jouissance개념으로 설명된다. 만족이나 쾌락을 요구하는 것은 정확히 말해 욕망이 아니라 욕동, 즉 충동이다. 이러한 충동은 환상과 실재계를 중개하는 '대상a(소타자)'를 통해 긴장(tension)을 제거하여 만족이나 쾌락에 도달하는 것을 목적으로 한다. 죽음충동은 쾌락의 원리를 거스르는 것처럼 보이지만 실제로는 긴장과 자극이 없는 무(無)의 상태에 도달하기 위한 것으로 극단적 측면의 쾌락을 추구하는 쾌락원리의 극단이다. 여기서 '대상a'는 욕망의 원인인 동시에 대상이다. 즉 무(無)라는 것이다. 그리고 '대상a'는 욕망의 관계에서만 존재한다. 실재계 역시 언어로 인해 무(無)가 되지만 언어로 인해 드러나게 된다. 불가능하지만 가능성으로 드러나면서 언제나 인간을 욕망하게 만드는 것 그것이

167) Ibid, p. 62

168) Ibid, p .62

바로 실재이다. 여기서 죽음은 파괴나 종말이 아닌 언어에 의한 사물의 죽음을 의미한다. 기표논리에 의해 사물이 기표화 됨으로 인해 그 실재의 차원이 결여되는 것을 의미하며 이것이 바로 죽음이라는 것이다. 주체로서 인간은 그 결여된 것 즉 존재의 결여를 욕망할 수밖에 없기에 결국 모든 욕망은 죽음을 향하게 된다. 결국 Lacan이 말하는 죽음충동이란 "상징계가 설정한 쾌락원리와 금지를 넘어 잃어버린 대상에 도달하고자 하는 절대적인 향유(jouissance)의지"[169]를 의미한다. 따라서 존재의 결여 부분 즉, 실재를 향한 욕망은 상징계의 한계를 느끼면서 그것을 넘어서는 것이기에 고통을 동반한 쾌락인 향유(jouissance)가 될 수밖에 없다. 그렇지만 참된 만족이 없는 욕망의 주체는 불충분한 만족감 때문에 스스로 한계를 넘어 지향해 가는 능동적인 주체이다. 이 능동적인 주체는 실재가 존재하는 영역 즉 상징계 너머의 영역인 실재계에 주체의 욕망을 충족시켜줄 절대적인 대상이 있을 것이라는 착각 속에서 이를 추구해 간다. 이처럼 불가능한 대상 즉 쾌락원리를 넘어서 금지된 대상을 향한 욕망 즉 향유(jouissance)를 추구해가는 것이다. 여기서 상징계의 질서이자 법인 쾌락원리는 넘어선 잃어버린 고통스런 쾌락의 대상이 바로 Lacan이 말하는 실재계의 물(物)(das Ding)이다. 이 물(物)을 찾으려는 욕망이 바로 죽음충동이며 이 과정에서 나타는 고통을 동반한 쾌락이 향유인 것이다. 물(物)은 무(無)라고 이해된다. 그래서 무(無)가 있어서 유(有)가 존재하듯이 무의식이 있어 의식이 존재한다고 이해한다. 이러한 이해는 앞에서 설명한 욕망의 대상이 있기에 원인이 있다는 무의 개념과도, 어떤 근원적인 사물이 상실되며 그것을 찾고자 하는 욕망이 생성되었다면, 반대로 주체성과 상징계

169) 김석, 프로이드 & 라캉: 무의식의 초대, 김영사, p. 160

의 중심에 있는 공백과 틈을 메우고자하는 욕망이 사물을 생성하는 등의 사실들과 일맥상통하는 것이다.

물(物)은 쾌락 원칙 너머에 존재하는 것으로 언어적 주체가 접근할 수 없으며 단지 환상 속에서 대상들의 위치를 물(物)까지 고양시키는 창조적 파괴와 죽음 충동 같은 체험적인 승화를 통해서만 물(物)을 만나게 된다. 이때 승화를 적절하게 매개하는 것이 음악이다. 죽음이란 마지막이 아니라 끊임없는 미끄러짐에서 발생하는 결핍과 상실로서 발생되는 욕망을 넘어서는 시작이다. 그래서 죽음은 상상계와 상징계를 넘은 실재계의 세계이다. 따라서 완성을 향한 지향성으로 인해 음악의 끝은 새로운 시작으로 이해될 수 있다. 상상계와 상징계 그리고 실재계 들은 앞에서도 언급했듯이 독립적이지 않고 서로 상호작용을 통해 영향을 주고받으며 지금 현재의 사실을 재구성한다. 음악은 먼저 상상계에 의해 수용되고 이를 넘어 상징계의 언어적 질서와 관계하지만 실재계에서는 언어적 질서에 직접적인 영향을 받지 않고 실재한다. 따라서 상상계의 요소가 계속 남아있다. 이는 음악은 상상계와 상징계 그리고 실재계를 모두 아우르면서 조화롭게 존재한다는 것을 의미한다. 그리고 만족되지 않는 욕망의 주체에게 실재는 환상의 형태로 존재한다. 이 환상 속에서 잃어버린 대상에 도달하고자하는 절대적인 향유에 도달하는 통로로 작용한다.

4-2. 언어표현으로서 즉흥연주

경험주의 입장에서 말은 자극이 일으키는 반응으로, 우리는 마치 전구가 전기의 자극에 의해 빛을 내는 것처럼 아무런 관념 없이 말을 한다고 본다. 그렇기 때문에 말은 원인을 가지고 있지만 의미를 가지고 있지 않다. 반면에 지성주의에 따르면, 의미는 생각에 있는 것이며, 생각은 이미 말로 표현되기 전에 우리의 의식 속에 존재하기 때문에 말은 필요로 하지 않는다. 다만 다른 사람과 소통시키기 위해서 말이 필요하다.

Lacan은 "무의식은 언어처럼 구조화되어 있다"고 한다. 이는 인간은 망상적 오인 상태에서 자아와 소타자로 구성되는 상상계가 아니라 대타자와의 관계를 통한 사회화와 상호관계를 기반으로 직물형태로 존재하는 기표들로 구성된 질서체계인 언어라는 상징계 속에서 인간은 존재하고, 상징계에 존재하면서 인간은 언어를 통해 세계를 인식하고, 이해하고, 판단한다는 것이다. 의식에 막혀 있던 무의식은 우리가 알지 못하는 사이에 나타난다. 우리가 아는 것이라면 무의식이 아니라 의식이다. 상상계의 거울단계의 예를 통해 알 수 있는 것은 유아는 기표이고 거울이 비친 상은 기의라는 것이다. 여기에는 주체와 외부세계가 너무 조화롭게 통일되어 어떤 차이나 분열 발생하지 않기 때문에 기표는 완전한 틈이나 결핍, 소외가 없는 동일성을 가진 기의와 합해진다. 은유의 특징은 'A(원관념)는 B(보조관념)다'의 형태로 나타난다. 이때 A와 B 사이에는 유추 비교의 관계를 토대로 동일성이 성립된다. A는 B이다 라는 은유에서 A와 B의 공통속성은 암시되어 비교하는 요소인 B쪽에서 공통의 속성은 전제되어있고 두 개념 사이의 유추에서 그 둘 사이의 동일화를 연역해 낸다. 또한 진정한 은유는 항상 막연함과 불분명함을 동반한다. 결국 은유는 "논리적 의사소통의 차원에서 의미작용의 요소들 중 몇 개를 삭제함으로서 그대로 유지된 요소들을 부각시킨다. 또한 문맥에 낯선 용어를 개입시킴으로써 순수한 정보와 다른 차원에서 연상된 이미지를 환기시킨다. 그 이미지를 받아들이는 것은 상상이다. 은유는 다른 영역의 대상과 유사한 주체의 특성을 대체하여 의미를 획득하는 것이다. 상상계는 거울단계와 어머니와의 관계 등에서 보여지는 은유와 통일성을 바탕으로 의미를 획득한다. 따라서 무의식은 완전한 재현이 불가능하다. 이렇게 볼 때 증상이란 전의식의 요구와 무의식의 활동이 서로 타협한 결과이다. 정상적인 경우 타협이 있으면 안 된다. 끝없이 욕망해야 한다.

우리가 앞에서 살펴보았듯이 즉흥연주는 우리의 정신적인 또는 육체적인 활동이 아니다. 정신과 육체의 상호작용의 결과이다. 그리고 타인과의 주관적 교류의 결과이다. 지적 산출물이 아니다. 그래서 치료에 있어 연주뿐만 아니라 모든 것이 관찰대상이 된다. 심지어 역전이까지도 치료활동의 범주에 들어가는 것이다.

상징계는 주체의 바깥에 놓여있으면서 주체 이전에 존재하고 순수기표들의 결합에 의해 주체에게 영향을 미치고 주체를 구성하는 선험적인 질서로서 현재를 살아가기 위해 체득해야 할 사회 내의 문화, 법, 체계, 언어 등을 포괄하는 기표들의 총화인 대타자라고 할 수 있다. 즉흥연주를 하는 연주자는 주체가 되기 위해 상징계에 진입해야 비로소 진정한 주체로 탄생하며 상징적 구조 안에서만 그 의미를 인정받을 수 있게 된다. 이 상징계에서 무의식이 드러나기 위해 상징계에서는 존재하지 않는 언어과정이 필요하다. 이때 기표는 사고의 틀을 제공하기 때문에 상상계의 기의가 포함되지 않은 언어과정을 통해 드러난 무의식은 개인적이고 내면적으로 발생하는 주관적인 형태가 아니라, 구조와 형식을 갖춘 초월적이고 독립적이며 상징적인 체계를 가질 수밖에 없다. 여기서 상징이란 시각적 그림이나 도안이 아니라 기표를 의미한다. 상상계에서 주체는 거울 내지 어머니와 동일시를 통해 발생하는 반면,

상징계는 타자인 아버지와의 차이를 통하여 형성된다. 이 차이에 따른 주체의 결핍을 언어는 온전히 채워주지 못하며, 기의는 대상의 실체가 아닌 허상, 즉 이름으로써 존재하는 것이라 그 대체물만 제공하면서 연결된 기표의 연쇄에 따라 끊임없이 사회적 의미에 충족을 시도한다. 이때 이미 주어진 언어규범 속에서 기표와 기의는 고정되어 있고, 주체는 스스로가 생각하는 유사한 기표를 선택하면서 은유의 성질이 발생하고, 인접한 것들끼리 결합하면서 환유가 발생한다. 이는 상상계가 포함된 언어활동에서 은유와 환유가 작용할 수 있음을 의미한다. 실재계에서 언어, 무의식, 아버지, 어머니와 같은 기표들은 '타자'로서, 항상 우리에게 선행되어 존재하는 것이다. 여기서 욕망과 환상에 의해서 상징계로부터 벗어나려는 끊임없는 기표의 순환이 일어난다. 불완전한 언어를 통해서는 결코 닿을 수 없다. 그럼에도 불구하고 언어를 통해 상상계로 회기하려는 노력을 계속한다. 언어를 벗어 던져야만 언어가 존재하지 않는 상상계로 회기가 가능하다. 여기서 주의해야할 점은 실재계와 실재는 다르다는 것이다. 실재는 주체주변에 있는 대상을 말한다.

말소리나 음악소리는 들음이 선행되고, 성대와 청각을 매개로하고, 아무렇게나 조합된 소리가 아니라 일정한 규칙에 의해 통제되고 구성되는 소리의 조직이며, 표현 방법이다. 그리고 소리체계를 사용을 위해 습득 또는 학습을 전제로 새로운 형태를 생성시키는 가능성을 가지고 있다. W. Salber는 "정신적인 것의 비밀스런 지능"[170]이라는 것을 언급하면서 우리의 행위들의 고유한 논리에 따라 조직된다고 주장한다. V. v. Weizsäcker(1943)역시 이러한 "비 밀스런 지능"에 관계하여 "인지에서의 무의식적 이해" 그리고 "감각의 논리"라는 개념으로

170) Rosemarie Tüpker, ich singe, was ich nicht sagen kann. p. 25

동조한다.[171] 청각기관은 다른 기관과 달리 들음을 조절할 수 없이 무조건 받아들인다. 이는 주체에게 여과 없이 직접적으로 경험되고 영향을 미친다는 것을 의미한다. 즉, 자신의 이성과 지식을 통해 걸러냄 없이 외부 자극을 온몸으로 체험하게 됨을 의미하는 것이다. 그래서 상징계에 언어로 인한 지식의 선입관을 벗겨내고 이를 통해 실재계에 들어가도록 한다. 억압된 것은 '회귀'하고, 실재계는 항상 제자리로 '돌아오며', 충동은 '순환'하는 등, 실재계와 관련된 개념들은 은유와 환유의 반복을 기반으로 한다. 이 은유와 환유를 통한 반복 과정은 음악에서 진행되는 반복의 과정과 같다. 여기서 반복은 앞서 언급된 지향성에 의해 계속 직선이 아닌 나선구조로 앞으로 나아가는 반복을 의미한다.

Merleau-Ponty에게서도 지각하는 주체가 드러낸 지각적 의미는 처음 드러나는 주체의 의도를 전달하는 행위인 말(parole)의 작용이라고 본다. 만약 우리가 어떤 것을 안다고 한다면 그것은 우리가 그것을 말로 표현할 수 있기 때문이다. 말로서 표현하는 것이 모호하고 불완전하다면 우리의 생각 역시 불완전하기 때문이다. 어린 아이는 말을 배우고 표현함으로써 사물을 인식하게 되지 인식이 표현보다 더 앞서지 않는다. 이 말은 명칭이라는 언어적 개념이 동반 되어야만 비로소 대상에 대한 인식을 불러일으킬 수 있다는 것을 의미한다. 이는 Lacan의 주장과 일맥상통하는 말이다. 우리는 말로 표현을 하면서 우리가 말하고자 하는 바를 명확히 알 수 있다. 결국 생각은 언어적 표현인 말에 의존한다는 것이다. 따라서 말과 유사한 성격을 갖는 즉흥연주는 연주하는 말의 작용과 유사하다고 할 수 있다. 인간은 "말"의 한가운데서 존재를 출발한다. "말"의 중심부에는 호흡과 소리, 들음과 말하기 속에 위

171) Ibid, p. 26

치한다.[172] 이 역시 Lacan의 상징계와 일맥상통하는 것이라 할 수 있겠다. 게다가 언어의 경우 상상계와의 오인과 상징계의 욕망에 영향을 많이 받지만 음악의 경우 상징계의 현실에 대한 영향이 적다. 이것이 언어와 음악 간에 발생하는 차이이다. 이러한 사실들을 미루어 볼 때 즉흥연주의 모든 행위는 무의식의 표현이자, 타인과의 상호 소통이라고 볼 수 있고, 음악이 표현이라는 정당성을 갖는다고 이해할 수 있다.

4-3. 시간 그리고 음악과 말

우리의 청각작용에서 시간은 큰 의미를 갖는다. 청각적 현상들인 언어와 음악을 키에르케고르는 그 실제적 형식에 있어서 주로 시간적인 것으로 이해했다. "언어는 시간을 그 기본요소로 가진다. 그러나 다른 모든 매체들은 공간을 기본요소로 가진다. 음악은 시간 속에서 일어나는 것으로서는 언어 이외의 유일한 매체이다."라고 한다.[173] 앞서 주체로서 우리는 지각의 결과로 미완성적 완성인 형태를 구성하고 이 형태들은 지향성을 근거로 계속해서 나선형 구조로 앞으로 나아간다고 언급했다. 이때 지향성을 기반으로 앞으로 나아간다는 말은 시간적 진행함을 의미한다. 객관성과 보편성의 관점에서는 객관적인 시간인 chronos적 시간개념을 중요시한다. 이를 기준으로 과학적으로 소리의 분석과 측정은 가능하지만 우리의 지각과 표현에서는 주관적인 시간인 kairos적 시간개념이 중요하다. 특히 즉흥연주에서의 시간 개념

172) Don Ihde, 소리의 현상학, 박종문 역(2006), 예전사, p. 21

173) Ibid, p. 135

은 의식이 스스로 지금-여기에서 출발해서 시간을 전개한다. 이는 언어를 기반으로 하는 의사소통에서도 마찬가지이다. 지금-여기에서 시작하는 담론을 기준으로 과거와 현재 그리고 미래가 전개된다. Salber의 주장을 근거로 유추하면 정신적인 것, 특히 의식은 멈춘 것이 아니라 흐르는 것이다. 항상 새로운 지금이 도래한다. 조금 전의 지금은 과거가 된다. 그리고 시간은 직물처럼 구성된다. 우리의 의식에 따라 어느 시점이든 움직일 수 있다. 미래는 리듬에서 설명하였듯이 현재를 기준으로 패턴을 예측하는 것이다. 즉 도래하는 지금이다. 멜로디를 지각할 때 최초의 음이 울리고 있는 가운데 두 번째 음, 그다음 세 번째 음이 들려온다. 이때 첫 번째 음과 두 번째 음, 세 번째 음……은 순서대로 현재와 밀접하게 관계하겠지만 우리의 의식에서는 의미와의 관계를 기준으로 현재와 밀접하게 관계한다. 즉 물리적인 시간질서가 의미가 없을 수 있다는 것이다. 주관에 따라 시간질서가 재편된다는 것이다. 이것은 우리가 말할 때도 마찬가지이다. 짧은 대화 속에서도 우리는 과거와 현재와 미래가 혼재되어 나타나는 것을 쉽게 알 수 있다. 이러한 현상은 Lacan의 상호관계하고 상보관계를 갖는 상상계와 상징계 그리고 실재계의 관계에서도 마찬가지이다. 말의 세계인 상징계를 중심으로 상상계 그리고 도달할 수 없고 단지 도달하고자하는 실재계, 이들이 구성한 직물에서 주관적 시간은 움직인다.

5

임상에서 즉흥연주

음악치료에서 즉흥연주는 사정(assessment), 평가(evaluation), 치료(therapy)를 위해 사용된다. 이때 즉흥연주는 인식, 통찰, 의사소통 더 나아가 대인관계를 활성화 시키는데 큰 역할을 한다. 이는 Pa-ul Nordoff & Clive Robbins의 창조적 음악치료(creative music th-erapy), Juliette Alvin의 자유즉흥연주(free improvisation), Mary Priestley의 분석적 음악치료(analytical music therapy) 등 많은 즉흥연주를 사용하는 음악치료 기법들에서 쉽게 찾아볼 수 있다. 따라서 본 장에서는 음악치료 임상에서 이들의 즉흥연주의 실행방법과 이에 대한 Kennenth E. Bruscia(1987)의 설명을 더 해 살펴보고자 한다.

5-1. 사정(Assessment)

회기 진행에서 어떻게 내담자의 관심을 유도하고, 치료활동에 어떻게 적극적인 참여할 수 있게 할까라는 질문은 치료사에게 항상 어려운 숙제이다. 이 숙제를 풀 수 있는 유용한 방법은 아마 사정일 것이다. 사정자체가 갖는 의미는 내담자의 정보를 수집하는 과정으로 여기서 중요한 점은 일단 내담자를 즉흥연주에 참여시키는 것이다.

먼저 내담자의 성격, 문제, 욕구/관심사, 능력, 잠재력, 발달상황, 가족 상황 등 내담자에 대한 정보를 가능한 한 세밀하게 수집한다. 이를 위해 즉흥연주를 사용하는데 이는 효율적인 치료 전략을 위해 필수적이다. 아울러 사정과정 중에 내담자에게 음악치료 프로그램을 정확하게 소개함과 동시에 내담자에게 유익할 것이라는 강한 신뢰감을 주는 것 역시 필수적이다. 어떤 식으로든 이러한 소개와 신뢰감 형성이 되지 않을 경우 내담자의 적극적인 참여는 어려울 것이다. 일반적으로 음악치료 프로그램을 보면 이러한 사정과정이 1회기나 2회기 정도에 머무르는 경우가 많은데 이는 아주 위험하다. 또 시간을 투자하여 사정과정을 진행한다 해도 형식에 그치는 경우가 많은데 이 역시 성과를 거두기에는 충분하지 않다. 내담자의 정보가 적으면 적을수록 치료에서 할 수 있는 활동은 많지 않다. 아마 치료활동에서 사정과정이 50%를 차지한다고 해도 과언이 아닐 것이다.

5-1-1. 초기사정

거의 모든 상담이나 심리치료기법의 경우와 마찬가지로 초기사정의 진행은 거의 비슷하다. 즉, 초기 사정은 신상정보(이름, 주소), 개인정보, 가족 구성원과 이들과의 관계, 가족 구성원들의 음악적 성향을 포함한 정보, 내담자의 사회적 활동, 치료가 필요한 문제, 주요증상, 상태, 소개한 의사의 주소와 이름 또는 다른 기관의 소속, 이전 병원/치료기관, 현재 받고 있는 치료기법, 내담자의 자기평가 그리고 개인적 목표, 내담자의 음악적 배경과 다른 예술형태에 대한 이전 경험, 내담자의 건강상태 그리고 그 밖에 치료사가 알아야 할 다른 문제들에 대한 정보를 수집한다.

5-1-2. 후기사정

즉흥연주를 통해서 즉흥연주에 따른 모든 내담자의 반응정도를 내담자의 행동적 특징을 근거로 수집한다. 이러한 정보를 수집하기 위해 여러 즉흥연주기법들은 각기 고유한 즉흥연주 특징들을 가지고 있다. 여기서 잠깐 생각해보아야 할 것은 Alvin의 자유즉흥연주의 경우 '자유'란 단어가 들어가면서 그 어떤 의도나 규칙 없이 즉흥연주가 치료자체인 것으로 오해가 발생할 수 있다. 치료 초기에 사정을 위해서 글자 그대로 자유즉흥연주를 하는 것은 어느 정도 효과를 거둘 수 있다. 그리고 Alvin의 주장대로 음악적 지식이나 훈련이 필요 없이 창작의 시도나, 소리형성, 음악형식 등 우리가 음악을 구성함에 있어 필요한 요소들을 기존의 음악적 기준에 따르지 않고 그야말로 자유롭게 음악활동을 하는 것도 충분히 효과적이다. 그리고 내담자가 음악활동을 위한 요소들을 자유롭게 선택하는 자유를 보장하는 것도 같은 맥락에서 효과적이다. 하지만 이러한 활동은 사정(assessment)의 경우에 해당된다. 치료 상황에서 글자 그대로의 자유즉흥연주를 사용할 것인가 하는 의문이 생긴다. 언뜻 음악이 가지고 있는 동질성이라든지 아니면 음악이 가지고 있는 항상성유지를 위한 균형을 이루려는 특징들이 사용될 수 있다면 가능할 것이라는 생각을 하게 된다. 하지만 이러한 음악들은 음악이론에 근거한 원리들에 충실할 경우이다. 이것은 단순하게 음의 구성원리로도 설명될 수 있다. 배음에 의한 음들은 고유한 비례관계를 갖는다. 이 비례관계가 유지될 때 한 음은 성립이 된다. 또 나중에 살펴보겠지만, 선율 역시 비례관계가 유지되는 음들을 배열하면서 생긴다. 정말 자유로움을 추구해서 이러한 기본 비례관계까지 깨진다면 긴장과 이완의 예측이나 기대가 존재할 수 없을 것이다. 우리가 건강을 우리의 내적 외적 요소들의 조화로움에 근거를 두고 있다고 한다면 '자유'라는 의미는 치료 상황에서 조화의 틀로 인도되어야 할 것이다. 그리고 치료사와의 합주, 집단원과의 합주에서 글자 그대로의 자유가 사용될 수 있을 까하는 의문이 든다. 결론적으로 '자유'란 개인작업이나 집단 작업에서 치료사로부터 음악적 통제가 없다는 의미이다. 기존의 음악적 능력에서의 자유이다. 즉흥연주 자체를 치료에 사용함에 있어 자유에 맡긴 것은 아니다. Alvin의 자유즉흥연주가 다른 즉흥연주를 사용하는 기법들보다 내담자의 역할을 더 강조하고 음악의 역할을 더 강조할 뿐 근본적으로 유사함을 나타낸다.

즉흥연주를 치료적으로 사용할 때 일반적으로 치료사는 내담자에게 특정한 내적상태의 경험을 기억해 보라고 한다. 기억해 냈다면, 지금-여기에서 그 경험을 연주하도록 권면한다. 하지만 분석적 음악치료(analytical music therapy)의 경우 사정은 첫 번째 회기에서 치료사는 자유로운 언어적 표현을 통해 내담자의 과거에 대한 정보를 그리고 현재의 어려움을 수집한다. 치료사는 질문을 하거나 체계화시키려고 내담자가 자유롭게 이야기하는 것을 방해하지 않는다. 빠진 정보나 모호한 분야는 추후에 알아낸다.

대다수의 내담자들은 즉흥연주가 생소하다. 내담자에게 인간은 누구나 음악적 본성이 있으니 본성을 믿고 자유롭게 자신의 감정이나 기분을 즉흥연주로 표현하라고 한다면 과연 몇 명이나 즉흥연주를 할 수 있을까? 초기사정 과정에서 음악치료의 효과를 확신하고 치료에 참여하였는데, 치료사가 즉흥연주를 하라고 하면 내담자는 어떤 기분일까? 즉흥연주를 하라는 치료사의 요구가 과연 도움이 될까? 따라서 즉흥연주를 사용하는 사정에서는 크게 교육적 요소와 오락적 요소가 필요하다. 후기 사정에서는 좀 더 심화된 교육적, 오락적 요소가 필요하다. 교육적인 요소가 실행된 후 내담자의 활동에 대한 해석은 하지 않는 것이 중요하다. 해석은 평가과정에서 하는 것이지 사정과정에서는 필요하지 않다. 먼저 악기든 목소리든 소리탐색을 한다. 이때 치료사의 모델링이 아주 효과적이다. 모델링에서 소리를 창조적으로 사용할 수 있는 가능성을 제공하는 것이 중요하다. 이후 내담자가 탐색활동을 하게 되는데 치료사는 내담자가 악기를 선택했다면 왜 선택했는지를 물어보기만 한다. 선택한 악기로 소리를 냈다면 어떤 느낌을 받았는지 만 물어본다. 그리고 소리를 냈을 때 치료사는 내담자의 소리 내는 방식, 자세를 비롯해서 내담자 근육의 협응력, 더 나아가 내담자의 기분, 의도, 표현력, 지각 등 가능한 한 소리내기에 관계한 얻을 수 있는 모든 정보를 수집한다. 중요한 것은 해석을 하지 않는다는 것이고 내담자에게 자신의 상태에 대해 연주하라고 무리한 요구를 하지 않는다는 것이다. 이러한 과정이 충분히 진행된 이후 과거, 현재 그리고 미래의 자신을 나타내는 자신만의 소리를 만들어본다. 그리고 언어로 자신에 대해 표현해보고 언어로 표현한 자신과 음악으로 표현한 자신이 일치하는지를

Priestley의 사정표:

이름:	날자:
주소:	전화번호:
	나이:
자녀:	성별:
직업:	가족관계:
남편직업:	
아버지 직업:	
어머니 직업:	
주 증상:	
마약복용여부:	흡연여부:
알콜중독 여부:	수면:
의사소견: 의사이름:	
의료기관 주소:	
음악적 사전교육 여부:	
악기연주:	
가창능력:	
율동능력:	
요가능력:	
명상능력:	
삶의 목표:	
자기평가:	
사망의 경우:	
입원경력:	
다른 치료:	

알아본다. 집단의 경우 집단 구성원 중 한 사람에 대한 음악적 표현을 시도한다. 이때 치료사의 모델링은 내담자의 표현을 방해할 수 있기 때문에 가능하면 하지 않는 것이 좋다. 음악활동과 언어사용을 기반으로 하는 토론을 중요시하는 분석적 음악치료의 경우 내담자를 파악하기 위해 우선 내담자의 상징과 유추를 기반으로 하는 표제 즉흥연주가 필요하다. 그리고 이에 대한 언어적 토론을 통해 내담자를 알아간다. 이러한 소리를 통한 표현은 내담자의 인성, 선호도, 문화적 배경, 기분, 지각능력, 의도, 대인관계 등 많은 의미를 나타낸다.

5-2. 평가(Evaluation)

음악치료에서 사정과정은 주관적인 평가가 주를 이룬다. 이는 평가의 단계에서도 마찬가지이다. 평가는 치료에 의한 변화결과인 현 상태와 치료 이전의 상태를 비교하는 과정이다. 치료활동이 효과적인지 아닌지를 평가한다. 따라서 즉흥연주를 통해서 질적 연구를 기반으로 내담자의 내적상황의 변화정도를 수집하고 비교한다. 이를 위해 즉흥연주를 사용할 때 각 즉흥연주기법들은 공통적으로 내담자의 즉흥연주는 녹음이 되고, 즉흥연주에 대한 치료사와 치료에 관계된 사람들은 내담자의 행위나 즉흥연주 과정에 관계한 모든 것을 매번 즉흥연주가 실시된 후 서술한다. 평가의 척도를 최종적으로 작성하는데 중요한 점은 평가점수가 절대적이 아니라는 것이다. 평가는 경향을 나타내는 것이지 절대적인 척도를 나타내는 것이 아니라는 것을 주의해야 한다.

5-2-1. 창조적 음악치료의 평가

Nordoff-Robbins척도는 체계적으로 널리 사용된다. 개인 음악치료를 위한 평가척도 개발은 1964년 Pennsylvania대학 아동심리병원에서 처음 시도되었는데 반응행동평가를 위한 기준이 정해지고 3가지 임의척도들이 설계되었다. 하지만 이러한 활동은 임상에서 충분한 도움을 주지 못했다. 그 이유는 내담자의 객관적인 이해와 창조적인 자유를 저해하였다. 이후 1966년에 자폐아동의 치료에서 행동변화 척도를 완성했다. 이 당시 참여자들은 잠정적으로 두 개의 척도를 사용하기로 하였는데 척도1: 성인들 관계의 유형과 범위, 척도2: 의사소통이었다. 이 척도들은 음악 치료적 상황에서 행동영역에 적용되었다. 이 두 척도는 점차 수정되어 척도1은 음악활동에서 아동-치료사의 관계로, 척도2는 음악적 의사소통활동으로 변화하였다. 이후 두 척도들은 자폐아에만 국한되지 않고 광범위하게 사용되게 되었다.

▌척도1: 음악활동에서 내담자-치료사의 관계

치료과정에서 내담자-치료사 관계는 음악적 그리고 개인적 상호작용에서 생겨나고, 이 안에서 내담자와 치료사는 자신들의 표현을 발견한다. Nordoff와 Robbins은 Schöpferische Musiktherapie(1986)에서 관계 활동과 관계경험의 다채로운 확장을 반영하는 척도를 소개하였는데, 이는 관계발달 정도를 나타낸다.

이 척도에 따르면 가장 낮은 수준에서 심한 자폐아동의 아무런 관계없는 행동은 완전한 무관심에서 상황인식으로 발전한다. 이후에 치료적 기법들이 첫 번째 접촉을 가능하게 하는 관계구축의 초기단계로서 수용이 뒤따른다. 척도의 중간 영역에서 관계구축을 위한 활동적인 참

<table>
<tr><th>1</th><th>2</th><th>3</th><th>4</th><th>5</th><th>6</th><th>7</th><th>8</th><th>9</th><th>10</th></tr>
<tr><td colspan="5"></td><td colspan="5">(4) 가벼운 뇌손상
가벼운 정서적 장애</td></tr>
<tr><td colspan="4"></td><td colspan="6">(3) 뇌손상
비자폐아수준의 정서적 발달장애</td></tr>
<tr><td colspan="2"></td><td colspan="6">(2) 음악적으로 활동적인 자폐
약간 심한 자폐</td><td></td><td></td></tr>
<tr><td colspan="5">(1) 심한 자폐/무반응과 무관심</td><td></td><td colspan="4"></td></tr>
</table>

여가 시작한다. 그다음으로 음악적 상호작용을 구축하고 개인적인 내용을 얻는 것을 강화하며 의사소통이 긍정적이 되고 그리고 음악적–개인적 표현을 강화하고 척도의 상위 1/3(7~8단계)에서 대인관계 요소들이 나타난다. 예를 들어 공동으로 경험하는 기쁨을 나누고, 음악을 만드는데 있어 상호성, 친근감 그리고 신뢰가 점점 드러난다. 따라서 개인치료는 이상적으로 적극적인 집단작업의 사회적 관계구조로 이어진다. 이것을 좀 더 세분화하고 일반화하여 Nordoff와 Robbins는 척도를 만들어 내었는데 여기에는 방어개념까지 추가되었다. 전체적으로 이 척도는 음악활동을 하는 동안 아동–치료사 관계를 기술하는 10가지 수준으로 구성되어 있고, 내담자의 참여수준과 내담자의 저항으로 양분되어있다. 단계가 높을수록 활발한 음악적 반응과 치료사와 내담자 간의 관계형성이 잘 이루어짐을 나타낸다. 자폐아동들 또는 다른 정서적 장애가 있는 아동들은 관계구축을 방해하거나 영향을 미치기 위해 다양한 방법으로 방어가 발생한다. 이 방어는 참여의 부산물이다. 즉, 참여가 없으면 방어도 없다. 따라서 참여의 개별적 단계들을 확립하기 위해 각 단계마다 다른 다양한 방어의 종류들과 형식들을 정확히 조사

를 해야 한다. 참여의 점진적인 증가와 병행하여 방어반응들은 치료 상황을 완전히 배제하는 데서부터 능동적인 거부를 거쳐 회피, 조종, 인내 그리고 독립적 표현 같은 연속적 징후들로 이어진다. 가장 높은 단계에서 내담자는 결국 자신의 퇴행경향에 저항하는 능력을 나타낸다. 따라서 내담자가 표현하는 방어반응들은 치료에서 자신의 발달상태를 위한 중요한 척도로 작용하고 상응하는 척도에 포함된다. 이러한 방어반응들의 차별화된 내용은 나중에 일반적인 행동에도 적용된다.

(1)에서 내담자는 치료사를 완전히 무시한다. 어떤 방법으로도 접근할 수 없다. 치료회기에 참여가 있어도 극도로 수동적인 참여가 있을 뿐이다. 이 단계에서 치료사의 요구가 계속된다면 분노와 공포로 혼란스런 반응을 일으킬 수 있다.

음악적 활동에서 내담자-치료사관계		
회기	내담자:	날짜:
	평가점수:	
점수	참여 단계	방어종류
	(10) 그룹 작업에서 적극적인 자주성과 독립성이 획득 및 강화(치료사와 협력을 바탕으로 다른 집단 구성원을 지지한다.)	
	(9) 상호 음악적 관계 내에서의 안정성과 자신감(그룹 활동에 대한 건설적인 참여를 바탕으로 치료사에 대한 신뢰, 자신의 음악적 목표를 향한 노력, 치료사-내담자 관계를 넘어섬으로 주도적 활동이 발생한다.)	자신의 퇴행 성향에 저항. 치료사의 기대와 동일시.
	(8) 표현음악 활동에서 내담자-치료사 간의 동등감(음악활동에 능동적인 참여를 바탕으로 치료사와 개인적이고 상호적인 관계를 통해 창조적 표현이 발생한다.)	(a)방향성 없는 반응. (b)무저항.

	(7) 긍정적 상호활동(공동 활동에 대한 자신감, 치료사와의 음악적 교류들에서 자신감 있는 상호교류, 음악적 목표를 달성하기 위해 치료사와 관계형성을 통해 나타난다.)	완강한 자기주장, 빈번한 경쟁, 반항적 태도.
	(6) 활동관계 발생(활동관계는 음악을 즐기면서 발전하는데, 치료사의 역할에 대한 인정과 수용이 동반된다.)	장난스런 고집, 소극적 조롱과 거부
	(5) 제한된 참여	회피적인 방어행동
	(4) 양가감정, 치료 상황을 수동적으로 수용.	두려운 불확실성 거절경향 간헐적 참여
	(3) 치료 상황을 인식은 하지만 받아들이지 않음.	지속적인 부정적 태도 능동적인 회피
	(2) 치료사를 일시적 인식.	자폐상태로 전향 위축, 불안확산
	(1) 치료사에 대한 반응이 거의 없고 그리고 치료회기 참여도가 매우 낮음(치료사를 완전히 무시)	적극적 거부: 접근불가 일관된 저항: 요구에 대한 분노(극단적)반응

(2)에서 내담자는 치료사를 인식하지만 여전히 수동적이다. 그러나 치료사나 치료사의 행위에 대해 미미하지만 반응이 일어난다. 내담자는 치료회기에 관심이 없고, 회기 내내 혼란스럽고 두려운 상태를 드러낸다. 가끔은 치료실을 탈출하려고 노력한다. 여기서의 관계에 발달이 이루어지는 경우 반드시 3단계일 필요는 없다. 다른 단계로 건너뛸 수 있다.

(3)에서 내담자는 치료 상황을 전체적으로 인식하지만 부정적인 태

도를 갖는다. 심할 경우 치료 상황을 거부하기도 한다. 치료사의 시선을 피하거나 치료사를 애써 무시하려 한다. 아니면 의미 없이 웃거나 표정이 없고 치료사와 거리를 두려고 한다. 그리고 자신의 신체의 어떤 부분이나 치료실 안의 어떤 특정 물건에 집착한다. 치료사가 내담자의 행동을 중단시키거나 강제로 치료실에 붙잡아 두면 포기하거나 급격한 절망 또는 울음이 생길 수 있다. 내담자가 음악활동을 하는 경우 대체로 소리가 크다.

(4)에서 내담자는 치료 회기에 참여하는 것을 수동적으로 받아들인다. 주저하거나 조금 불안해한다. 치료사에게 다가갈 수는 있지만 치료사가 다가가면 불편함을 느끼고 저항한다. 어느 정도 거리를 두고 치료사를 의식한다. 내담자는 치료사에 의해 즉흥연주 되는 음악 요소에 관심을 보이는데, 음악적 활동 그리고/또는 치료사와의 관계에 참여하는 것은 일시적이다. 회기 중 치료실을 나가려는 노력은 거의 없거나 전혀 없다. 내담자는 자신을 지지하는 보조치료사를 수용하는 것을 시작한다. 치료사의 너무 직접적인 행위는 내담자를 방해하거나 내담자가 거부하게 한다. 많은 주의가 필요하다. 어떤 압박이 감지되면 내담자는 이전 단계나 초기단계 수준으로 퇴행을 보인다.

(5)에서 내담자는 치료 상황에서 자신의 의지로 치료사와 균형을 이루려고 한다. 치료사 앞에서 부끄러워하지 않고, 자신의 기분 그리고/또는 자신의 음악에서의 자신의 최근 경험과 연결된 분명한 반응들이 미미하지만 나타난다. 악기나 음성으로 활동적인 아동은 자신의 활동들에 대해 특별한 관심을 보인다. 내담자는 치료사와 자신이 함께하는 작업에 짧게 집중한다. 내담자는 방어를 통해서 스스로를 보호할 수 있

는데, 이 방어는 회피적 조롱(괴롭힘), 자제, 방어적 회피행동 또는 억제된 부동성을 보여준다. 여전히 내담자는 회기 동안 치료실을 떠나고자 하는 노력은 보이지 않는다.

(6)에서 내담자는 치료회기에서 만족스러움과 즐거움을 보인다. 내담자는 음악활동방식을 획득하고 지속적이고 긍정적인 반응을 유지하기 시작한다. 치료사의 지지에 반응을 보이고 능동적인 음악활동이 시작된다. 때때로 치료사와 소통적이고 지속적인 눈 맞춤이 발생한다. 내담자는 회기가 끝남을 아쉬워한다. 이 단계에서 내담자의 방어는 장난스럽고, 소극적 거부로 나타낸다. 내담자는 더 이상 위협을 느끼지 않고 전체적으로 치료 상황에 능동적이다.

(7)에서 내담자는 치료회기에 참여하고자 하는 자신의 생각을 분명하게 나타낼 수 있다. 내담자는 치료사와 함께하는 것에 거부감이 거의 없이 능동적으로 치료사와 함께 음악 만들기에 참여하고, 자신의 음악에 자신감을 갖게 된다. 악기 그리고/또는 자신의 목소리를 활발히 자유롭게 표현하고 지속적으로 사용한다. 악기 그리고/또는 음성의 주고받기, 상호 격려하기를 유지한다. 이 단계에서 자신감이 상호 간 음악적 활동에서 발생하는데 이로 인해 자신 있게 상황에 대한 표현가능성들을 사용한다. 즉 자신의 표현 자유를 확장 시킨다. 이러한 활동관계의 음악적 확장은 동시에 치료 작업 관계의 시작으로 이어진다. 방어적 행동으로 내담자의 자신감은 때로 갈등이나 의도적인 고집으로 변할 수 있다. 그러나 이것이 음악적으로 표현된다면 치료사는 이를 창조적인 의사소통으로 이끈다. 지속적인 리듬-운동에 집착하는 내담자는 이 단계에서 병적으로 자기주장만 한다. 내담자의 고집 또는 완고함은

상호활동을 배제하고 자신의 발전을 방해한다.

(8)에서 내담자는 치료사의 즉흥연주에 집중하고 자신의 즉흥연주를 통한 표현에서 즉흥연주 구성요소들을 이용한 창조적인 가능성을 보인다. 동시에 내담자는 상호활동적인 연주에서 자신의 분위기, 아이디어나 감정을 음악적으로 표현할 수 있고 소통할 수 있다.

방어(a)의 경우는 내담자가 정서적 장애가 있는 경우인데 치료사와의 관계는 비판적이고 혼란스럽다. 치료사를 신뢰하지 못하거나, 자신의 상황을 표현할 수 있는 형식을 찾지 못하면 치료사와의 관계는 불안정해진다. 내담자가 자신의 기분 또는 자신의 활동의 강도 또는 치료사의 반응에 대한 적절한 표현을 통해 자신 성격의 혼란스러움을 음악적으로 표현하는데 성공한다면 해결이 주어지고 긴장은 완화되어진다. 이후 내담자의 반응이 여전히 불규칙할 수 있지만 독창적이고 개인지향적인 음악적 작업관계는 더 발전할 수 있다.

방어(b)의 경우는 내담자가 신체적 손상이 있는 경우인데, 이 단계에 도달하면 내담자는 의사소통의 기반이 되는 자신의 활동에 대한 그리고 치료사에 대한 신뢰를 가진다. 이 단계에서는 부정적인 방어가 없다. 내담자는 음악적으로 이해되는 표현에서 상호 창조적인 활동에서 독립성을 보인다.

(9)에서 내담자는 치료사에게 완전히 확실한 신뢰를 갖는다. 치료자와의 상호관계에서 내담자는 일관성 있는 음악적 목표를 추구한다. 그리고 내담자는 자신의 능력을 최대한 발휘한다. 내담자의 유연성이 음악집단 활동에서 치료사와의 관계에서 얻은 개인적-음악적 관계의 틀을 넘어 확대된다. 내담자가 치료사의 음악적 의도를 인지하고 개인

적 성취와 독립성을 음악적 경험들에서 발견했기 때문에 내담자는 이전 행동단계들의 다시 경험하는 것에 저항할 수 있다.

(10)에서 내담자는 제공된 음악적 상호작용의 틀을 넘어 때때로 개인적이고 창의적인 표현을 사용한다. 자신 있게 내담자는 자신의 음악적 능력과 지각능력을 악기활동에 사용한다. 내담자는 자신의 악기 또는 목소리의 음악적 효과가 발생할 때, 다른 내담자 또는/그리고 치료사와 자신이 함께함을 통해 전체가 발생할 때, 즉 연주의 완성도가 높은 활동이 있을 때 기쁨을 얻는다. 이렇게 함으로 내담자가 치료사에 의존하는 상황이 감소되고 내담자는 독립적으로 집단의 구성원이 되고, 다른 사람과의 즐거움과 관심을 나누고 자신의 성과들에 자부심을 갖는다.

이 척도들에 의하면 치료회기에서 내담자의 행동은 한 단계만으로 평가할 수 있는 것이 아니다. 그리고 단계적 발달은 순서대로 이루어지는 것도 아니다. 또한 상위단계로의 발달은 특정 반응방식을 통해 이루어질 수도 있다. 여기서 분명한 것은 각 단계들이 서로 밀접하게 연관된다는 것이다. 그리고 새로 발생되는 반응들은 습관적인 행동방식을 기반으로 발생한다는 것으로 이해한다. 따라서 서로 다른 단계들의 행동이 동시에 그리고 정확한 관계로 평가되어져야 하고, 더 낮은 단계를 정확히 평가해야 한다. 이것을 통해 자신의 활동의 광범위한 분산을 감소시키고 관계에서 의사소통과 안정성에 어느 정도 일관성을 만든다.

평가는 10점 척도로 이루어지는데 다르게 평가해도 된다. 10점을 기준으로 내담자의 반응에서 명백하게 드러난 행동수준에 따라 비례적으로 10점 내에서 점수를 매긴다. 우세한 행동은 높은 점수이고 미미한 행동은 낮은 점수이다. 각 단계의 참여와 방어의 점수는 합산되고 기록된다. 평균을 계산하기 위해 점수는 각 단계의 수를 곱하고 이 결과를 10으로 나눈다.

예를 들어, 지금까지 수동적이고 미숙한 아동이 북과 심벌즈를 연주하는데 재미를 찾기 시작하였다. 그러나 상황은 여전히 불확실하다. 다섯 번째 회기가 시작할 대 아동은 불안해하고 단계 5에 해당하는 방어적 회피행동과 제한된 반응 내에서 망설임을 보인다. 회기 진행 중 아동은 리듬적이고 장난스런 노래를 연주하기 시작한다. 아동은 완전히 연주 안에 있고 활동관계가 생긴다. 이것은 계속되고 참여는 단계 6에 해당한다. 한 번은 아동이 짧은 "주고받기"를 음악가와 자신감 있는 공동 활동을 하며 반응은 단계 7에 도달한다. 이 회기의 평가는 다음과 같다.

5단계: 제한된 반응(2점)+방어적 회피행동(2점)=4점: 4점×5단계=20
6단계: 활동관계의 발달(5점): 5점×6단계=30
7단계: 공동 활동에 대한 자신감(1점): 1점×7단계=7
따라서 20+30+7=57÷10=평균 5.7

▌척도2: 음악적 의사소통

이 척도는 악기, 음성, 움직임 등에 있어 내담자의 음악적 의사 전달능력을 나타내는 10단계로 구성된다. 일반적으로 음악치료 과정은 아동의 음악적 의사소통의 발전에 좌우되는데, 자신의 내면적 갈등과 두려움을 음악적으로 표현하고 그 후 높은 수준의 음악적 의사소통에 대한 안정과 자신감을 얻는다. 치료에 대한 음악적 참가가 증가하면 할 수록 더 높은 수준의 상호 의사소통이 이루어지고 치료사와의 관계가 더 긴밀해진다. 이러한 음악적 활동을 통해 표현능력과 지각능력에 새로운 조화가 이루어져 독립성을 획득하게 된다. 따라서 이 척도는 치료과정에서 음악적 의사소통의 발전과 특성을 기록하고, 척도는 음악적 의사소통의 지속성과 종류를 판단하여 내담자의 성격발달에 대한 통찰을 제공한다.

<table>
<tr><th colspan="6">음악적 의사소통</th></tr>
<tr><td>회기</td><td>내담자:</td><td colspan="4">날짜:</td></tr>
<tr><td colspan="6">평가점수:</td></tr>
<tr><td colspan="2" rowspan="2">의사소통 단계</td><td colspan="4">활동유형</td></tr>
<tr><td>악기</td><td>음성</td><td>움직임</td><td>종합</td></tr>
<tr><td colspan="2">(10) 집단 활동에서 음악적 과제에 대한 헌신</td><td></td><td></td><td></td><td></td></tr>
<tr><td colspan="2">(9) 음악적 지능과 기술이 효과적이고
의사소통에 유용</td><td></td><td></td><td></td><td></td></tr>
<tr><td colspan="2">(8) 음악적 창의력에 대한 열의, 음악적 능력</td><td></td><td></td><td></td><td></td></tr>
<tr><td colspan="2">(7) 세심한 유연한 반응, 음악적 자신묘사 신뢰</td><td></td><td></td><td></td><td></td></tr>
<tr><td colspan="2">(6) 참여적 의사소통 반응 발달, 개인적 형태화된
활동형태에 점점 더 집중하는 활동</td><td></td><td></td><td></td><td></td></tr>
<tr><td colspan="2">(5) 응답하려는 충동유지. 이를 통한 음악적
의사소통 구축</td><td></td><td></td><td></td><td></td></tr>
<tr><td colspan="2">(4) 일시적인 음악적 인지와 방향</td><td></td><td></td><td></td><td></td></tr>
<tr><td colspan="2">(3) 유발된 반응들 II: 더 명백히 연관되고
음악적으로 형성</td><td></td><td></td><td></td><td></td></tr>
<tr><td colspan="2">(2) 유발된 반응들 I: 단편적</td><td></td><td></td><td></td><td></td></tr>
<tr><td colspan="2">(1) 의사소통적 무반응</td><td></td><td></td><td></td><td></td></tr>
<tr><td colspan="2"></td><td colspan="3">비활성</td><td></td></tr>
</table>

1단계에서 5단계는 음악적 반응으로 이어지는 활성화와 분화정도가 제한되지만 지속적인 의사소통적 활동을 유발하는 반응들에서 내담자의 점진적 발달과정을 나타낸다. 이것은 자신의 반응의 통합을 위한 기초이다. 6단계에서 9단계까지는 의사소통과 음악적 참여에서 발생할 수 있는 성격발달의 정도를 나타낸다. 이들은 활동의 증가와 유연성의 증가, 지각능력과 표현능력의 정도와 특징을 포함한다. 이 모든 것은 감정적 그리고/또는 신체적 기능장애가 점차 해소되고 의사소통이 자유롭게 이루어지는 또는 발달이 전개되는 내담자의 음악적 지능으로 발생한다. 10단계에서 내담자는 음악적 집단상황에 능숙하게 참여한다.

(1)에서는 의사소통적 반응이 없다.

(2)에서는 불러낸 반응들 I: 단편적이고 일시적이다. 즉, 의미가 없다.

(3)에서 불러낸 반응들 II: 음악 또는 순서에 일관성이 있다. 내담자의 반응에 대한 적절한 표현은 내담자가 부족한 의사소통 가능성에도 불구하고 어떤 방식으로도 경험한다는 것을 나타낸다.

(4)에서 일시적인 음악적 지각과 음악적 뚜렷함이 발생한다. 내담자는 자신의 반응들과 음악 사이의 관계에 대한 감각을 발달시킨다.

(5)에서 뚜렷한 반응들이 유지되어 활동 유형들을 만들고 음악적 의사소통을 구축한다. 내담자는 음악 내에서 자신의 활동에 대한 관심을 일깨운다.

(6)에서 내담자의 참여는 개인의 반응형태(들)에서 발생하는 특정 상호의사소통 활동에 강하게 집중한다. 이것은 이러한 활동과 이를 통해 증가된 참여로 실현된 경험을 이끈다. 여기서 내담자는 음악적 상황에 대해 관계를 수립하고 안정화시킨다.

(7)에서 내담자는 음악적 자신감을 보여주고 음악에 집중한다. 더 많이 또는 더 자유롭게 치료사를 따라가고 가끔 치료사의 리드를 넘어선다. 내담자는 음악적으로 더 발전된 활동들에 참여한다. 이것은 표현에 있어 음악사용에 어느 정도 독자성을 보여준다.

(8)에서 내담자는 자신의 음악활동에 능동성을 나타낸다. 내담자는 치료사의 창조성을 인식하고 흥미를 느끼고 거기에 참여한다. 내담자는 음악적 기술들을 소유하고 음악적 창의성을 보여줄 수 있다.

(9)에서 내담자의 음악적 능력은 자유롭고, 효과적이고 의사소통에 유용하다. 내담자는 개인치료회기에서 가능한 것을 음악적으로 실현하고 집단 활동에 참여한다.

(10)에서 내담자는 집단에서 음악작업에 대한 일관성을 유지한다. 내담자는 자신의 음악적 표현을 다른 내담자들에게 전달하고 다른 내담자들의 경험과 활동들을 판단할 수 있다. 내담자는 책임의식을 갖고 연주에 참여한다.

음악적 의사소통은 치료에서 3가지 유형의 활동 즉 악기, 음성, 신체적 움직임이 검사되어진다. 악기활동과 음성 활동에서 1단계–5단계의사소통과정은 비활동적, 비대화적, 종종 강박적 활동으로 발달한다. 비 의사소통적 활성 내담자는 자신의 미분화된 활동이 변화하거나 또는 음악적 의미 있는 반응을 일으키는 경우 더 높이 평가된다. 행동이 5단계로 이동할 때 이러한 발달들이 수렴된다. 8단계까지 악기 그리고 음성 반응들이 분리되어 파악된다. 이 수준에서 단계들 또는 활동종류들은 개인적 음악적 의사소통 발전단계보다 더 적게 평가되어지기 때문에 9단계에서 이들은 단일 계통으로 통합되어진다. 또한 10단계, 집단 활동들은 단일계통으로 구성된다. 4단계까지 척도는 유발되거나 도달되지 않은 음악적 반응 움직임 또는 습관적 또는 관습적 움직임이 음악에 의해 초래된 변화들 묘사한다. 4단계를 넘어서는 신체움직임들은 음악적으로 의식되어지고 직접적으로 표현되어진다. 이들은 접촉을 확장시키고 안정화시키는데 중요한 상호 소통 활동들이다. 음악적 반응하는 신체움직임은 4-7단계에서 악기활동에 생동감 있는 주요 요소일 수 있다. 육체적 표현가능성들이 제한된 내담자는 하나 또는 그 이상의 악기 연주에서 표현적이고 신체적 자유의 발달 기회 그리고 음악의 지지와 함께 조화 기회를 발견할 수 있다. 이 척도에서 7단계를 넘어가는 신체움직임들의 범주들이 없다. 8, 9, 10단계의 음악적 상호 소통에 상응하는 표현형식들은 명백하게 다른 치료 영역 내에 있다. 예를 들면 특별한 운동치료 또는 무용치료가 있다.

1단계는 완전한 비활성 단계를 평가하기 위해 특별히 비활성이란 항목이 제공된다.

1) 악기(Instrumental)

(1)에서 의사소통적 무반응: 여기서 악기가 전혀 사용되지 않았다

면 비활성이다.

비 의사소통적이고 어떤 식으로든 연주가 발생할 경우 비 반응적 연주가 발생한다. 여기서는 무질서, 충동적, 우발적 또는 완전한 무통제, 고정된 박자 또는 리듬 패턴에서 강박적인 연주가 나타난다.

(2)에서 유발된 반응들 I: 연주가 강박적이고 충동적이고 혼란스러워서 중단되거나, 거의 통제되지 않거나 또는 산발적으로 발생하지만 음악에 약간의 영향을 미친다.

(3)에서 유발된 반응들 II: 단편적인 반응들에 형식이 발전된다. 즉 충동적 연주패턴과 통제되지 않는 연주에 어떤 질서가 생긴다. 연주속도는 약간 또는 짧은 기간 동안 변화된다. 음악에 대한 반영들이 보다 자주 발생한다. 기본박자를 갖는 음악이 연주되어진다. 강박적인 연주에서 반응중단이 발생하지만 여전히 자신의 강박적 성격을 유지한다.

(4)에서 의도된 활동 단계: 내담자들은 음악적 악구들의 종지를 연주한다. 매번 정확한 악센트가 있는 박자가 연주되는 빈도가 높아진다. 연주가 시작되면 비교적 정확한 템포와 박자가 설정된다. 강약에 대한 반응이 나타난다. 이러한 연주는 템포변화들과 기본요소, 자신의 행동이 수반되어지는 즉흥연주에 관계하는 제한적이나 분명한 능력을 보여준다. 강박적인 연주는 단기간에 음악에서 나오는 다른 템포에 관계하는 연주에 의해 변형되어지거나 또는 다른 반응방식들로 변형되어진다. 내담자가 여러 기본 박을 갖는 음악을 연주함으로써 자신의 연주가 그 음악과 관계가 있다는 것을 깨닫게 된다. 무질서하거나 통제되지 않은 연주에서 때로는 분명한 반응적 의도가 드러난다. 충동적 또는

산발적으로 연주하는 내담자는 기본박자를 연주하기 위해 때때로 자신의 박자들을 유지할 수 있다.

(5)에서 오래 지속되는 지시된 반응: 내담자의 연주는 어느 정도 음악적 질서를 갖는다. 따라서 내담자의 연주가 완전히 통제되지는 않지만 통제 불능상태는 아니다. 점차적으로 특별한 노래 또는 특정 음악을 연주하는데 관심을 나타낸다. 내담자의 연주는 점점 더 의식적으로 되는 재인식을 그리고 음악의 두드러진 요소들에 대한 기대를 나타낸다. 리듬 속의 악센트, 선율 또는 화성, 리듬적 패턴, 선율-리듬, 종지, ritardando, accelerando, 템포변화, 강약변화, 악구구조 등의 요소에서 한 가지 또는 그 이상 요소들에 반응을 나타낼 수 있다.

음악적 교환의 단순한 형식들이 나타날 수 있다. 심한 신체적 장애를 가진 내담자는 음악을 자신의 연주에 계속 유지하고 간단한 또는 분명히 구조되어진 템포변화들을 따르거나 또는 두드러진 구성요소들을 함께 연주하기를 노력한다.

(6)에서 집중적인 음악적 참여는 개인적으로 형태화된 활동형식으로 발전: 내담자의 관심은 의미 있고 만족스러운 것으로 경험되는 특별한 음악적 활동들에 강하게 집중된다. 이것들은 자발적으로 얻는 자신의 반응 유형에 의해 결정될 수 있고 또한 내담자를 참여시키기 위해 치료사에 의해 특별히 개발된 반응유형에 의해 결정될 수 있다. 내담자에게 자신의 참여를 안정화시키고 강화시키는 수단을 제공한다. 이것은 음악적 목적을 어느 정도 수준으로 자신의 활동들을 수행하고 그리고 끈기를 가지고 악기를 연주한다.

심각한 신체적 장애를 가진 내담자는 자신의 연주를 조정하고 통제하는데 중점을 두고 진지하게 노력하고 자신의 방식으로 음악적 참여에 효과적인 수단을 만든다.

(7)에서 반응의 민첩성과 민감성: 내담자는 자신의 개인적인 상황을 음악적 활동에 나타낸다. 자신의 세심하고 반응적인 태도는 음악적 체험과 표현가능성을 탐구하려는 의지를 나타낸다. 내담자는 확장되고 자유로운 음악적 가능성에 대해 알고 있고 내담자는 이전에 구축된 반응형식들을 이끌어내는 것에 크게 거부하지 않는다. 내담자는 정서적으로 개방적이고 새로운 음악적 진행의 분위기와 성격을 선택할 수 있다. 또한 내담자는 다양한 음악적 경험을 기초로 치료사를 따른다. 내담자는 악기를 음악적 표현 방법으로 사용하는 방식을 스스로 받아들인다.

(8)에서 음악적 창의력에 대한 열의: 내담자는 치료사의 음악적 창의력을 즐긴다. 내담자는 음악적인 시도와 탐색에 능동적으로 참여한다. 내담자는 자신의 음악적으로 향상된 능력들을 가지고 작업하는 것에 흥미를 느끼고 창조적인 능력을 가지고 표현적 그리고 구조적 요소들을 사용할 때 만족감을 느낀다.

(9)에서 치료적 과정에 독립적인 음악적 의사소통: 이 단계에서 치료사의 목표는 엄격한 치료보다는 발달에 더 비중을 둔다. 내담자는 자신의 음악적 자아(Ich)기능들을 직접 나타낼 수 있다. 치료사는 의사소통적 표현범위를 확장하고 강화시키는 것을 위해 작업한다. 내담자의 음악적 성격(포괄적으로 실현되는 음악성)을 성취하기 위해 다른 내담자들과 공동음악활동 경험이 필요하다. 따라서 이것은 상호 의사소통

적으로 될 수 있고 내담자에게 사회적인 통합에서 자신감을 얻는 수단이 된다. 내담자는 집단상황을 수용하고 음악적 관심을 갖고 반응한다.

(10)에서 집단 활동에서 공동 음악적 상호작용: 내담자는 집단 활동들에 대한 자신의 참여 그리고 다른 참가자에 대한 만족을 공개적으로 나타낼 수 있다. 내담자는 다른 사람들과 함께하는 음악적 활동을 기뻐하고 음악적 과제에 대한 자신의 이해를 나타낸다. 다른 내담자의 노력에 대해 깨어있고 감사하게 생각한다. 청중이 있는 집단 공연에서 내담자는 자신의 음악적 이해를 나타낸다.

2) 음성(vokal)

(1)에서 의사소통적 무반응: 음악적인 영향이 조금도 나타내지 않는 침묵(비활성), 울음소리, 비명소리, 울부짖음, 윙윙 소리, 또는 의사소통이 불가능한 다른 목소리 표현이 나타난다.

(2)에서 유발된 반응들 I: 음, 리듬 등 음악과 관련된 짧은소리들이 단편적으로 메아리 같은 반사적 소리들(울부짖는 소리, 윙윙 소리, 이와 비슷한 소리)이 나타난다. 리듬이나 템포에 대한 단편적 반응들은 큰소리를 통한 표현에서 나타난다. 이들은 즉흥연주로부터 약간의 영향을 받는다(우는데 정말 우는 것이 아니라 음악적 요소를 포함한 징징거림 같다).

(3)에서 유발된 반응들 II: 단계(2)의 상황들이 더 자주 일어나고, 감정적으로 의미 있는 반영된 소리들은 음악적일 수 있다. 그리고/또

는 음이 선명할 수 있다. 습관적인 소리들은 여전히 반영적이지만 더 깊은 영향을 즉흥연주에 나타낸다. 이러한 반응들은 자주 나타난다. 울기-노래하기(울기는 음악적으로 변화된 것처럼 보이고 울기의 성격은 즉흥연주성격에 적응하는 경향이 있다), 으르렁거리기, 윙윙거리기는 크고 완전히 음악적이 된다. 목소리 표현과 즉흥연주는 분명히 인식할 수 있는 리듬적 관계가 있다.

(4)에서 의도된 활동 단계: 목소리 표현은 구조적 또는 표현적으로 즉흥연주와 관계를 갖는다. 내담자는 확장된 음 범위를 사용하고 음들은 지속되어진다. 큰소리 그리고/또는 작은 소리의 응답은 음성적 변화를 통해 구별되어진다. 울기-노래하기(울기는 의도된 음계적 응답들로 변화한다. 이러한 목소리 표현들은 즉흥연주의 악구에 반응하고 선율적 성격을 가질 수 있다. 그리고 이러한 목소리 표현들은 의도적으로 음악적 악구 또는 음악의 박자들로 표시된다). 으르렁거리는 또는 윙윙거리는 아동은 즉흥연주에서 음조 그리고/또는 템포에 관계하는 음들을 분명하게 유지한다. 자신만의 방식으로 내담자는 단편적 노래들 또는 노래와 비슷한 구조를 노래한다.

(5)에서 지속적으로 의도된 반응: 내담자의 음성표현들은 어느 정도 통제된다. 이 노래하기는 음, 선율적 악구 또는 단어들에 대한 어느 정도 음악적 가능성을 나타낸다. 말을 못 하는 내담자는 자신의 음성을 상대적으로 사용하고 가사 없는 노래하기를 통해 의사소통한다. 말하고 또는 부분적으로 말하는 내담자는 자신과 함께 사용되어지는 노래들의 악구들을 노래한다.

(6)에서 개인적으로 형태화되어진 음성적 협력 형식이 달성되어진다. 노래, 노래와 비슷한 음악 또는 내담자에게 의미가 있는 가사 없는 노래하기는 공동 활동의 중심이 된다. 자신의 목소리에 대한 음성적 자유, 능력 그리고 신뢰를 발견한다.

(7)에서 의사소통적으로 노래하기 위한 개인적 노력: 이는 자신만의 방식으로 그리고 자신이 가지고 있는 가능성을 기반으로 이루어진다. 내담자는 자신의 노래하기에서 표현의 자유를 갖고 자신을 더 신뢰하여 노래하고 더 발전하도록 노래에 참여한다. 이를 위해 지속적인 음성적 주고받기에 참여하고 일시적으로 다른 사람의 지시를 받아들인다. 여기서 자신의 노래하기는 단순한 선율적 표현들로, 재치 있는 건강한 응답들, 짧은 비언어적 동기 또는 자유로운 모방으로 구성된다.

(8)에서 창조적으로 노래하는 독창성: 내담자는 창조적인 노래즉흥연주에 참여한다. 내담자의 목소리는 극적이거나 또는 서정적인 표현으로 사용된다. 내담자는 치료사가 리드할 때 능동적으로 즉흥연주한다.

(9)에서 음악적 의사소통은 치료과정과 무관하게 된다.
→ 악기 영역 9

(10)에서 집단 활동에서 공동 음악적 상호작용과 의사소통이 있다.
→ 악기 영역 10

3) 신체움직임

(1)에서는 의사소통적 무반응 상태이다. 무활동, 비의사소통적 흔들거림, 흔들기, 제자리 뛰기, 빙빙 돌기, 걷기, 뛰기, 손가락 움직임, 혀로 소리내기 또는 다른 움직임 등 음악적 영향이 거의 없는 행동이 나타난다.

(2)에서 유발된 반응들 I: 내담자는 즉흥연주의 효과를 보여주는 짧은 반영적 움직임들을 만든다. 특별한 음악적 자극에 대한 응답으로 달리기, 뛰기, 두드리기, 손 그리고/또는 머리움직임 같은 짧은 흥분된 움직임이 있다. 습관적인 움직임들은 템포, 강도 그리고 지속시간에 약간의 불규칙한 변화들을 보인다. 강박적인 흔들거림 또는 회전운동들이 짧은 시간 동안 사라진다.

(3)에서 유발된 반응들 II: 적절하지만 비반응적인 움직임들은 보편화된다. 강박적 요소들은 특정 음악적 기법의 반복으로 중단될 수 있다. 반영적 움직임들은 자주 음악의 템포에서 나타난다. 즉흥연주의 양식과 악구구조는 움직임의 지속과 성격에 영향을 줄 수 있다.

(4)에서 광범위하게 음악과 관련된 신체움직임들이 나타난다. 내담자는 몸을 흔들고, 뛰고, 발을 구르고, 솟아오르고, 걷고 또는 달리고, 손 또는 손가락 움직임 등은 제시되는 즉흥연주의 템포로 움직인다. 내담자의 움직임들은 음악에 대한 자신의 자각을 반영하고 또 음악에 대한 자신의 반응을 표현한다. 하지만 이들은 치료사와 의사소통은 불가능하다. 내담자들은 결정적이거나 강렬하게 음악적으로 반응하는 몸

의 움직임을 짧게 의도적으로 음악과 관련된 악기로 연주할 수 있다.

(5)에서 상호작용적 움직임이 시작한다. 내담자는 치료사의 활동(리듬적 또는 율동적 움직임, 목적을 갖는 움직임 진행게임 등)과 관계된 음악, 반응적 음악 또는 특별한 직접적인 의사소통적 움직임을 스스로 만든다. 음악적 활동을 수행하는데 내담자는 자신의 육체적 에너지를 음악으로 전달하는 방법을 발견한다. 내담자는 어느 정도까지는 능동적이지만 여전히 수동적으로 연주한다. 이것은 주로 지지되어지는 음악과 관계하여 리듬적-육체적 노력에서, 악기 연주의 강도에서 그리고 악기연주의 소리특성에서 발생하는 복잡한 경험에서 심화된다. 내담자는 노래할 때 움직인다. 여기서 자신의 움직임은 즐거움과 집중을 표현한다.

(6)에서 협력 움직임이 나타난다. 내담자는 움직임이나 율동의 형식에 대한 지속성을 갖는다. 내담자는 자신의 즐거움과 만족을 치료상황에 자신의 참여를 안정화시키는 율동이나 율동적 움직임들을 통해 전달한다. 음악적으로 구조화된 악기활동 또는 음성 활동과 함께하는 리듬적으로 조화된 표현적 움직임의 특별한 연결은 내담자의 관심을 받는다. 내담자는 음악과 음악의 변화들에 의도적으로 자신의 움직임들을 사용한다. 여기서 육체적이고 표현적인 자유를 발견한다. 내담자는 자신의 생동감이 음악적 효과를 만들어 낸다는 것에 흥미를 갖는다.

(7)에서 움직임들의 표현적이고 음악적인 반응: 내담자는 자신의 정확한 표현에서 종종 율동움직임들을 분명하게 실행한다. 이 움직임들은 특정 음악적 경험에서 자신의 반응강도를 반영한다. 내담자는 자

신과 관계되어진 음악에 감정을 전달하는 움직임을 가지고 음악적-표현적 악기연주 또는 노래하기를 자발적으로 참여한다. 이는 연주방법, 태도 또는 몸짓으로 드러날 수 있다. 내담자에게 자신의 음악적, 개인적 표현에 직접적이고 중요한 관계를 만드는 움직임들이 있다.

평가는 내담자가 나타내는 의사소통적 반응에 따라 10점 체계로 평가한다. 만약 내담자가 두 가지 또는 세 가지 행동유형들로 의사소통 한다면, 절반 점수를 사용하는 것이 합계와 분포를 결정할 때 도움이 될 수 있다. 평가를 위해 녹음을 듣는 것은 필수이다. 소수점은 반올림한다.

평가양식의 1단계에서 분리된 비활성 범위는 내담자가 악기를 사용하지 않고 침묵하고 움직이지 않는 완전한 비 활동을 평가하는데 사용된다. 이때 점수는 전체 회기동안에 비활성 시간을 나타낸다. 아동이 총 30%의 시간 동안 활동하지 않는다고 가정하면 3점이 입력된다.

예를 들어 어떤 아동의 북 연주가 템포 그리고 박자의 순간적으로 반응이 시작될 때 악기의 4단계에 계산된다. 이것은 아동이 강약에 반응한다는 것은 아니다. 이것이 순간적 반응을 넘어간다면(순간적 반응이 보다 커진다면) 4단계에 기입되고 확대될 것이다. 전체 척도에서 각 활동유형의 반응방식들은 음악적 의사소통에 발달하는데 처음 나타나는 수준들에서 정의된다. 같은 반응방식들은 의사소통 내용이 발달함에 따라 더 높은 단계들에서 발생한다. 예를 들어 악기로 8단계에 반응하는 아동은 음악적 모험과 탐구에 적극적으로 참여하면서 아주 자연스럽고 표현력 있게 템포와 박자에서 시작하는 숙련된 기술을 사용한다.

악기연주에 사용되는 신체움직임들에 대한 평가에서 음악적으로 의미 있는 신체표현인 움직임만 고려해야 한다. 연주에서 정상적인 팔 움직임(손은 습관적으로 가슴 높이를 넘지 않고 팔뚝은 거의 올라가지 않는다. 상체는 약간 움직이고 악기연주는 주로 음악적-리듬적 인식을 전달하는데 사용된다.)은 신체움직임으로 계산되지 않는다. 그러나 악기 활동은 신체활동에 더 많은 극적이고, 강도, 변화 또는 자신감을 가져다준다. 여기에 음악적 경험은 직접적으로 표현된다. 이러한 경우 산체움직임들과 악기활동은 모두 평가되어진다. 노래하기에서 수행되어지는 신체움직임에도 동일하게 적용되어진다. 만약 아동이 예를 들어 노래, 특정 움직임 또는 북에서 구조화된 연주 같은 학습상황이 이루어진다면(각 난이도가 가능한), 자신의 참가는 실현되어지는 음악적 의사소통에서 평가되어진다. 이것은 또한 치료사가 북 연주에서 아동의 손을 이끄는 것 또는 아동의 손가락을 가져와 피아노에서 선율을 연주하는 상황에도 적용된다.

예를 들어 자폐아 A는 회기 초기에 치료실에서 때때로 부드럽게 윙윙 거리며 조용한 음악의 음을 울리는 소리를 낸다. 여러 번 크게 돌면서 방을 걸어 다니고 숨어서 은밀하게 치료사를 살펴본다. A는 두 번 특정 음악에 반응을 하고 충동적으로 몇 발자국을 뛰었다. A의 소리는 더욱 흥분되었고 음악적으로 변하였다. 지금까지 음성적 의사소통활동(V)은 2단계와 3단계, 신체적 움직임(K)은 1단계와 2단계 그리고 비활성(N)으로 계산되었다. A는 심벌즈와 자신의 소리에 매력을 느낀다. (이전 회기에서 A는 산발적으로 연주했었다.) 충동적으로 A는 갑자기 심벌즈를 빠르게 연주하였다. 치료사는 즉시 A의 연주에 대해 즉흥연주 한다. A는 잠시 멈추고 다시 즉흥연주와 함께 빠르게 연주한다. 음악가는 A의 반응을 자극하고 A의 활동을 지지하는 작업을 한다. A는 몇 분 동안 이러한 활동을 한다. 상당히 빠르게 즉흥연주를 통해 많은 질서가 나타난다. 종종 A는 일정한 템포와 박자로 연주하는 것을 시작한다. A는 자신의 연주를 두 번 연주를 한다. A의 활동과 경험은 관계 속에서 매우 빠른 템포에 머문다. 일단 A가 선율적-리듬적 악구가 끝나는 악센트가 있는 화음에서 끝난다. 이 모든 활동을 통해 악기(I)를 통한 A의 의사소통활동은 교류한다. 2, 3, 그리고 4단계 그리고 짧게 5단계에 도달한다. 그 후 A는 활동에서 철수하고 방의 구석에 잠깐 머무르고 의아스럽게 음악가에게 집중한다. A는 자신이 할 수 있는 모든 것을 했다는 것을 알고 감추어서는 안 된다는 것을 알고 "안녕" 노래를 부르기 시작했다. 자신의 이름이 노래 속에서 노래되어질 때 A는 짧고 흥분된 음으로 비명을 지르고 충동적으로 빠르고 큰소리를 내며 방 중앙을 뛰었다. 이러한 반응은 V2, K2 그리고 N점수를 제공한다. 이 회기의 점수분포는 다음과 같다.

I(악기): 2단계=1점, 3단계=1점, 4단계=2½점, 5단계=½점
V(음성): 2단계=1점, 3단계=1점
K(신체): 1단계=1점, 2단계=1점
N(비활성): 1점

1단계: 1(K)+1(N)=2×1(단계)=2
2단계: 1(I)+1(V)+1(K)=3×2(단계)=6
3단계: 1(I)+1(V)=2×3(단계)=6
4단계: 2½(I)×4(단계)=10
5단계: ½(I)×5(단계)=2.5
총합: 26.5÷10(단계)=2.65

5-2-2. 자유즉흥연주의 평가

Alvin의 평가 방식은 사실상 공식적인 것이 아니다. Alvin은 표준화된 평가방식을 개발하지 않았지만 Alvin은 관련 정보들을 재구성, 종합, 해석하는 것이 필요하다는 것은 인식하였다. 여기에 제시된 평가기준은 Alvin의 자료들을 토대로 Kenneth E. Bruscia(1987)가 종합, 정리, 추정하여 평가기준을 만들어진 것이다. Alvin에게 있어 평가 목적은 자신의 3단계 치료과정 중에 일어난 관계들에 대한 다양한 수준들을 토대로 내담자의 신체적, 지적 그리고 사회-정서적 발달수준과 관계형성능력을 결정하는데, 이는 듣기, 악기 즉흥연주, 노래하기를 통해 평가가 이루어진다.

1단계: 치료과정은 내담자의 지각을 통해 내담자를 물리적 환경과 연결시키는데, 구체적인 지각 운동적 경험을 통한 자신과 사물과의 관계를 평가한다. 이를 위해 먼저 내담자의 신체, 악기, 음악, 자신의 사물들 또는 자신만의 영역을 평가한다. 그리고 치료사의 악기, 음악, 소유물을 평가한다.

2단계: 치료과정은 자신과 치료사와의 관계를 구축하는 것을 다루는데, 내담자가 타인을 받아들이는 기반이 된다. 이를 위해 내담자의 느낌(feeling), 생각, 정체성을 평가하고, 또한 치료사의 신체, 역할, 느낌, 생각, 고유영역을 평가한다.

3단계: 치료과정은 내담자-치료사관계를 적합한 타인으로 전이시키기 위해 자신과 타인들과의 관계를 평가하는데, 부모, 부모의 역할을 하는 사람, 형제, 또래, 집단구성원을 평가한다.

1) 신체적 발달(physical development)에서는 내담자의 반사반응, 감각 운동적 인식과 통합, 운동기술, 신체적 숙련, 저항통제를 평가한다.

2) 지적발달(intellectual development)에서는 인식(awareness), 주의(attention), 식별(discrimination) 그리고 조직능력, 자극-반응 관계(인과관계), 기억력, 상징적 행동, 문제해결능력을 평가한다.

3) 사회-정서적 발달(social-emotional development)에서는, 접근반응(approach reaction), 회피반응, 강박관념(obsession), 충동(compulsion), 공포, 영역확보, 공유, 즉각적 만족(imm-ediate gratification), 목적방향(goal-direction), 놀이와 작업태도, 책임감, 연상, 기억, 심상(imagery), 동일시, 투사, 승화, 기타 방어기제, 관용과 수용, 개별화, 사회적 통합을 평가한다.

듣기 반응들(listening responses)을 통한 평가는 치료사의 다양한 악기를 시연 또는 녹음된 것을 재생을 통해 할 수 있는데, 다양한 음악적 요소들에 대한 반사적 반응과 자동적 반응, 집중능력(attentional skill), 지각적 식별능력(perceptual discrimination skills), 다양한 음악적 구성요소, 분위기 그리고 느낌(feeling)에 대한 선호와 감정적(affective) 행동, 특별한 작곡, 연주, 악기들 또는 스타일들에 의해 자극되는 연상들 또는 기억들, 음악에 의해 자극되어지는 이미지, 음악적 느낌, 작곡가, 연주가, 치료사 또는 실내에 있는 다른 연주자와의 동일시(그리고 비동일시), 음악을 청취 또는 듣기에 반발하는 방어, 다른 사람들과 유대로 음악을 사용하려는 의지들을 위주로 관찰, 평가한다.

악기에 의한 반응들(instrumental responses)을 통한 평가는 치료사가 내담자에게 한 번의 악기선택 기회를 주고, 경우에 따라 악기조작에 대해 치료사가 modeling하고, 내담자 스스로 악기를 탐구하게 한 후 내담자와 악기와의 신체적, 심리적 관계를 평가한다. 이때 평가자는 내담자와 악기사이에 일어나는 자세, 신체적 접촉부위, 신체움직임 형태, 악기에 의해 지각되는 물리적 저항에 대한 내담자의 반응, 내담자의 민첩성과 통제력, 악기가 사용되는 목적, 연주에서 내담자의 청각적, 시각적 그리고 촉각적 측면들의 협응 정도, 악기소리에 대한 내담자의 인식과 식별, 음악적 패턴들의 모방과 반복 능력, 악기연주의 형태(경직, 통제되는지 통제되지 않는지), 리듬과 선율을 만들어내는 능력, 악기소리에 대한 선호도, 자극되어진 연상, 정서표현, 악기-소리, 내담자 악기-타인소리 간의 동일시 여부, 소리에 대한 느낌(feeling) 투사나 치환, 악기연주가 본능적인 추동(drive)들의 승화로 사용되었는지 여부, 느낌의 표현, 악기를 공유하고 교환하려는 내담자의 의지, 악기 그리고 다른 사람의 소리에 대한 내담자의 허용, 악기연주가 다른 사람들과 또는 환경과 접촉하거나 분리되는데 사용되는지 여부, 악기가 놀이 또는 작업 목적을 위해, 만족 또는 목적 지향적 행동으로 사용되었는지 여부, 집단 내에서 자신의 정체성을 구축하기 위해 소리들이 사용되는 정도, 집단 또는 다른 사람들과 통합에 악기가 사용되는 정도들을 위주로 관찰, 평가한다.

음성 반응(vocal responses)평가는 음성이 사용되는 방식에 따라 개인의 성격 수준들을 평가한다. 노래활동에서 치료사는 즉흥연주에서

열거된 대부분의 영역(악기, 음성)을 관찰할 수 있다.

5-2-3. 분석적 음악치료의 평가

분석적 음악치료는 내담자의 반응을 끊임없이 분석하고 해석하는 연속적인 과정이다. 그러므로 사정과 평가는 절차상으로 구분되지 않는다. 즉 치료과정에서 수행해야할 사항과 결과의 개별단계들이 정확히 구분되지 않고 진행되는 과정이다. 따라서 각 회기 직후 일지에 가능한 한 정확하고 상세한 기록이 필요하다. 이 일지들에는 즉흥연주 표제와 이미지, 꿈 소재, 중요한 언어적 진술 등에 대한 기록된다. 그리고 즉흥음악녹음 또한 향후의 참고용으로 보관해 둔다. 평가를 위해 Priestley(2012)는 몇 가지 주요 요소를 제안했다. 주요요소들은 감정 스펙트럼, 정신분석적 단계의 분석, 저항분석, 자아방어분석이다.

여기서 중요한 것은 수학적 부호와 관계없이 "+"는 긍정적 반응을 나타내고, "-"는 부정적 반응을 나타낸다. 먼저 내담자의 신체를 종이에 그리고 회기에서 보이는 대로 내담자 신체의 각기 다른 부분에서 표현된 감정들을 숫자로 기록한다. 내담자가 -7의 표현이 나타날 수 있고 손에 -4의 반응이 나타날 수 있고 또 다리에 -1a 반응이 나올 수 있다. 치료사는 이렇게 필요에 따라 연속적으로 신체에 나타난 감정반응을 기록함으로써 내담자의 신체적 변화에 더 주의를 기울일 수 있고, 회기가 진행됨에 따라 신체를 통한 감정표현의 흐름을 파악할 수 있다.

분석적 음악치료에서 치료사는 내담자의 감정(emotion)에 초점을 맞추어 내담자의 감정을 이해하려고 한다. 충분한 정보를 첫 번째 회기에서 수집한 후 치료사와 내담자는 음악을 즉흥연주하고 사랑, 기쁨,

1. 감정 Spectrum

<table>
<tr><td rowspan="2">얼어붙은 공포
(feeze–fear)</td><td>+7</td><td>실제 위협에 대한 반응으로 일차적인 무반응: 최선의 해결이 무엇인지 생각하고 이해한다.</td></tr>
<tr><td>–7</td><td>현실에 부적합하고 관련 없는 장기간의 빈번한 부정적 반응 또는 신체의 긴장으로 인한 무반응: 결정, 행동, 사고하는 데 장애가 있다.</td></tr>
<tr><td rowspan="2">공포도피
(flight–fear)</td><td>+6</td><td>실제 위협들에 대한 합리적 도피 또는 회피: 정상적인 반응이다.</td></tr>
<tr><td>–6</td><td>불합리한 도피, 불합리한 공포로부터 빈번한 도피, 끊임없는 현실도피: 신체적, 심리적 장애로 도피할 수 있다.</td></tr>
<tr><td rowspan="2">공포방어
(defensive–fear)</td><td>+5</td><td>자신을 방어하기 위한 정상적이고 의미 있는 방어반응</td></tr>
<tr><td>–5</td><td>불필요하고 부적절한 과도한 방어: 과잉보호, 충동적, 강박적으로 행동한다.</td></tr>
<tr><td rowspan="2">분노(anger)</td><td>+4</td><td>자기 자신, 자신의 사물, 가치를 위해 합리적이고 단호한 공격적 반응이다.</td></tr>
<tr><td>–4</td><td>부당하고 과도한 부정적 분노와 파괴성</td></tr>
<tr><td rowspan="2">죄책감(guilt)</td><td>+3</td><td>긍정적 변화로 이끄는 정당한 자아비판</td></tr>
<tr><td>–3</td><td>과도한 자기비하: 공격성이 자기 자신에게로 향한 것이다.</td></tr>
<tr><td rowspan="2">슬픔(sorrow)</td><td>+2</td><td>실제 상실에 대한 타당한 슬픔</td></tr>
<tr><td>–2</td><td>파괴적이고 과도한 자기연민</td></tr>
<tr><td rowspan="2">사랑(love)</td><td>+1a</td><td>사랑을 주고받음</td></tr>
<tr><td>–1a</td><td>사랑을 주고받는데 공허함</td></tr>
<tr><td rowspan="2">기쁨(joy)</td><td>+1b</td><td>즐거움을 표현한다.</td></tr>
<tr><td>–1b</td><td>정서 혼란한 조증(mania)상태: 비정상적으로 기쁨을 너무 많이 느낌으로 우울증에 빠진다. 결국 조울증에 빠지게 된다.</td></tr>
<tr><td rowspan="2">평화(peace)</td><td>+1c</td><td>평온, 평정, 만족감을 느낀다.</td></tr>
<tr><td>–1c</td><td>무관심, 게으름, 자기만족으로 나태한 상태이다.</td></tr>
</table>

평화를 기본 감정으로 하는 감정 spectrum을 사용하여 평가를 진행한다. 감정spectrum은 음계에서 1° 음(tonika) 5° 음(dominant) 그리고 3° 음(mediante) 위치들을 하나로 형성하는 사랑, 기쁨, 평화의 핵심 감정(emotion)들로 7개의 기본감정들로 이루어진다. 기본감정들은 서로 결합하여 더 복잡한 감정을 형성할 수 있다. 그래서 질투는 사랑, 두려움 그리고 분노의 조합이고, 존경은 사랑과 얼어붙은 두려움의 조합이다. 당연히 이러한 기본감정을 더 복잡한 형태로 결합하는 방법에 대해서는 개인적인 차이가 있다. 어떤 사람에게 질투는 분노라기보다는 사랑과 공포, 슬픔의 결합일 수 있고 또 어떤 사람에게 사랑은 죄의식과 방어적 공포로 이루어진 것일 수 있다.

이상적으로 핵심감정은 사랑, 평화, 기쁨으로 균형을 이루고 있어야 한다. 그러나 대부분의 사람들은 이들 중 하나에 대한 표현이 매우 부족하여 균형을 이루기 위해 의식적으로 노력해야 한다. 반복되지만 세 가지 감정이 어떻게 조직되는지는 개인차가 있다. Priestley에 따르면 어떤 사람들에게 사랑은 1° 음(근음, tonika)이고 기쁨은 5° 음(dominant) 그리고 평화는 3° 음(mediante)이다. 다른 사람에게 1도음은 기쁨과 평화일 수 있다. 서로 결합하여 복잡한 감정을 형성하고, 서로 보완하여 감정적 균형을 이루어낸다. 하지만 이러한 기본감정들은 양립할 수 없는 반응들을 보이기도 한다. 이러한 비호환성은 한 개인이 자기 행동이나 태도의 어떤 특정 측면이 특정 감정을 표현하는 반면 다른 측면이 반대 감정을 나타낼 때 발생한다.

Priestley의 예에서 내담자가 표정을 통해 사랑을 표현하고(+1a) 손과 다리의 위치와 관련하여 신체 언어를 통해 얼어붙은 공포(−7)를 표현하고 손에서는 분노(−4)를 표현하고 발의 자세로 사랑을 표현한다(−1).

분석적 음악치료에서 내담자는 즉흥연주, 환상, 언어적 표현, 신체언어, 표현 동작, 예술작품을 통해 자신의 감정적인 모습을 나타낼 수 있다. 따라서 감정spectrum의 적용에는 다양한 절차가 사용될 수 있다.

신체부분에 숫자가 표시되어 어떤 부분이 그 감정을 표현하는데 사용되었는지를 평가를 하고 치료사는 긍정적 그리고 부정적 해석을 무시하고 각각의 기본 감정에 대한 단어카드를 준비하고 순서대로 하나씩 내담자에게 제시한다. 내담자는 자신이 선택한 악기를 사용하여 해당 감정을 즉흥연주 한다. 이 즉흥연주는 녹음되어진다. 이후 내담자는 즉흥음악을 듣고 과거뿐만 아니라 현재까지 자신의 삶에 대한 모든 연상을 설명한다. 치료사는 내담자가 신체를 통해, 언어표현을 통해 그리고 즉흥연주를 통해 나타나는 모든 감정의 발생을 기록한다.

Priestley는 이 기록 자료를 감정 스펙트럼으로 해석하는 것이 과학적 과정이라기보다 직관적이라고 생각하기 때문에 치료사의 음악적 역전이는 매우 중요하다.

충분한 자료들을 수집한 후 치료사는 다양한 질문을 하면서 내담자의 감정적 반응을 분석할 수 있다.

- 어떤 감정이 가장 자주 그리고 가장 집중적으로 표현되었나?
- 어떤 감정이 누락되었거나 부적절하게 표현되었나?
- 어떤 감정이 부정적이고 긍정적이었나?
- 어떤 감정들이 신체적으로, 음악적으로, 언어적으로 표현되는가?
- 한 매체로 표현된 감정들이 다른 매체로 표현된 감정들과 어떻게 비교될 수 있는가?
- 감정들은 어떻게 더 복잡한 것으로 결합되는가?
- 감정들은 특정 순서로 표현되는가?

- 비호환성(모순성)은 어떻게 표현되는가?

2. 심리성적 단계 분석(analysis of psychosexual stages)

Priestley는 음악은 내담자의 내면의 욕구와 필요를 표현해 줌으로 음악을 분석함으로써 내담자의 내재된 심리적 이슈와 고착을 탐색하고 읽어낼 수 있다고 이해하여 특정한 종류의 음악을 Freud가 말한 심리성적 발달단계(구강기-항문기-남근기-성기기)와 연관시켜 심리적 고착과 음악적 행동 유형의 공통적인 측면들을 토대로 심리성적 발달단계에 따른 개념에 맞추어 즉흥연주된 음악을 분류하였다. 하지만 이러한 추론을 내릴 만한 확고한 규칙은 없고 언제나 예외나 모호한 부분이 있다. 공식적인 모델이 되지 않지만 이러한 개념들이 임상적 사정에 있어 상당한 의미를 가지고 있다.

1) 구강기 음악(oral music)

개인의 음악적 역할이나 특성 없이 타인의 리듬과 선율에 일치하는 경향이 있다. 따라서 타인은 전혀 의식하지 않기 때문에 구강기에 해당하는 음악은 기분 좋은 효과가 있다. 또한 다른 사람과 연주 시 타인을 완전히 인식함 없이 융합과 상호성이 있다. 즉 집단 회기에서는 집단 내 개인의 소리는 집단에 파묻히고 포함되고 융화되어 개인적 책임이라든가 타인으로부터의 구분이 없게 된다. 구강적 sadism단계에 해당하는 두 번째 단계에 상응하는 음악은 심벌즈의 음색을 갖는다. 구강기 단계는 관악기가 해당한다.

2) 항문기 음악(anal music)

음악의 다양한 요소들을 통제하려는 의도가 드러난다. 항문기에 해당하는 음악은 권력투쟁으로 특징지어진다. 즉 타인의 음악 흐름에 개입하여 본인의 음악 흐름으로 이끌려고 한다. 그리고 집단 연주에서도 본인만의 차별화된 음악을 제시하는 경향을 보인다. 이는 종종 파괴환상이 있는 시끄러운 드럼 비트(beat)로 표현된다. 집단 활동에서 사람은 자신의 소리정체성을 주장하고 자기 지각상태에 깊이 빠져있다. 음악은 구조와 통제에 반항하고 개인은 집단과 확연히 구분된다. 이 음악은 유동적이고 압도적일 수 있다. 갑자기 끝나는 급한 템포로 표현되어질 수 있다. 항문기 단계는 타악기에 해당한다.

3) 남근기 그리고 성기기 음악(phallic and genital music)

음악은 타인의 소리를 의식하면서도 본인의 음악적 방향이나 선호도를 제시하는 경향을 갖는다. 이 단계에서 소리는 처음에는 개인에 대한 정체성에 의해 특징 지워지는 반면, 다른 사람의 음악은 상대적으로 거의 감지되지 않는다.

성기기 음악에서 다른 사람의 의식을 가지고 연주하는 것은 상호관계 그리고 쾌감(즐거움)에 대한 인식을 제공한다. 즉 타인의 음악을 충분히 인식하며, 같이 연주하는 것을 즐기고 음악을 통해 상호작용하는 경향이 있다. 엄격한 구조들이 없다면 음악의 역할들은 통합되고, 분리되고 변경된다. 그러나 집단 상황에서 사람들이 집단 전체와 함께 참여하기보다 쌍을 이루려는 경향이 있다. 이는 파트너를 놓고 벌어지는 경쟁과 긴장들을 초래한다. 생식기 단계는 현악기가 해당한다. 수컷을 끌어들이기 위한 메뚜기의 날개 문지르는 소리같이 들린다. 음악의 소리 외에도 중요한 정보는 악기를 사용한 즉흥연주가 끝난 후 주어지는 신체 메시지를 통해서 수집할 수 있다. 흔히 내담자가 자신의 악기를 연주하거나 잡는 방법은 상징적인 의미가 있다. Priestley에 따르면, 손가락 사이에 낀 타악기스틱들은 치료사와의 관계에 대한 저항을 나타낼 수 있다.

3. 저항분석(analysis of resistance)

Priestley는 내담자가 자신의 무의식적 충동, 본능, 감정을 의식적 사고와 분리하여 유지하기 위해 음악을 사용하는데 개인차가 있음을 발견하였다. 음악적으로 그리고 언어적으로 표현되어질 수 있는 다양한 수준의 저항들이 있다. 이 다양한 수준의 저항들을 Priestley는 진공에너지 또는 축적된 에너지의 형태로 밝혀냈다. Priestley는 저항진공으로 감정(emotion)과 사고 사이의 부족한 연결을 통해 생성된 심리적 영역을 설명한다. 저항에너지는 저항진공에 포함된 감정(emotion) 배제하는 것으로 설명된다. 이러한 사항들은 공식적으로 유효성이 입증되지는 않았지만 저항분석과 일정한 진단적 기준들 사이에 임의적은 연결들이 있다. 더 발전된 타당성이 검토가 있어야 하겠지만 실현되기 전까지는 이러한 저항수준들은 임상적 평가에 유용할 수 있다. 이 수준들은 다음과 같다.

- 감정(emotion)들은 음악으로 자유롭게 표현되며, 지적으로 인정되며, 기억과 사고의 흐름이 이어진다. 이 수준은 정신질환자(psychopath)들과 전환히스테리환자를 제외한 모든 내담자에게 나타난다.

- 감정(emotion)들은 음악으로 자유롭게 표현되며, 지적으로 차단되며, 감정과 사고 사이의 모든 연결을 피하는 경향이 있다. 이 수준은 종종 정신질환자(psychopath)들과 전환히스테리환자들에서 나타난다.
- 감정(emotion)들은 어떤 종류의 연결 없이 음악으로 자유롭게 표현된다. 이 수준은 정신병자(psychopath)들에서 흔히 나타난다.
- 저항진공 즉, 감정들과 사고들 사이의 부족한 연결은 음악적으로 비활동성과 반복을 통해 표현되어지고, 연상되어지는 관련된 사고와 감정을 불러일으킨다. 이 수준은 조울증 환자와 감각신경증 환자에게서 흔히 나타난다.
- 저항에너지는 음악적으로 표현되어지고 사고에서 분리된 감정의 과도한 흐름이 이어진다. 이 수준은 히스테리와 전환히스테리 환자들에게서 흔히 나타난다.

4. 방어기제 분석(analysis of ego defenses)

모든 인간은 두려움을 없애기 위해 자연스럽고 건강한 방법으로 방어 장치를 발명하고 사용한다. 그러나 습관적으로 지나치게 집중적으로 너무 많은 방어기제를 사용한다면, 생산력이 있고 만족스러운 삶을 영위하기에는 에너지가 너무 부족해진다. 이러한 개인은 경직되고 정서적으로 불구가 되고, 힘이 없고, 지쳐서 결국 심리적 에너지의 자유로운 흐름을 촉진시키는 치료가 필요하다. 방어활동의 변화가 치료의 결과이기 때문에 방어행동의 평가는 치료에 중요한 통찰력을 제공한다. 이러한 방어기제는 조건과 상황에 따라 다양하다. 그리고 Freud와

Klein에 제시한 방어기제들을 그대로 사용한다.

5-2-4. 즉흥연주 사정 분석표 (Improvisation Assessment Profiles: IAPs)

Kenneth E. Bruscia(1987)에 의해 만들어진 이 평가 척도는 음악의 기능을 설명하는 데 가장 포괄적이고 적합한 도구로 평가되어진다. IAPs는 내담자의 즉흥연주에 대한 심리적 해석, 임상적 관찰 그리고 음악적 분석을 기반으로 내담자 평가를 제공하는데, IAPs를 사용하는 사람은 현재까지도 극히 한정되어 있다. 아마도 그 이유는 이 도구가 매우 복잡하고 상세하고 광범위한 분석방법이기 때문일 것이다.[174) 이 분석표들은 원래 지적장애와 중증 정서장애인들을 위한 것이었으나 나중에 다른 내담자 집단에서도 사용되도록 확장되었다. 현재 IAPs는 감각운동, 지각적, 인지적, 정서적, 대인관계적 문제들이 포함된 광범위한 임상문제를 나타내는 적어도 18개월 이상의 아동 또는 성인에게 효과적으로 사용될 수 있다.

다른 평가 방법과는 달리 IAPs는 감상, 작곡, 연주 같은 음악적 반응을 분석하고 관찰하고자 계획된 것이 아니다. 그리고 IAPs는 매 순간의 즉흥연주를 묘사나 모든 음악적 세부사항에 대한 정밀분석을 위해 고안된 것이 아니다. 오히려 IAPs는 많은 즉흥연주들에서 즉흥연주자에게 일반적으로 나타나는 경향을 발견하기 위해 고안되었다. 그러므로 하나의 즉흥연주를 아주 자세히 분석하는 것이 아니라 즉흥연주자가 다양한 조건들에서 어떻게 반응하는지 비교하기 위해서 여러 회

174) Wigram(2012). 즉흥연주. 김진아 역. 학지사. p. 265

기들이 필요하다. 그리고 이러한 회기들의 평가는 연속적으로 진행된다. 그리고 IAPs는 치료과정을 촉진하기 위해 내담자에 대하여 치료사에게 통찰을 제공하도록 고안되었다. 치료사는 내담자의 음악적 경향, 음악적 경향의 추론 그리고 음악적 경향의 예측을 통찰한다. 통찰은 치료사가 내담자와 관계를 형성하고, 내담자의 문제들을 이해하고, 치료목표를 수립하고, 임상절차와 기법 그리고 가장 효과적인 음악을 설정하는데 도움을 준다. 이러한 통찰은 치료과정을 이끄는데 중요하다.

IAPs는 즉흥연주에 대한 임상적 관찰, 음악적 분석, 관찰사실에 따른 해석으로 시행된다. 평가는 내담자의 정보를 수집하는 것을 주 목적으로 한다. 따라서 구체적인 정보의 기록이 중요하다.

1) 임상적 관찰(clinical observation)은 내담자 단독으로 또는 치료사와 그리고 관련이 있는 경우 2인 1조로, 가족과 그리고 집단으로 함께 즉흥연주하도록 요구되어진다. 초기 면접에서는 앞의 사정활동과 같은 과정을 진행하고 다른 즉흥연주처럼 음악매체를 소개하고 내담자가 음악매체를 자유롭게 선택한다. 치료사는 활동목적에 따라 자신의 악기를 선택한다. 그리고 관찰을 위해 즉흥연주에 참여한다. 가능하면 내담자에게 즉흥연주에 대한 자신의 반응을 언어로 표현하기를 요구한다. 그리고 모든 치료회기들은 녹음되어지고 항상 회기진행 후 관찰한 것을 노트에 기록한다. 추가적인 조사가 필요한 관찰조건을 계획하기 위해 다음 회기 전에 내담자의 즉흥연주들에 대한 예비분석을 실시한다.

2) 음악적 분석(musical analysis)은 내담자의 즉흥연주들을 여섯

[표1]

통합 (integration)	이 분석표는 어떻게 음악의 동시적인 양상이 구성되는가를 다룬다. 이 분석표 내 척도는 각 음악요소 내의 구성요소가 어느 정도 비슷하고, 분리되어 있고, 독립적인가를 묘사한다. 미분화 – 융화 – 통합 – 분화 – 과분화 (undifferentiated fused integrated differentiated over differentiated)
변형 (variability)	이 분석표는 음악의 순차적인 양상이 어떻게 조직되고 연관되는지를 다룬다. 이 분석표의 척도는 각 음악요소 또는 구성요소가 동일하게를 유지되거나 변화되는 정도를 묘사한다. 경직 – 안정 – 변형 – 대조 – 무작위 (rigid stable variable contrasting random)
긴장 (tension)	이 분석표는 음악의 다양한 양상 내에서 또는 음악의 다양한 양상을 통해서 어느 정도의 긴장이 조성되는지를 다룬다. 이 분석표 내 척도는 각 음악요소와 구성요소가 긴장을 축적, 유지, 조절, 해소하는 정도를 묘사한다. 저 긴장 – 평온 – 순환 – 긴장 – 과 긴장 (hypotense calm cyclic tense hypertense)
일치 (congruence)	이 분석표는 동시적인 느낌상태들과 역할관계들이 일치하는 정도를 다룬다. 각 분석표 내 척도는 긴장과 역할관계들의 수준들과 관련하여 음악요소들과 구성요소들이 얼마나 일관되는가를 묘사한다. 중립 – 일치 – 중심 – 불일치 – 편향(양극화) (uncommitted congruent centered incongruent polarized)
현저성 (salience)	이 분석표는 특정한 음악요소들이 어떻게 다른 음악요소보다 더 두드러지게 주어지는가를 다룬다. 이 분석표 내 척도는 각 음악요소 또는 구성요소가 얼마나 많이 부각되어지고 통제되어지는지를 묘사한다. 후퇴 – 순응 – 기여 – 통제 – 압도 (receding conforming contributing controlling overpowering)

자율성 (autonomy)	이 분석표는 즉흥연주자들 사이에 형성된 역할관계의 종류들을 다룬다. 이 분석표 내 척도는 각 음악요소와 구성요소가 다른 사람의 음악요소나 구성요소를 따라가거나 이끄는 정도를 묘사한다. 의존적 (dependent) – 추종적 (follower) – 동반적 (partner) – 주도적 (leader) – 저항적 (resister)

가지 분석표들에 따라 음악적으로 분석한다. IAPs 전체를 보면, Bruscia는 분석 가능한 6가지 특정 분야를 정의하고 있다. 즉, 자율성(autonomy), 변형(variability), 통합(integration), 현저성(salience), 긴장(tension) 그리고 일치(congruence)이다. IAPs는 내담자의 변화나 변화의 부족함을 분석하기 위해 특별히 음악 요소를 중심으로 평가하는데, 각각의 분석표는 특정한 음악적 과정에 집중한다.

각 분석표는 즉흥연주를 분석하는 기준을 제공하고 있는데, 전 분야를 분석하는 기준은 서로 대비되는 5가지 수준의 변화(gradient)로 구성된다. 포괄적인 종합검사로 계획되었지만, 내담자의 특별한 평가 요구가 나타나면 다양한 분석표들과 척도들은 분리하여 사용할 수 있다. 각 분석표는 즉흥연주 분석을 위한 특별한 기준을 제공하는데, 모든 분석표들의 기준은 5점 척도로 구성된다. 5점 척도 중 2-4점은 음악표현의 보통 또는 정상적인 범위에 있다고 보고 나머지는 극단적이다. 대부분의 경우 이 중간의 3개만 필요하다.

[표2]는 각 분석표에 대한 척도 목록이 제공되고, 측정결과는 요소의 유형에 따라 모아진다.

각각의 분석표는 각 음악요소와 이 음악요소의 다양한 구성요소들에 대한 척도로 구성되고, 다양한 음악외적 요소들 그리고 구성요소들이 포함되어 있다. 리듬적 척도는 박자(pulse), 템포(tempo), 박자(meter)세분, 그리고 패턴(pattern)을 다루고 부분-전체관계 또는 전경-배경관계에 따라 분석될 수 있고, 조성(tonal)적 척도는 선법(modality), 조성(tonality), 화성(harmony) 그리고 선율(melody)의 요소들을 다루고 부분-전체관계 그리고 전경-배경관계에 따라 분석될 수 있고 음악양식 역시 이 범주에 포함된다.

짜임새(texture)적 척도는 즉흥연주의 전체적 기본구조 내에서 음고(pitch)영역, 성부(voicing)작성[175], 각 성부의 음악적 역할들 그리고 악구를 다룬다.

음량(volume)적 척도는 소리(sound)의 강도나 양 또는 흔히 dyn-mic을 다룬다.

음색(timbre)적 척도는 음질, 음의 발생(attack), 공명 그리고 악기편성을 다룬다.

신체(physical)적 척도는 연주의 운동적 동작과 신체의 다양한 표현적 사용을 다룬다.

표제(programmatic)적 척도는 가사들, 이야기들, 표제(program)들, 언어적 반응들 또는 즉흥연주와 관련된 대인관계들을 다룬다.

이 평가는 특정분석표 내에서(예: 리듬통합, 멜로디통합) 전체 또는 일부 척도를 분석하거나, 전체 또는 일부의 분석표들(예: 리듬통합, 리듬변화, 리듬긴장)의 전체 또는 일부를 분석하여 진행될 수 있다. 하나의 즉흥연주를 모든 분석표나 척도에 따라 분석할 필요는 없다. 각 분

175) 화성작성, 멜로디에 하모니를 붙여 멜로디를 제외한 성부를 작성하는 것.

[표2]

통합(integration)	변형(variability)
1 = 미분화(undifferentiated)	1 = 경직(rigid)
2 = 융화(fused)	2 = 안정(stable)
3 = 통합(integrated)	3 = 변형(variable)
4 = 분화(differentiated)	4 = 대조적(contrasting)
5 = 과분화(over differentiated)	5 = 임의적(random)
________ 리듬적 전경–배경	________ 빠르기(tempo)
________ 리듬적 부분–전체	________ 박자/하위구분
________ 멜로디의 전경(figure)–배경(ground)	________ 리듬의 형태(rhythmic figure)
________ 멜로디의 부분–전체	________ 멜로디 형태(melodic figure)
________ 화성의 figure–ground	________ 조성기초(tonal ground)
________ 짜임새(texture)의 부분–전체	________ 화성
________ 짜임새(texture)의 음역과 음형	________ 스타일
________ 악구	________ 짜임새(texture) 전체
________ 음량	________ 짜임새(texture) 역할
________ 음색	________ 변형반복(texture) 음역
________ 운동성	________ 짜임새(texture) 음형
________ 신체–악구	________ 악구
________ 가사	________ 음량
	________ 음색
	________ 신체
	________ 가사

계속

긴장(tension)	일치(congruence)
1 = 저긴장(hypotense) 2 = 평온(calm) 3 = 순환(cyclic) 4 = 긴장(tense) 5 = 과긴장(hypertense)	1 = 중립(uncommitted) 2 = 일치(congruent) 3 = 중심(centered) 4 = 불일치(incongruent) 5 = 편향(polarized)
________ 리듬기초(rhythmic ground) ________ 리듬형태(rhythmic figure) ________ 조성기초(tonal ground) ________ 멜로디 ________ 화성 ________ 짜임새(texture) ________ 악구 ________ 음량 ________ 음색 ________ 신체-운동성(body-motor) ________ 표제/가사 ________ 언어적 반응	________ 리듬기초(rhythmic ground) ________ 리듬형태(rhythmic figure) ________ 조성기초(tonal ground) ________ 멜로디 ________ 화성 ________ 짜임새(texture) 음역 ________ 짜임새(texture) 음형 ________ 악구 ________ 음량 ________ 음색 ________ 신체 ________ 표제/가사 ________ 언어적 반응 ________ 대인관계

계속

현저성(salience)	자율성(autonomy)
1 = 후퇴(receding) 2 = 순응(conforming) 3 = 기여(contributing) 4 = 통제(controlling) 5 = 압도(overpowering) _______ 리듬기초(rhythmic ground) _______ 리듬형태(rhythmic figure) _______ 조성기초(tonal ground) _______ 멜로디 _______ 화성 _______ 짜임새(texture) _______ 악구 _______ 음량 _______ 음색 _______ 표제/가사	1 = 의존(dependent) 2 = 추종(follower) 3 = 동반(partner) 4 = 주도(leader) 5 = 저항(resister) _______ 리듬기초(rhythmic ground) _______ 리듬형태(rhythmic figure) _______ 조성기초(tonal ground) _______ 멜로디 _______ 화성 _______ 짜임새(texture) _______ 악구 _______ 음량 _______ 음색 _______ 표제/가사

석표와 척도는 고유한 초점을 가지고 있기 때문에, 그리고 즉흥연주들은 음악내용, 구조 그리고 분위기에 따라 크게 달라지기 때문에 하나의 즉흥연주를 분석하거나 다른 음악에 절대적이고 필수적인 것을 분석하는 것은 불필요하거나 적절하지 않을 수 있다. 따라서 IAPs를 효과

적으로 사용하려면 특별히 의미가 있는 관찰과 분석만 수행해야 한다.

IAPs는 내담자가 혼자서 즉흥연주 할 때 그리고 다른 사람 또는 집단에서 즉흥연주할 때, 두 상황들에서 만드는 관계를 분석하기 위해 고안되었다. 어떤 분석표들 그리고 척도들을 사용하느냐에 따라 음악분석의 초점은 다음 내용에 맞추어진다.

- 음악내적 관계: 내담자의 음악 내에서 요소들과 구성요소들이 어떻게 다른 요소들과 구성 요소들에 관련되어 있는가?
- 개인내적 관계: 내담자음악의 요소들과 구성요소들이 어떻게 자신의 경험, 성격, 행동 등 다른 비음악적 측면들과 관련되는가?
- 음악상호적 관계: 내담자음악의 요소들과 구성요소들이 어떻게 다른 사람 또는 집단의 음악과 관련되는가?
- 대인관계: 내담자 음악이 다른 사람의 비음악적 측면들과 어떻게 관련이 있는지 또는 음악상호적 관계들이 즉흥연주자들 사이의 역할들과 역할관계들에 어떻게 관계가 있는가?

해석(Interpretations)은 다양한 치료이론들을 사용하여 다양한 수준에 도달한다. 해석수준은 치료사가 직접적인 음악적 자료를 뛰어넘어, 발달과 기능의 다른 비음악적 영역에 관한 추론과 일반화를 하는데 좌우된다. 또한 해석수준은 결과가 개인의 무의식적인 또는 의식적인 영역에 기인하는지에 따라 달라진다.

5-2-4-1. 임상적 사용(clinical uses)

사정모델은 일차적으로 정보의 수집을 목표로 한다. 구체적인 정보의 기록이 중요하다. 그리고 진단적 구분 또는 판단을 위한 근거를 제공하지 않지만 병인적인 요소를 이해하는데 영향을 미칠 수 있다. IAPs는 임상에서 특정 병리적 증상을 확인하기보다는 내담자의 문제에 대한 전반적인 관점을 제공하도록 고안되었다. IAPs의 임상적 목적은 자료수집의 객관적 방법을 통해 내담자에 대한 치료자의 이해는 높이는 동시에 심리적 이론에 따라 자료의 해석을 용이하게 하는 것이다. 이를 위해 처음 치료사는 내담자의 정보를 토대로 즉흥연주평가를 위한 특정목적을 정하고 내담자의 안전과 동기부여에 영향을 줄 수 있는 요소들을 기록한다. 이후 치료사는 내담자가 경험하는 개인내적인 또는 대인 관계적 문제들에 집중하고 드러나는 문제들은 음악적으로 드러난다.

다음의 자극조건들은 독주, 치료사와의 이중주 또는 집단즉흥연주를 통해 탐색되어져야 한다.

1) Idea제시: 리듬, 멜로디 또는 코드(chord) 진행이 즉흥연주의 주제로 주어진다. 내담자는 자신이 원하는 아이디어를 사용할 수 있다.

2) 표현양식(vocabulary)제시: 내담자는 즉흥연주 동안 독특하게 사용되는 특별한 표현양식이 주어진다. 내담자는 자신이 가진 표현양식 내에서 리듬, 멜로디 또는 코드(chord)들을 자유롭게 창조할 수 있다. 조성적 표현양식은 내담자가 사용하는 음들의 수 제한에 의해 구축되어진다. 음색적 표현양식은 어떤 매체, 악기 또는 음생성 기법을 사용할 수 있지를 설정한다. 표현양식은 특정 음량 그리고/또는 속도수준의 즉흥연주 하도록 내담자에게

요청하여 설정할 수 있다.

3) 절차적(procedural)제시: 동시적 또는 연속적 음악사건, 아이디어 또는 특질을 구성하는 방법에 대한 구체적인 지시가 내담자에게 주어진다. 즉 내담자는 사용할 특정 변형반복 또는 형식을 제공받지만 자신의 고유한 리듬, 멜로디 코드 그리고 소리(sound)적 표현양식을 창조할 수 있다. 예를 들어, 치료사는 내담자에게 다른 사람보다 한 소리 더 크게 연주하거나 더 빠른 속도로 한 부분을 연주하거나 또는 되풀이되는 주제로 돌아가는 것을 요청할 수 있다.

4) 관계(relationship)제시: 다른 사람의 음악에 관련된 특정한 방법들은 즉흥연주를 구성하거나 이끄는데 사용되어진다. 이 방법들의 시행에서 이 관계는 동시적 발생적 또는 연속적일 수 있다(예를 들어 동시연주, 모방).

5) 표제(program)제시: 이미지, 인물, 이야기, 사건 등은 즉흥연주의 기초로 사용되어진다. 표제는 결말이 열려 있고, 내담자에 의해 정교화 또는 완성이 요구되어질 수 있다(예를 들어 즉흥연주 동안 주어진 인물에 대해 이야기를 만드는 등). 또는 닫힐 수 있고 그리고 자체적으로 완성될 수 있다(예를 들어 과거의 사건 또는 주어진 이야기를 즉흥연주하는 등). 따라서 표제는 내담자 또는 치료사에 의해 선택되어질 수 있고 또는 창작되어질 수 있다, 그리고 관련된 감정의 언어적 그리고 음악적 투사를 요구할 수 있고 또는 음악적 투사만 요구할 수 있다. 이 표제는 특정 감정

탐구를 위한 내담자의 요구에 따라 그리고 내담자가 이러한 감정들을 처리하는 방법에 대한 통찰을 위한 치료사의 요구에 따라 선택되어진다.

최소한 대조되는 3가지의 느낌들이 탐색되어야 하며 이들은 행복-슬픔, 좋음-싫음, 긴장-이완이다. 필자는 내담자에게 삶에서 행복한 기간, 슬펐던 기간, 내담자가 좋아하고 사랑하는 사람, 내담자가 싫어하거나 미워하는 사람 그리고 내담자가 분노, 공포, 사랑 그리고 안전을 나타내는 방법을 즉흥연주로 묘사하게 한다.

6) 다른 사람과의 자유 즉흥연주(free improvisation with other): 내담자에게 어떤 지침이나 지시 없이 누군가와 즉흥연주(free improvisation) 할 것을 요청한다. 활동의 목적에 따라 시간제한이 설정되거나 설정되지 않을 수 있다.

7) 단독 즉흥연주(free improvisation alone): 내담자는 악기나 지침 없이 혼자 즉흥연주(free improvisation) 한다.

내담자에게 가장 적절한 자극조건을 선택하고 적절한 순서로 소개하는 것이 효과적인 평가를 위해 중요하다. 각 자극조건들은 내담자의 음악적 능력, 구조의 요구, 자신이 갖고 있는 쟁점에 직면할 준비정도 그리고 치료사와 개인적인 자료를 공유할 수 있는 정도에 따라 신중하게 고려되어야 한다.

5-2-4-2. 기법(techniques)

내담자와 즉흥연주 할 때 치료사가 사용하는 기법은 다음과 같다.

[표3] 특정 분석표들을 위한 즉흥연주기법

구분	내용	구분	내용
통합 **integration**	동시적 통일 (synchronizing) 합병(incorporating) 리듬기초교육 (rhythmic grounding) 음조 중심 (tonal centering) 차별성(differentiating) 간섭(intervening) 대조(contrasting) 분열(splitting) 통합(integrating)	**일치** **congruence**	반영(reflecting) 이중(doubling) 대조(contrasting) 통합(integrating) 분열(splitting) 상징화(symbolizing) 투사(projecting) 짝짓기(pairing) 자유연상(free associating) 환상(fantasizing)
변형 **variability**	모방(imitating) 반복(repeating) 모델링(modelling) 공간만들기 (making spaces) 끼어들기(extending) 확장(interjecting) 완료(completing) 변화도입 (introducing change) 조정(modulating) 간섭(intervening) 연속성(sequencing) 전환(making transitions)	**현저성** **salience**	과장(exaggerating) 모양잡기(shaping) 대조(contrasting) 휴지(pausing) 되돌려 듣기(plating back) 보고(reporting) 반응(reacting) 이동(shifting)

긴장 **tension**	유지(pacing) 도입(calming) 강화(intensifying) 유보(holding)	**자율성** **autonomy**	공간만들기 (making spaces) 끼어들기(interjecting) 모델링(modeling) 모방(imitating) 동시적 통일 (synchronizing) 차별화(differentiating) 악기공유 (sharing instruments) 주기(giving) 결속(bonding) 독백(soliloquies) 후퇴(receding) 지휘/실시(conducting) 이전(transferring) 역할수행(role taking) 실험(experimenting)

[표3]은 각 분석표를 조사하는데 사용할 수 있는 기법목록들을 제공한다.

기법은 자신을 평가하고 반영하는 능력, 자신이 한 것에 대한 책임지는 능력 그리고 전반적인 자신의 자존감을 조사하는데 사용된다. 적절할 때마다 치료사는 내담자를 즉흥연주에 대한 토론에 참여시킨다. 토론은 즉흥연주 중 또는 즉흥연주 자체에 대한 내담자의 평가, 반응, 생각, 느낌에 대해 초점을 맞춘다. 즉, 토론은 음악적 산물이나 경험적 과정에 초점을 맞춘다.

토론은 즉흥연주 직후에 녹음재생 없이 시행하거나 재생 중 또는 재생 후 시행할 수 있다.

평가 중 사용되는 언어적 기법은 질문하기, 피드백 주기, 강화하기, 명료화하기, 해석하기, 대면하기를 포함한다.

즉흥연주 또는 토론에 내담자를 참여시키는 기법은 3가지 평가목표가 있는데, 새로운 재료 탐색, 신뢰성 검사, 유효성 검사를 목표로 한다. 이러한 목표들은 회기의 흐름이 방해받지 않는 한 회기 동안 언제든지 수행될 수 있다.

1) 새로운 재료의 탐구(exploration)는 다양한 자극조건 하에서 즉흥연주를 하도록 내담자에게 의뢰하는 것으로 진행된다. 탐색절차들은 이미 발생한 쟁점들에 대한 더 많은 정보를 수집하고 추가 조사를 위한 쟁점을 파악하는 것을 목표로 한다.

2) 신뢰성 검사(reliability checks)는 내담자의 즉흥연주의 수에 따라 달라진다. 유사하고 대조적인 조건들(음악적 그리고 개인적 모두) 하에서 내담자가 어떻게 반응하는지, 그리고 내담자의 반응들이 동일한 즉흥연주에서, 다른 즉흥연주들 사이에서 그리고 다른 시간에 어떻게 달라지는지를 비교하기 위해 여러 조사들이 필요하다. 평가 회기에서 신뢰도 검사는 대개 이전의 즉흥연주와 동일하거나 또는 유사한 자극 조건들 하에서 즉흥연주를 요구하는 것으로 구성된다. 신뢰성 검사들은 이전에 관찰된 경향들이 특정 자극조건과 연결되어 있는지를 확인하고 시간경과에 따라 지속되는지 확인하는데 목적이 있다. 신뢰성 검사들은 자극조건 중 어떤 특정변수들을 일정하게 유지하면서 다른 변수를 변경하는 것을 포함할 수 있다. 여기서 또 다시 내담자가 특정 변수 또는 조건에 특징적인 방식으로 반응하는지 확인하는데

목표를 둔다.

3) 유효성 검사(validity checks)는 특정 해석이 근거가 있는지를 확인하는 것을 목표로 한다. 이는 조사 중인 기술이나 특성을 포함하는 다른 종류의 음악활동에 내담자를 참여시키거나 유사한 자극 조건이나 유사한 반응을 이끌어내는 다른 방식의 활동을 제공하는 것으로 구성될 수 있다. 이러한 종류의 유효성 검사는 다른 관심영역에서 발견된 결과의 일반화가능성을 결정하는 역할을 한다. 이들은 발달적 해석을 검증하는 데 특히 도움이 된다. 유효성 검사들은 내담자에게 심리적 해석이나 설명을 확인하도록 요구할 수 있다.
이런 종류의 검사들은 정서적 쟁점을 중심으로 직접 토론 그리고/또는 표제적 즉흥연주들을 통해 수행될 수 있다. 이들은 특히 투사해석을 검증하는 데 도움이 된다.

4) 다른 관찰의 필요성(Need for Other Observations)은 특히 녹음되지 않는 내담자의 행동을 관찰하는 것이 중요하다. 여기에는 표정, 자세, 악기 및 치료사와의 신체적 관계가 포함된다. 회기 직후 즉시 기록한다.

5-2-4-3. 즉흥연주 분석(analyzing the improvisation)

1단계: 관계 초점 선택하기(Select Relationship Focus)

어떤 종류의 관계가 평가의 초점이 될지(예: 음악내적, 개인내적, 상호음악적, 대인관계적)를 결정한다. 내담자가 혼자 연주하는 경우 즉흥연주는 음악내적 또는 개인내적 관계와 관련해서 분석될 수 있다. 내담자가 다른 사람 또는 집단과 연주한다면 내담자의 음악은 상호음악적, 대인관계적 관계에 대해 추가적으로 분석될 수 있다.

2단계: 전반적 인상 얻기(Get Overall Impression)

한곡 전부를 듣고 무엇이 곡에 성격을 부여하는가에 대한 전반적인 인상을 형성하는 것이다.

지배적인 분위기, 감정상태, 이들 분위기와 감정상태 대부분에 기여하는 음악요소, 구성요소 또는 과정을 유의하여 기록한다.

3단계: 분석표 또는 척도에 의한 과정 결정
(Decide Whether to Proceed by Profiles or Scales)

이 시점에서 분석표 또는 척도로 진행할 것인지를 결정한다. 이는 즉흥연주에 크게 의존한다. 즉흥연주의 성격이 통합, 변형, 긴장 등에서 비롯된 것이라면 분석은 가장 눈에 띄는 분석표로 시작하여 그 밑에 포함된 가장 관련 있는 척도를 분석하여 진행한다. 즉흥연주의 성격이 리듬, 멜로디, 음색 등에서 비롯된 것이라면 가장 눈에 띄는 척도로 시작하여 그와 가장 관련 있는 분석표를 분석한다. 대부분의 경우 이러한 결정은 현저성 분석표를 사용한다. 이것은 즉흥연주의 음악 전반적인 특성을 제어하고, 즉흥연주에 기여하거나 순응하는 음악요소 또는 구성요소를 결정하는데 도움이 된다. 분석표 또는 척도 어느 것에 중점을 둘 것인지 결정하는 것은 중요하지 않은 관찰을 우회하고 가장 경제적인 방법으로 즉흥연주의 본질을 포착하는데 도움이 된다. 반면 분석표와 척도는 겹치기 때문에 분석은 두 가지 모두 포함하므로 중요한 사항을 지나칠 위험은 거의 없다.

4단계: 체계적 구조정의(Define Structural Units)

실제적 분석이 시작되기 전에 수행해야 하는 다음 단계는 즉흥연주 전반적인 구조를 결정하는 것이다. 가장 적절한 분석 단위 또는 차원을 결정하기 때문에 구조가 중요하다. 짧은 또는 통일된 즉흥연주는 대개 단일구조 단위 또는 주제적 부분으로 구성되고 악구에 따라 잘 분석된다. 긴 또는 복합 즉흥연주는 일반적으로 여러 가지 구조 단위로 이루어지고 주제별 부분에 따라 잘 분석된다.

즉흥연주 전반적인 구조를 결정하기 위해서는 악구의 일반적 길이 그리고 주제부분의 위치 이 두 가지 정보가 필요하다.

즉흥연주에서 악구는 가장 작고, 독립적이고, 완전한 아이디어이다. 이것은 보통 즉흥연주 또는 구조부분의 기본구성요소이다. 이는 리듬 또는 멜로디 모티브이거나 단순한 소리형태일 수도 있다. 여기서 통합단면은 어떤 음악적 요소가 전경으로 구성되었는지 또는 어떤 것이 배경으로 구성되었는지 파악하는데 도움을 준다.

주제 부분을 찾으려면 음악 전반적인 성격에 미치는 영향에 퍼져있는 구조적 변화를 찾아야 한다. 즉흥연주 성격에 중요한 영향을 미치는 매체, 악기, 음조, 템포, 리듬, 선율, 조직 또는 화성의 변화는 주제 부분 또는 구조단위를 위한 좋은 표시이다. 여기서 현저성 분석표가 유용하다. 어떤 음악적 요소가 다른 요소의 활동을 제어하는 변화를 일으킬 때 새로운 부분이 형성된다. 다시 말해서, 한 부분은 음악요소 조절에서 동시에 일어나는 변화에 의해 분명히 구별된다.

4단계가 끝나면, 치료사는 보통 즉흥연주의 음악적 형식이라 불리는 것을 확인하게 된다. 현재의 분석방법에서 음악형식은 리듬과 음색의 순서에 의해서만 단순히 결정되는 것이 아니라 음악의 성격에 중요한 영향을 미치는 음색, 조직, 음량에 의해서도 결정될 수 있음을 명심한다. 즉흥연주를 구조단위로 나누는 또 다른 방법은 자극조건들에 의한 것이다. 치료사가 즉흥연주에서 자극조건을 바꿀 때마다 새로운 부분이 분석적 목적을 위해 생겨난다. 따라서 치료사는 즉흥연주에서의 자신의 역할 변화나 내담자와의 즉흥연주에서 사용된 기법들을 기록해야 한다.

5단계: 즉흥연주 분석(Analyze the Improvisation)

IAPs에 따라 즉흥연주(또는 각 구조단위)를 분석하는 것이다.

[표2]는 각 단면 내의 척도에 대한 개요를 제공하고 분석에 사용될 수 있는 규칙들을 제공한다. 숫자는 부호일 뿐 계산적 목적에 이용되지 않는다. 이 표는 분석을 위한 지침이나 자료를 기록하기 위한 양식으로 사용될 수 있다. 각 즉흥연주마다 별도의 진단표가 사용된다.

즉흥연주 분석에서 분석표들과 척도들을 위한 구체적인 지침

1) 분석제한(Limit the Analysis): 모든 척도에 점수를 매길 필요는 없다. 중요한 관찰에 한해 분석한다. 척도가 점수 매기기 어려운 경우, 즉흥연주의 성격에 음악요소가 중요하지 않거나 관련성이 없을 때, 요소의 활동이 다른 분석표에서 점수 매긴 것이 더 득점되었을 때, 불확실함에도 불구하고 척도가 점수 매겨질 때 평가는 정확성이 떨어진다.

2) 극단적 점수 절제사용(Use Extreme Gradients Sparingly): 극단적 점수는 음악적 요소가 정상적인 음악경험 또는 의미의 영역을 완전히 넘어선다는 주장이 없을 때만 채점되어야 한다. 만약 어떤 의문이 있다면 인접한 수준으로 채점한다. 극단적 점수는 비음악적 또는 비창조적인 행동이나 미적 감각의 부족을 나타내는데 사용해서는 안 된다. 이들은(비음악적 또는 비창조적인 행동이나 미적 감각의 부족) 한 요소의 활동 또는 비활성이 병리적 수준(비율)에 도달했다는 의심이 없을 때만 사용되어야 한다. 그리고 이들은 대부분의 청취자들에 의해 극도로 기괴하거나 원시적인 것으로 분류된다. 극단적이 수준과 정상적인 수준 사이에 혼란이 있을 때 평가는 신뢰를 잃는다. 가장 좋은 지침은 극단적인 수준을 찾기보다는 스스로 나타나기를 기다리는 것이다.

3) 중간점수 사용(Use Middle Gradients): 중간 점수는 바깥쪽 두 범주 사이 중간적 또는 중도의 지점으로 사용되거나 또는 두 반대지점이 균형, 대등, 통합되었음을 나타내는 점수로 사용된다. 또한 요소가 중간 또는 끝에 득점되어야 하는지 여부에 대해 의심이 있을 때 사용된다. 예를 들어 요소가 융합되었거나 통합되었는지에 대해 의문이 있으면 통합(중간범주)으로 점수를 매긴다. 이것은 연속체의 한쪽 끝을 향하는 분명한 경향이 있을 때만 두 개의 반대되는 범주가 채점된다는 것을 보장한다.

4) 빈도와 지속성을 기준으로 사용(Use Frequency and Duration as Criteria): 일반적으로 어떤 수준에 따라 대부분 요소를 특성화한다. 중간 수준과 인접 수준에서 동일한 시간이 소비되면 중

간 수준으로 채점한다. 극단적인 수준과 인접한 정상수준에서 동등한 시간이 소비된다면 정상수준으로 채점한다. 변동성이 매우 큰 경우 즉흥연주는 분석을 목적으로 짧은 부분으로 나눌 수 있다. 그런 다음 각 수준에서 채점된 부분의 백분율을 계산하여 자료를 요약할 수 있다.

5) 구획들로 긴 즉흥연주들의 채점(Score Long Improvisations in Sections): 즉흥연주가 길고 그리고 여러 개의 부분을 가지고 있을 때 각각의 부분들을 따로 분리해서 채점한다. 그런 다음 각 수준에서 채점된 부분을 백분율로 계산한다. 전체 즉흥연주는 총 백분율을 기준으로 점수를 매기거나 즉흥연주 내에서 자극조건이 다양할 경우 개별 부분들은 다른 것과 분리되어 비교할 수 있다.

6단계: 자료통합(Integrate Data)

마지막 단계는 즉흥연주에서 비음악적 자료를 분석에 통합하는 것이다. 비음악적 자료는 즉흥연주에 대한 내담자의 언어적 반응과 회기 이후 관찰기록으로 구성된다.

5-2-4-4. 해석의 수준(levels of interpretation)

IAPs는 치료사가 다양한 종류의 해석을 하고 다양한 깊이로 진행할 수 있도록 설계되었다.

(해석)종류와 수준의 선택은 치료사의 평가목표와 치료사의 이론적인 방향에 따라 크게 좌우된다.

IAPs에서 사용할 수 있는 해석의 유형과 수준

1) IAPs에서 나온 자료들은 순전히 기술적인 수준으로 구성되고 분류될 수 있다.
내담자의 자발적인 음악 만들기에서 관찰되어지는 경향들은 즉흥연주에서 자기표현과 의사소통에 관련하여 분석되고 이해되어진다. 자료는 있는 그대로 해석되고 직접적인 맥락에서만 해석된다. 추론, 일반화, 투사적 해석은 피한다.

2) IAPs에서 나온 자료는 내담자의 음악적 능력, 지식, 기술 그리고 선호도에 관한 추론을 하는데 사용될 수 있다. 추론과 일반화는 즉흥연주 안에서 다른 음악활동 영역으로 관찰되는 경향성에서 만들어진다. 예를 들어, 자료는 다양한 음색 또는 코드를 구분하는 또는 2박자와 3박자를 인식할 수 있는 내담자의 능력으로 해석될 수 있다.

3) IAPs에서 나온 자료는 내담자의 음악적 발달수준에 관한 추론을 하는 데 사용될 수 있다. 내담자의 즉흥연주에서 관찰된 능력, 지식 그리고 기술은 자발적인 음악 만들기를 위한 발달일정에 따라 분석되고 비교된다. 즉흥연주 기능과 다른 음악적 발달영역사이의 상관관계를 조사한다. 추론은 내담자의 음악 발달연령에 관한 것이다.

4) IAPs에서 나온 자료는 내담자의 음악 외의 유사한 작업을 수행하는 능력에 관한 추론을 하는데 사용될 수 있다. 이 수준에서 치

료사는 직접적, 음악적 중요성을 넘어서는 자료를 고려하고, 치료사는 유사한 자극 조건들 또는 유사한 반응들을 갖는 기능영역에 대해 일반화한다. 음악에서 내담자의 능력, 지식 그리고 기술이 다른 영역에서도 분명히 나타나는지에 관해 추론이 이루어진다. 음악기능과 다른 영역기능 사이에 상관관계가 조사된다. 예를 들어 내담자가 음악에서 전경-배경 그리고 부분-전체의 관계를 보여줄 때, 치료사는 비슷한 시각적 작업에서 동일한 관계가 나타나는지를 결정한다.

5) IAPs에서 나온 자료는 내담자의 인지적, 정서적 또는 사회적 발달 수준에 관한 추론을 하는 데 사용될 수 있다. 내담자의 즉흥연주에서 관찰되는 능력, 지식 그리고 기술은 다른 비음악적 영역에 대한 일반화 가능성이 고려된다. 각 영역의 발달단계에 대한 비교, 내담자의 인지적, 정서적 또는 사회적 연령에 대한 추론이 이루어진다.

6) IAPs에서 나온 자료는 내담자의 성격에 대한 예측으로 사용될 수 있다. 관찰된 경향은 무의식적 동기, 심리적 특성 또는 내담자 성격의 다양한 측면의 구조와 역동성으로 간주된다.
투사적인 접근방식은 두 가지 수준의 깊이에서 실행된다.

IAPs에서 나온 자료가 성격의 무의식적 측면에 대한 투사로 간주될 때, 해석은 음악을 통해 표현된 상징주의의 파생을 수반한다. 정신분석적 관점이 가장 적합하다.

IAPs에서 나온 자료가 내부경험에 대한 의식적인 예측으로 간주될 때, 해석은 은유를 발견하고 그리고 인간경험에 대한 IAPs의 상관관계를 찾는 것을 포함한다. 실존적 관점이 가장 적합하다.

5-2-4-5. 분석표(the profiles)

5-2-4-5-1. 통합 분석표(the integration profile)

통합 분석표는 어떻게 내담자가 즉흥연주의 동시적 측면을 구성하고 연관시키는가에 대한 복합적인 기술(description)이다. 가장 중요한 관심사는 어떻게 동시적인 사건, 특징, 아이디어 그리고 연속진행이 음악적 요소, 구성요소 그리고 성부들 내에서 그리고 사이에 부분-전체 그리고 전경-배경의 관계를 창조하는가이다. 이 분석표는 솔로, 듀엣 또는 집단 즉흥연주를 분석하는데 사용될 수 있고 음악내적, 개인내적, 음악상호적 그리고 대인관계적 관계에 중점을 둘 수 있다.

아래 통합 분석표[표4]는 통합 분석표에 속한 각 척도의 정의를 제공한다.

통합의 5가지 수준(The Five Levels of Integration)

통합의 연속하는 5가지 점수 또는 수준들을 사용하여 전경-배경 그리고 부분-전체관계가 다양한 음악적 요소들 내에서 그리고 사이에 형성되는 정도를 구체화하는데 사용된다.

핵심질문은 동시적인 구성요소들과 성부들이 비슷한지 또는 다른지, 분리인지 또는 함께인지, 종속적인지 또는 독립적인지 여부이다.

5가지 점수는 미분화(undifferentiated), 융합(fused), 통합(inte-

[표4] 통합 분석표 척도

구분	내용
리듬적 전경-배경 Rhythmic Figure-Ground	리듬이 어느 정도까지 전경 또는 배경을 창조하는가? 어떻게 기본 박(pulse)들과 박자(meter)에서 전경은 배경이 되었나? 더 구체적으로 말하면, 얼마나 자주 소리의 지속시간이 기본 박(pulse)과 일치하는가? 그리고 얼마나 자주 소리에 대한 강조가 기본박자와 일치하는가?
리듬적 부분-전제 Rhythmic Part-Whole	두 개 또는 그이상의 동시적인 리듬부분이 어느 정도까지 서로 일치하는가? 어느 정도까지 이들이 동일한 기반이 되는 박(pulse)와 박자(meter)로 통합되는가? 실체들은 2박, 2리듬패턴(patterns) 또는 어떤 임의의 조합이 될 수 있다.
선율적 전경-배경 Melodic Figure-Ground	어느 정도까지 선율은 전경 또는 배경을 형성하는가? 어떻게 선율은 음계와 조성에서 배경이 되는가?
선율적 부분-전체 Melodic Part-Whole	어느 정도까지 2 또는 그 이상의 음조(tonal) 부분들이 서로의 같은 음높이 그리고 같은 음계 그리고 음조 중심에 관련되어 있는가? 실체들은 2개의 동시적 선율 또는 코드가 있는 선율이 될 수 있다.
화성적 전경-배경 Harmonic Figure-Ground	코드가 음계와 음조(toanl)에 어느 정도까지 일치하는가?

계속

짜임새적 부분-전체 Textural Part-Whole	어느 정도까지 역할기능(예: 전경-배경, 솔로-반주, 리더-추종자)에 따라 조직(textural)이 부분-전체로 조직되었나? 음조(tonal)부분을 참조하면 음계(scale)는 부분들이 동일하거나 다른 역할을 수행하는 여부를 묘사하므로 단성음악(monophony), 단선율음악(homophony), 다성음악(polyphony)을 만든다. 부분들이 하나의 선율, 선율과 반주 또는 2개의 선율을 형성하는가? 리듬부분들이 단일 전경 또는 배경, 하나의 전경 그리고 배경, 2개의 전경들 또는 2개의 배경들을 만드는가?
짜임새적 음역-구성 Textural-Register & Configurations	어느 정도까지 목소리들 또는 부분들이 동일하거나 다른 음정적 음역들에 나타나는가? 어느 정도까지 다른 목소리 구성을 가지는가?
악구 Phrasing	어느 정도까지 2개 또는 그 이상 동시적인 부분들이 악구의 길이와 형태에 관련되어 있는가?
음색 Timbre	어느 정도까지 동시에 조작되는 음질들이 전경-배경, 부분-전체 그리고 솔로-반주 관계를 처리하는가?
음량 Volume	어느 정도까지 소리의 강도와 양이 전경-배경, 부분-전체 그리고 솔로-반주 관계를 위해 조작되는가?
운동 Motor	어느 정도까지 리듬 또는 선율을 연주할 때 신체의 다른 부분들(예: 양손, 손과 발)이 조화하여 움직이는가?
악구 Body-phrase	어느 정도까지 반복(연속)운동과 호흡이 악구들의 길이와 일치하는가? 어느 정도까지 이들이 형태의 주요원천이 되는가? 악구들이 운동 지배적인가? 또는 소리 지배적인가?
가사 Lyrics	어느 정도까지 즉흥연주의 가사(사용된 경우)가 선율의 리듬과 일치하는가?

grated), 분화(differentiated), 과분화(overdifferentiated)이다.

1) 미분화(undifferentiated): 실체들은 분리되지 않고 하나로 융합된다. 따라서 이들 사이에는 차이점이 없다. 전경은 배경이고, 성부들은 다른 성부 그리고 전체로부터 분리되어 있지 않다. 실체들은 동일하고, 상호의존적이다.

2) 융합(fused): 실체들은 분리되어 있고, 그리고 서로 통합되어 단일성 또는 통일성을 만들어낸다. 그럼에도 불구하고 이들을 구별할 수 있다. 전경은 배경으로부터 구별될 수 있지만 배경과 관련이 있다. 성부들은 서로 분리되어 있는 것으로 보인다. 그러나 실상은 전체적으로 단일하게 관련되어 있다. 융합된 관계를 유지하기 위해 하나의 실체는 독립적이고 다른 실체는 종속적이다.

3) 통합(integrated): 실체는 분리되고 차별화되었으며, 서로 뒤섞여 통일된 다양성을 나타낸다. 이들은 일치하지만 일치하지 않고 종종 관련이 있지만 관련되지 않는다. 또한 분명히 구별될 수 있지만 밀접하게 얽혀 있다. 전경은 배경과 일치하면서 배경으로 통합된다. 통합관계를 유지하기 위해 실체들은 독립적이고 그리고 상호의존적이다.

4) 분화(differentiated): 실체들은 분리되어 있고 매우 대조적이지만 어울리는 관계를 형성한다. 이들은 비슷하지만 다르며 가끔씩 일치한다. 전경은 배경으로부터 빗나가면서도 관련이 있

다. 성부들은 뚜렷하면서도 호환성이 있고 가끔씩 서로 일치한다. 차별을 유지하기 위해 두 실체들은 상호의존성보다 더 독립적이다.

5) 과분화(over differentiated): 실체들은 멀리 있고, 대조적이며 호환되지 않는다. 이들은 비슷하지 않으며 우연이 아니면 일치하지 않는다. 전경은 배경과 관련이 없고 성부들은 서로 또는 전체와 관련이 없다. 관계들은 대부분 충돌한다. 과분화를 유지하기 위해 두 실체들은 서로 완전히 독립적이다.

통합 분석표 해석(Interpreting the Integration Profile)

통합 분석표는 감각운동, 지각, 인지, 감정 그리고 대인관계에 초점을 둔 몇 가지 기본적인 심리과정들을 반영한다. 따라서 해석은 이에 따라 진행되어야 한다.

1) 감각운동기능(Sensorimotor Functions): 감각운동 수준에서 통합 분석표는 지각과 운동기능을 내담자가 어떻게 구성, 통제 그리고 조정하는지를 보여준다. 통합 수준들은 반영, 의도, 충동조절, 지각동화 그리고 신체통합의 정도를 반영할 수 있다. 하위척도들을 비교함으로써, 어떤 감각양식이 우세하고, 어떤 감각양식이 신경학적으로 가장 체계적으로 조직되고 통제되는지, 그리고 음악적 형식들이 감각운동 또는 지각적 과정에 의해 지배되는지를 발견할 수 있다. 운동척도는 특히 신체부위들 그리고 부분들의 통합과 측면들의 발달을 관찰하는데 유용하다.

2) 지각기능(Perceptual Functions): 지각수준에서 통합 분석표는 개인이 어떻게 지각적 영역을 전경-배경 그리고 부분-전체 관계로 구성하는지를 보여준다. 통합의 수준들은 종종 개인이 충동과 지각환상을 통제할 수 있는 정도를 반영한다. 충동들은 자기의 운동에너지를 지각할 수 있는 형태로 전달함으로써 통제되며, 이는 의도, 대상과의 관계 그리고 운동제어가 필요하다. 환상들은 지각의 장에서 가장 중요한 영역에 자신의 주의를 기울임으로써 통제되고, 의식수준, 선택적 주의 그리고 주의의 폭이 여러 수준들을 요구한다. 충동이 조절되지 않을 때, 인식 가능한 표현 형식이 리듬 또는 선율 내에서 나타나지 않고 조직은 다른 음악적 요소들에서 분명하지 않다. 환상들이 통제되지 않을 때, 음악요소 내의 전경-배경 그리고 부분-전체 관계는 형성되지 않거나, 불안정하거나 또는 일관성이 없다. 충동과 환상이 통제되지 않을 때, 음악적 요소들 사이 지각적인 도식들은 조절되지 않는다.

3) 인지적 기능(Cognitive Functions): 인지 수준에서 통합 분석표가 어떻게 서로 어울리고 논리적으로 내용과 형식이 서로 관련되는지를 다룬다. 전경-배경 관계는 이상적인 그리고 구조적 명확성의 수준을 반영한다. 부분-전체 관계는 분류개념(예: 유사성들 그리고 차이점들)을 반영한다. 동시성의 시간적 개념과 경계, 분리 및 거리의 개념이 통합 분석표에 나타난다.

4) 정서적 기능(Emotional Functions): 정서적 수준에서 통합 분석표는 어떻게 실체가 맞물려 나타나는지를 다룬다. 전경-배경

그리고 부분-전체 관계는 자기(self)와 비자기(non-self)간의 경계의 명확성, 환경으로부터의 분리 정도, 그리고 경계와 분리를 유지하는데 필요한 거리의 정도를 반영한다. 때로는 이러한 관계가 자아(self) 내부를 반영하기도 하고, 다른 부분들에서 자아(self) 그리고 다른 부분의 투영된 부분들을 반영하기도 한다. 정서적 수준의 또 다른 쟁점은 통제이다. 자신의 환경을 구성하는 기본적인 경향은 자극과 야기된 불안에서 기인한다. 이 경우 지나치게 많은 다른 일들이 동시에 일어난다면 자극이 과잉자극이 발생한다. 개인은 자신 경험의 동시적인 면을 철저하게 다룰 수 없다. 감각운동기능이 통합되지 않았거나 또는 지각의 장이 충분히 명확한 개념들을 형성하지 않았을 때 개인은 환경에 압도당하게 된다. 세상이 이해할 수 없을 때 개인은 환경으로부터 끊임없는 지지를 받지 못하고 불안이 얻는다.

5) 대인관계 기능들(Interpersonal functions): 대인관계 수준에서 통합 분석표는 위의 모든 심리적 과정들이 다른 사람들이나 집단과 함께 어떻게 이루어지는지를 보여준다.

이 분석표를 해석하는데 핵심적으로 중요한 것은 각 개인이 수행하는 역할들을 확인하는 것이다. 누가 전경이고, 누가 배경인가? 무엇이 전경이고, 무엇이 배경인가? 정서적으로 말하면 통합수준은 경계의 침투성과 다른 사람들과의 분리와 거리 정도를 반영한다. 동시성은 다른 사람과의 통일 또는 융합 또는 병렬적 연주이다. 통합은 분리이지만 다른 것과의 친밀감 또는 협동적 연주이다. 차별화는 다른 것과의 분리 그리고 거리두기 또는 경쟁적인 연주이다.

5-2-4-5-2. 변형 분석표(the variability profile)

변형 분석표는 내담자가 어떻게 즉흥연주의 연속 진행적 또는 순차적 측면들을 관련시키고 조직하는가에 대한 복합적인 기술(description)을 제공한다. 분석표 내의 척도는 즉흥연주가 진행됨에 따라 전경과 배경의 반복진행들 그리고 시간적 부분-전체 관계와 관련하여 각 음악요소들을 주요를 분석하는 수단을 제공한다. 변형 분석표는 시간 경과에 따라 각 음악 요소의 구성요소가 유지, 반복, 변경, 개발 및 대조되는 정도를 나타낸다. 따라서 이는 주제의 구성요소(예: 리듬, 선율, 화성), 구성요소(예: 템포, 박자, 양식, 음조(tonality)), 그리고 질적 요소(예: 음량, 음색 그리고 조직(texture))에서 나타나는 형식을 드러낸다.

이 분석표는 개인음악(음악내적 관계 그리고 개인내적 관계)의 연속진행 또는 그 이상의 사람들이 만든 전체(음악 상호관계 그리고 대인관계) 음악의 연속진행을 분석하는데 사용될 수 있다. 따라서 동일한 기준과 절차를 사용하여 솔로, 듀엣 또는 집단 즉흥연주에 적용될 수 있다.

[표5] 변형 분석표 척도

척도	내용
Tempo	사용된 템포의 범위, 변화의 양, 빈도, 갑작스러운 변화는 무엇인가?
박자와 하위분할 Meter & Subdivision	사용된 박자와 하위구분의 범위, 변화의 정도, 빈도, 갑작스러운 변화는 무엇인가?

계속

리듬전경 Rhythmic Figure	어느 정도까지 리듬적 아이디어들 또는 리듬적 주제가 개발되고, 변경되고, 대조되는가?
선율전경 Melodic Figure	어느 정도까지 선율적 아이디어들 또는 선율적 주제들이 반복되고 변화되고, 발전되고 대조되는가?
조계배경-양식-조성 Tonal Ground -Modality-Tonality	사용된 음계와 중심 음이 무엇인가? 변화의 양, 빈도 그리고 갑작스러운 변경은 어느 정도인가?
화성 Harmonic	사용된 코드 진행, 코드 음, 변화의 양, 빈도, 갑작스러운 변화는 무엇인가?
전체짜임새 Texture-Overall	즉흥연주에서 사용되는 전체 조직들 [예: 단성음악(monophony), 단선율음악(homophony), 다성음악(polyphony)]의 범위 그리고 변화빈도 그리고 갑작스런 변화는 무엇인가?
짜임새 역할 Texture-Roles	조직 역할은 어느 정도까지 유지되고, 다양하며, 대조적인가? 특정 목소리 또는 부분이 단독으로 전경 또는 배경으로, 솔로 또는 반주로, 리더 또는 추종자로 기능하거나 부분의 역할 기능을 변경하는가?
짜임새 음역 Texture-Register	사용된 음역의 폭, 각 부분의 음역에서 변경된 양, 빈도, 갑작스러운 변화 양은 어느 정도인가?
짜임새 구성 Texture - Configurations	사용된 음성 구성의 범위는 무엇인가? 변화, 빈도, 갑작스런 변화는 어느 정도인가?
양식 Style	특정한 음악 스타일이 즉흥연주 전체에서 그리고 한 즉흥연주에서 다음 연주로 넘어갈 때 어느 정도까지 유지되는가?

계속

악구 Phrasing	악구의 길이 그리고 모양의 변경 범위, 빈도, 갑작스러운 변화는 무엇인가?
음색 Timbre	사용되어진 음질은 범위는 무엇인가? 그리고 변화의 양, 빈도, 갑작스러운 변화는 무엇인가? 음색의 가변성은 매체(예: 음성, 신체음향, 악기), 악기(예: 드럼, 실로폰), 소리생산기술(예: 타격, 진동 등) 그리고 기본 소리표현 양식(예: 공격, 분절, 진동)에 영향을 받는다.
음량 Volume	사용된 역하의 범위는 무엇인가? 그리고 강도, 변화, 빈도, 갑작스러운 변화는 무엇인가?
신체 Body	즉흥연주자의 자세, 움직임 패턴, 표정은 어느 정도 즉흥연주 동안 동일하게 유지되거나 변경되는가?
표제 Program	단일 즉흥연주를 위한 표제 내에서 사용되는 특징과 사건의 범위는 무엇인가? 그리고 프로그램과 즉흥연주가 진행됨에 따라 변경되는 범위와 갑작스러운 변화의 정도는 무엇인가?
가사 Lyrics	가사는 얼마나 반복적인가?

변형의 5가지 점수는 또는 수준들은 변화의 조건, 변화의 정도, 변화의 빈도, 점진적 변화의 정도 등을 구체화하는 데 사용된다. 5가지 점수는 경직(rigid), 안정(stable), 변형(variable), 대조(contrasting), 그리고 무작위(random)이다.

➔ 경직(rigid): 이 수준은 변화를 위한 선택들의 수가 제한되고, 확고한 초점 그리고 간헐적이고 점진적인 변화에 대한 적극적인 회피를 특징으로 한다. 음악적으로 이런 경직은 어떤 음악적인 요

소나 그 성분을 음악적으로 의미 있는 것 이상으로 장기간 지속적으로 고집하거나 반복할 때 나타난다. 음악적 요소 내의 연속적인 사건 또는 특성이 드문 경우, 극히 사소하거나 인식할 수 없는 방식으로 이루어지는 경우를 제외하고 변화하거나 달라지지 않는다. 제한된 선택조건의 범위, 특정 측면이나 구성요소에 대한 고정된 초점 및 전개방식의 유연성 부족이 나타난다.

⇒ *고정(Fixations): 특정 음높이, 조성, 소리의 지속시간, 속도, 음량 수준, 조직 그리고/ 또는 음색에 대한 길게 연장되는 무의미한 몰입/고착*

⇒ *집요(Perseverations): 리듬, 멜로디, 화성진행의 무의미한 반복*

⇒ *의식절차(Rituals): 음악적 사건이나 조작의 특정 반복진행에 대한 엄격하고 의미 없는 고수*

⇒ *고정관념(Stereotype): 음악적 요소를 조작하기 위한 특정 규칙, 관례 또는 원칙에 대한 엄격하고 무의미한 준수(고수)*

➔ 안정(stable): 이 수준은 고려해야 할 변화를 위한 조건선택의 한계, 선택적이고 안정적인 초점 그리고 특정한 측면 또는 음악적 요소의 보존, 유지, 반복하려는 적극적인 노력으로 특징 지어진다. 변화는 미세하고 간헐적이며 점진적으로 이루어지려는 경향이 있다. 구조적이고 과감한 또는 급격한 변화는 일어나지 않는다. 변화가 일어날 수도 있지만 실제로는 장식적이다. 새로운 아이디어는 거의 소개되지 않는다. 연속적인 사건, 특질 또는 아이디어는 다르다기보다는 유사하고, 진행 방식에 대한 예측이 가능하다. 음악이 동일한 상태를 유지될 것이라고 예상된다.

⇒ *선율, 리듬, 화성진행, 음색, 조직 등의 반복(예: A–A 형식)*

⇒ 템포, 조성, 조직, 음색, 음량 등의 유지

⇒ 선율, 리듬, 화성진행 등의 장식적 변형(예: A-A' 형식)

⇒ 증가 또는 감소(Augmentation or Diminution)

⇒ 보존(Conservation): 다른 것과 유사한 한 요소의 반복

⇒ 동형진행(Sequencing): 다른 음높이 수준으로 선율의 반복

➔ 변형(variable): 이 수준은 음악을 안정시키고 변화시키는 노력의 균형과 통합에 의해 특징지어진다. 변화를 위한 선택조건은 다양하지만 제한적이다. 초점은 안정적이지만 유연하고, 선택적이지만 적응적이다. 변화를 도입하는 동안 보존, 유지, 반복을 위한 적극적인 노력이 있다. 변화의 양과 비율은 보통 수준이며, 전환은 한 아이디어나 특성에서 다음 아이디어나 특성으로 이루어진다. 구조적으로 과감한 또는 급작스런 변화는 거의 발생하지 않는다.

새로운 아이디어가 도입될 수 있지만 이는 기존의 아이디어에서 비롯된다. 연속적인 사건들, 특질 또는 아이디어는 유사하지만 다르고, 연관이 있으나 거리가 있다. 반복, 변형 그리고 발달적 변화는 똑같이 발생한다. 음악이 동일한 상태를 유지할 것이라는 기대와 변형할 것이라는 기대 양쪽 모두 예상될 수 있다.

⇒ 특성변형(Character variations)

⇒ 전위와 반전 같은 음악적 변형

⇒ 템포, 조성, 조직, 음색, 음량 등에 있어서 변화 또는 조절

⇒ 선행-결과 진행(예: A-B형식)

⇒ 연장, 전조, 종지 등

⇒ 발달적 진행 또는 순 방향적 변화

⇒ 원 주제나 아이디어의 순환적 진행(예: A–B–A–C–A형식)

➜ 대조(contrasting): 이 수준은 광범위한 변화선택, 변화초점, 극적인 변화가 특징이다. 전적으로 새로운 방향으로 가고, 이전의 방향과 대조적인 방향으로 가려는 적극적인 노력이 있다. 변화들은 실제적이고, 빈번하고, 급격하면서도 의미 있는 경향이 있다. 연속적인 사건들, 특질들 또는 아이디어들은 유사하기보다는 다르지만, 이들 사이에는 호환성이 있다. 대조들은 반복이나 변형보다 빈번하다. 변화의 정확한 특성을 예측할 수 없지만, 지속적인 변화가 일어나는 것은 예측할 수 있다. 예로서 다음이 포함된다.

⇒ 연속적인 리듬, 선율 등에서 주제적인 대조들

⇒ 템포, 음량, 조성 등에서의 극적인 변화

➜ 무작위(random): 이 수준은 변화가능성에 대한 무한한 범위, 초점의 부재, 이전 자료의 고수, 유지 또는 반복하려는 노력의 부재로 특징지어진다. 내용과 관련되거나, 순차적으로 구성되는가에 관계없이 다른 특성 또는 아이디어가 확산된다. 변화는 급격하고, 빈번하며, 갑작스럽고 의미가 없다. 우연에 의해서가 아니면 유지되거나 반복되지 않는다. 연속적인 사건들은 관련이 없다. 예측불가능성은 너무 커서 예상되지 않고 무작위적인 변화만 예측할 수 있다.

⇒ 분절(Fragmentation): 완전한 아이디어 부재

⇒ 왜곡과 과장(Distortion and Exaggeration): 극단 또는 특질의 의미 없는 남용

⇒ 불연속성(Discontinuity): 연속된 아이디어들 사이의 비호환성 활동상 차이

⇒ 산만(Diffusion): 일관성 있는 집중력의 부족 또는 안정성의 결여

▷ **변형 분석표의 해석**(Interpreting the Variability Profile)

변형 분석표는 사물을 동일하게 유지하거나 또는 시간이 지남에 따라 변화하려는 개인의 경향을 다룬다. 따라서 분석표는 과거, 현재, 미래의 느낌과 아이디어 사이의 시간적 관계를 반영한다. 연속성, 안정성, 예측성, 전통 또는 선택성에 대한 요구가 있을 때 동일성(sameness)이 유지된다. 극단적일 때 동질성은 고착, 편집, 충동, 완강, 반추 그리고 의식(ritualism)으로 이어진다.

⇒ 동일성 유지(Preserving Sameness): 동일성(Sameness)은 이전의 생각(idea)들이나 감정을 유지, 반복함으로써, 새롭고 다른 아이디어나 느낌을 최소화함으로써 보존된다. 이 과정은 지속적이고 보수적이다. 사람은 이미 가지고 있는 것을 지켜야 하고, 그것은 버리지 않으려 하고 동시에 새로운 아이디어나 감정의 변화를 거부한다.

자신이 가진 것을 지키고, 나타나는 모든 변화나 새로운 아이디어를 받아들이지 않으면 미래에 대한 명확한 방향 그리고 현재에 대한 안전한 기반을 구축할 수 있다. 그러나 동일성이 엄격하고 집요하게 보존될 때 현재에 대한 안전성이 없고 미래에 대한 방향성도 없다. 이미 가진 것을 지키는 것은 과거 속에서 현재를 살거나 현재에서 과거를 다시 사는 과정이다. 이것은 퇴행적인 과정이며 미래가 추구되지 않기 때문에 이는 정적인 과정이며 퇴행적이고 정적인 과정들은 가치가 있다. 현재나 미래로 나아가지 않는 것은 시간 속에 빠지는 방법일 수 있다. 일시중지, 대기 또는 유보는 앞으로 계속 진행하기 전에 기존의 가능성을 탐구하는 것일 수 있다. 그러나 이것이 극단적으로 나아갔을 때, 퇴행 또는 과거유지는 현재와 미래를 차단하고 퇴행에서 결코 돌아올 수 없는 상태를 초래할 수 있다. 미래에 뛰어들지 않고서 현재를 이해할 수 없으며, 과거는 의미나 목적이 없다.

⇒ 변화 일으키기(Making Changes): 일탈, 실험, 자유, 유연성 또는 적응성이 필요할 때 변화가 이루어진다. 이것이 극단으로 치우칠 때 변화는 산만, 충동, 혼란, 단절, 분절로 이어진다. 새로운 아이디어들과 느낌들의 도입 그리고 이전의 아이디어들과 느낌들의 유지나 반복을 최소화함으로써 변화가 생긴다. 이 과정은 혁신적이고 진보적이다.

개선하고 성장하기 위해서는 무언가 새로운 것을 개발하고, 발명하고, 창조해야 한다. 이미 알려져 있고 편하게 느끼는 독점적인 것에 묶일 수 없다. 그러나 이것이 극단으로 치우칠 때, 지나친 변화는 탐색과정을 안내할 지도가 없고, 발명과 창조에 의미있는 근거가 없음을 의미한다. 현재는 무작위적이고 미래는 과거로부터 지침이 없으면 불안정하다.

변화는 시간에 따라 앞으로 나가는 것을 요구하고, 미래를 예측하며, 현재와 과거에서 무엇이 발전하는지에 대한 기대를 공식화할 것을 요구한다. 이것은 진보적이고 역동적이다. 미래를 내다보지 않고 무언가가 나타날 것을 예상하지 않으면 현재를 예측할 수 없고 과거는 무의미해진다. 다른 한편으로, 이것이 극단적으로 치우칠 때 미래와 혁신은 무작위성과 단절을 유지하는 데 엄격해진다. 역설적으로 이들은 퇴행적, 보수적, 지속적, 정적인 세력이 될 수 있다.

⇒ 균형 찾기(Finding a Balance): 안정성과 변화의 과정들이 통합될 때, 퇴행과 진보 방향, 보수와 자유 경향 그리고 역동과 정적인 것 사이에는 균형이 있다. 사람은 과거와 미래를 통해 현재에 묶여있다. 자연적 발달 과정이 발생한다. 이전의 아이디어들과 느낌들은 현재의 아이디어와 느낌을 제시하고 현재의 아이디어들과 느낌들은 미래에 대한 희망과 방향을 제시한다.

다양성의 수준은 새로운 아이디어들 또는 느낌들을 사람들이 얼마나 거부하는지, 얼마나 지키고 유지하는지를 보여준다. 이는 또한 과거가 얼마나 유지되는지, 현재가 과거에 얼마나 영향을 받았는지 그리고 미래가 과거와 현재에 얼마나 관련 있는지를 반영한다. 개인내적 맥락에서 변형윤곽(단면)은 자아의 다양한 양상이 어떻게 보존되고 변화되는지를 보여준다. 대인 관계적 맥락에서 변형윤곽(단면)은 다음과 같은 것을 드러낸다.

- 사람이 자신의 생각이나 다른 사람의 생각을 받아들이는가? 거부하는가?
- 자신의 아이디어나 타인의 아이디어를 유지하는가? 바꾸는가?
- 사람이 자신의 과거 또는 현재나 다른 사람의 과거 또는 현재를 받아들이는가?
- 사람이 자신의 미래를 결정하는가? 아니면 다른 사람의 지시를 따르는가? 등

5-2-4-5-3. 긴장 분석표(the tension profile)

긴장 분석표는 각 음악요소를 통해 생성된 긴장의 양과 흐름에 대한 종합적 기술(description)이다. 윤곽(단면) 내 척도는 각 요소와 요소 성분을 누적, 유지, 저장, 조절, 해소되는 긴장의 양으로 분석하는 수단을 제공한다. 여기서 사용되는 긴장은 듣는 사람이 생성하는 요소 또는 느낌 상태에 속하는 특질일 수 있다. 이는 음악의 객관적인 특질이거나 듣는 사람의 주관적인 반응 또는 기대일 수 있다. 예를 들어, 소리의 특질로서 큰 소리는 일반적으로 부드러움보다는 긴장을 유발하는 것으로 인식된다. 반면 지속되는 부드러움이 큰소리보다 더 많은 긴장을 일으키는 경우 그리고 큰 소리가 반가움의 부각 또는 표현을 제공할 수 있는 상황도 있다. 그러므로 긴장은 단순히 요소 자체에 나타난 에너지양의 함수가 아니라 에너지가 듣는 사람에 의해 조작되고 인식되는 방식을 포함한다.

음악적 긴장은 여러 요인들에 따라 달라진다: 누적되고 방출된 에너지의 양, 에너지의 흐름, 최고조의 빈도와 크기, 구조의 명확성, 예측 가능성, 유쾌함, 요소, 즉흥연주자 그리고 매체가 가진 능력(기능)의 개발, 활용 그리고 긴장의 정도.

긴장은 다른 모든 분석표에 영향을 주고 영향을 받는다. 통합부족 또는 과분화는 종종 긴장을 조성한다. 반대로 과도한 긴장은 비통합 또는 과분화를 일으킬 수 있다. 경직성과 무작위성은 또한 긴장을 창조하고 종종 긴장에 의해 유발된다. 긴장은 즉흥연주자들 사이에 역할 관계가 어떻게 창조되는지 뿐만 아니라 서로 강조하고 제어하기 위해 음악적 요소가 어떻게 조작되는가에 따라 달라질 수 있다. 마지막으로 긴장 수준은 즉흥연주에서 표현된 감정들이 서로 얼마나 조화를 이루는 가에 영향을 받는다. 긴장은 음악내적(개인의 즉흥연주 속에서) 또는 음악상호적(음악 전체를 만들어내는 개인들 사이)으로 분석될 수 있다. 이는 음악과 자아(self) 사이의 개인적 관계 또는 즉흥연주가 간의 대인관계를 나타낼 수 있다.

[표6] 긴장 분석표의 척도

리듬배경 Rhythmic Ground	얼마나 많은 긴장이 템포, 박자(meter), 강박의 분화를 통해 모아지고 방출되는가? 얼마나 자주 배경 긴장이 변화되는가?
리듬전경 Rhythmic Figure	리듬적 패턴들과 주제들을 통해 얼마나 많은 긴장이 모아지고 방출되는가? 얼마나 자주 리듬긴장이 변화하는가?
조성배경 Tonal Ground	얼마나 많은 긴장이 양식과 조성을 통해 모아지고 방출되는가? 얼마나 자누 긴장은 변형되는가?
선율 Melodic	얼마나 많은 긴장이 선율을 통해 모아지고 방출되는가? 얼마나 자주 긴장이 변화하는가?
화성 Harmonic	얼마나 많은 긴장이 화성의 선택, 목소리내기에서 모아지고 방출되는가? 얼마나 자주 화성적 긴장이 변화하는가?
짜임새 Textural	얼마나 많은 긴장이 공간적 배열과 역할기능들을 통하여 모아지고 방출되는가? 얼마나 자주 조직긴장은 변화하는가?
악구 Phrasing	얼마나 많은 긴장이 악구들의 길이와 모양에서 모아지고 방출되는가? 얼마나 자주 악구의 긴장이 변화하는가?

계속

음량 Volume	얼마나 많은 긴장이 음량의 크기와 강도에서 모아지고 방출되는가? 얼마나 자주 음량의 강도는 변화하는가?
음색 Timbral	얼마나 많은 긴장이 매체, 악기, 소리제작기술에서 모아지고 방출되는가? 얼마나 자주 음색의 긴장이 변화하는가?
신체와 운동 Body/Motor	얼마나 많은 긴장이 즉흥연주자의 자세, 신체표현 언어, 표정, 동작을 통해 모아지고 방출되는가? 얼마나 자주 이것이 변화하는가?
표제 Program	얼마나 많은 긴장이 내담자가 즉흥연주에 첨부한 이미지들, 연상들 그리고 이야기 속에 발견되는가? 얼마나 많은 긴장이 보컬 즉흥연주들의 가사에서 발견되는가?
언어적 반응 Verbal Reaction	얼마나 많은 긴장이 즉흥연주나 프로그램 지시사항을 토론할 때 내담자에 의해 표현되는가?

연속되는 5개 점수들 또는 수준들은 각 음악 요소가 얼마나 많은 긴장이 유지되는지 구체화하는데 사용된다. 5개 점수들은 저긴장, 평온, 순환, 긴장, 과긴장이다.

⇒ 저긴장(Hypotense): 요소는 긴장을 만들기 위해 충분한 에너지나 수행으로 조작되지 않고 또 요소는 부적절하게 형성된다. 완전한 비활성, 행복감, 긴장 회피가 있을 수 있고, 악기 또는 에너지 흐름에 대한 저항의 결핍이 있을 수 있다. 결과적으로 이 요소에는 긴장을 불러일으키거나 배출할 수 있는 것은 아무것

도 없다.

⇒ 평온(Calm): 이 요소는 낮은 긴장의 확고한 상태를 유지하거나 누적된 긴장을 지속적으로 방출하도록 조작된다. 낮은 수준의 긴장 에너지는 긴장을 피하기 위해 사용되거나 긴장을 방출하기 위해 높은 에너지수준이 사용된다. 에너지의 흐름이 부드럽고, 중단들이 방지된다. 악기나 에너지 흐름에 대한 강한 저항은 회피되고 "흐름을 탄다."는 느낌이 난다. 최고조(절정)들은 작거나 드물다. 단순성, 예측가능성 그리고 구조적 명확성은 유지된다.

⇒ 순환(Cyclic): 이 요소는 긴장의 축적하고 배출하도록, 또 높고 낮은 긴장의 균형을 위해 조작된다. 에너지의 다른 수준들이 사용되고, 에너지의 흐름은 부드럽거나 표현적 목적들을 위해 중단될 수 있다. 악기 또는 에너지 흐름에 대한 저항은 최소화되거나 최대화될 수 있다. 최고조(절정)들은 크기와 빈도가 다양하다. 단순성과 복잡성 사이, 예측가능성과 기대금지 사이에 그리고 구조적 명확성과 모호성 사이에 균형이 유지된다.

⇒ 긴장(Tense): 이 요소는 높은 긴장의 안정된 상태 유지하거나 해체하지 않고 계속 긴장을 축적하기위해 조작된다. 에너지의 높은 수준들이 긴장을 유지하기위해 사용되고 낮은 에너지 수준들은 긴장을 조성하기위해 사용된다. 에너지의 흐름은 직접적이지만 긴장을 조성하기위해 빈번히 중단될 수 있다. 매체/악기의 역량들은 부당하게 이용되고 거의 변형된다. 그리고 직접적인 부드러운 에너지 흐름에 강한 저항이 가해진다. 최고조(절정)

들은 강력하고 빈번하다. 증가된 긴장에 대한 강한 기대들이 형성되고, 방출에 대한 기대들은 억제된다. 복잡성과 구조적 불확실성은 단순성과 구조적 명확성보다 더 널리 퍼져있을 수 있다.

⇒ 과긴장(Hypertense): 이 요소는 끊임없는 긴장상태를 유지하기 위해 조작된다. 긴장과 에너지의 양은 압도적이다. 에너지의 흐름은 혼란스럽고 악기/매체 그리고 즉흥연주자의 역량들은 저하된다. 긴장방출에 대한 기대들은 확립되어 있지 않거나 지속적으로 금지되어 있다. 이 요소는 과자극되어지고 그리고 과자극된다.

▷ **긴장 분석표 해석**(Interpreting the Tension Profile)

긴장을 해석하는 핵심은 많은 상호 영향을 인식하는 것이다. 음악적 긴장은 음악적 자극, 즉흥연주자(연주자로서) 그리고 즉흥연주자(듣는 사람)에 존재한다. 한 사람의 음악적 긴장은 다른 사람의 음악적 긴장에 영향을 받고 영향을 준다. 예를 들어 즉흥연주자가 긴장을 가지고 연주할 때, 음악은 긴장된 소리가 나고 음악이 긴장된 소리가 날 때 즉흥연주자는 긴장을 가지고 반응한다. 즉흥연주자가 긴장을 가지고 반응할 때 즉흥연주자는 더 음악적 긴장을 만든다. 이러한 반응적 순환은 즉흥연주의 과정 또는 즉흥연주 자체의 과정에서 긴장의 수준들을 높이거나 내리는 조절을 할 수 있다.

상호적 영향의 다른 영역은 음악 속에 있다. 하나의 음악적 요소 또는 과정의 긴장은 다른 음악적 요소의 긴장에 영향을 미치고 영향을 받는다. 예를 들어, 음색의 요소에 긴장이 있을 때, 다른 요소들에도 긴장이 생긴다. 그리고 리듬통합의 과정(예: 과분화)에 긴장이 있을 때 리듬적 긴장은 그 결과이다. 일반적으로 복잡성, 차별화 그리고 대조는 높은 수준의 긴장을 일으킨다. 단순성, 융합성 그리고 안정성은 낮은 수준의 긴장들을 일으킨다. 이 둘 사이의 균형(즉, 통합 그리고 가변성)은 일반적으로 긴장 수준들의 순환을 만든다.

이러한 경향들이 뒤집혔을 때나 음악적 요소들 사이의 긴장 수준들이 상호작용하기 시작할 때는 큰 해석적 관심이다. 예를 들어, 리듬적 융합이 높은 음량적 긴장을 동반할 때, 긴박감이 전달된다. 해석적 문제는 왜 리듬적 전경과 배경이 함께 유지하는데 그토록 많은 강인함, 힘 또는 에너지가 사용되는가이다.

긴장의 방향과 흐름 또한 중요 고려사항이다. 긴장이 축적될 때 앞으로의 움직임, 예측가능성 그리고 미래의 방출 기대가 생긴다. 무엇이 일어날 것인가에 중점을 둔다. 방출 없이 오랫동안 에너지가 모이면 최고조(절정)들은 또는 긴장해소(catharsis)는 환영받는다. 최고조(절정)이 너무 자주 또는 강렬하면 에너지의 흐름은 영향력을 상실한다. 반면, 긴장이 해소될 때, 반발운동(움직임), 예측가능성 에너지가 소모될 것이라는 기대가 생긴다. 이미 일어난 일에 중점을 둔다. 긴장이 계속 누적되지 않고 지속적으로 방출되면 에너지의 결핍과 고갈이 된다. 최고조(절정)들과 긴장해소는 발생하지 않고 지루함이 발생할 수 있다.

5-2-4-5-4. 일치 분석표(the congruence profile)

일치 분석표는 다양한 요소들과 부분들 간의 동시에 일어나는 감각 상태에 대한 복합적 기술(description)이다. 가장 중요한 관심은 긴장 수준들과 역할관계들에서 부분들과 요소들이 얼마나 일치되는가이다. 이 분석표의 척도는 각 음악적 요소의 긴장 수준들이 전체 즉흥연주의의 긴장상태뿐만 아니라 선택된 다른 음악 요소들과의 일치되는 정도를 그리고 음악적 요소에서 동시에 일어나는 긴장의 수준들이 다른 음악요소에서 발견되는 역할관계(예: 전경-배경, 부분-전체, 독주-반주)가 일치하는 정도를 분석수단을 제공한다.

일치 분석표는 긴장, 통합 그리고 역할관계를 다루는 분석표를 포함하여 몇 가지 다른 평가 분석표들과 중복된다. 일치 분석표는 감정상태의 고려에서 긴장 분석표와 유사하지만, 단일 요소에서의 긴장수준보다 여러 음악적 요소들 간의 동시적으로 발생하는 긴장에 초점을 맞춘다는 점에서 긴장 분석표와 다르다. 일치 분석표는 동시 발생적 관계에 대한 관심에서 통합 분석표와 유사하지만 요소 자체의 조직보다는 각 음악적 요소에 의해 생성된 긴장에 초점을 맞춘다는 점에서 통합 분석표와 다르다. 일치 분석표는 음악요소 내 제어의 상대적 위치를 고려하는 점에서 현저성 분석표와 유사하지만 다른 위치에서 어떻게 음악적 요소들에 의해 확인되는지 또는 다른 음악적 요소들과 모순되는지에 초점이 맞추어진다는 점에서 현저성 분석표와 다르다.

[표7] 일치 분석표의 척도

리듬배경 Rhythmic Ground	템포, 박자(meter), 하위단위는 다른 요소들 속에서 긴장수준들 그리고 역할관계들과 얼마나 일치하는가?
리듬전경 Rhythmic Figure	리듬패턴은 다른 요소들 속에서 긴장수준들 그리고 역할관계들과 얼마나 일치하는가?
조성배경 Tonal Ground	양식과 조성이 다른 요소들 속에서 역할관계들 그리고 긴장들과 얼마나 일치하는가?

계속

선율 Melodic	선율은 다른 요소들 속에서 긴장수준들 그리고 역학관계들이 얼마나 일치하는가?
화성 Harmonic	코드선택, 목소리 생성 그리고 진행들은 다른 요소들 속에서 긴장수준들과 역할관계들이 얼마나 일치하는가?
짜임새와 음역 Texture-Register	음역이 부분들 가운데 긴장수준들 그리고 부분들 간의 역할관계 그리고 즉흥연주의 지배적 느낌과 얼마나 일치하는가?
짜임새 모양 Texture – Configurations	발성 형상들이 즉흥연주의 상태의 지배적인 느낌과 얼마나 일치하는가?
악구 Phrasing	악구의 길이와 모양은 즉흥연주의 지배적인 느낌 상태와 얼마나 일치하는가?
음량 Volume	음량이 다른 요소들 속에서 긴장수준들과 역할관계와 얼마나 일치하는가?
음색 Timbre	음색은 다른 요소들 속에서 긴장수준들과 역할관계와 얼마나 일치하는가?
신체 Body	내담자의 자세, 신체언어표현, 동작 그리고 표정에서 긴장수준들과 느낌상태가 즉흥연주 내에서 얼마나 일치하는가?
표제 Program	내담자가 즉흥연주에 첨부하는 이미지, 연상, 사건, 인물 및 이야기는 음악적 요소들의 긴장수준들 그리고 역할관계 그리고 즉흥연주에서 지배적인 감정상태와 얼마나 일치하는가? 가사는 음악과 얼마나 일치하는가?
언어적 반응 Verbal Reaction	내담자의 즉흥연주에 대한 언어적 반응이 즉흥연주 자체의 느낌상태 그리고 긴장수준들과 얼마나 일치하는가?
대인관계 Interpersonal	음악에서 관찰되는 긴장 수준들과 역할관계들은 내담자와 다른 사람들과의 대인관계에서 관찰되는 긴장수준들과 역할관계들과 얼마나 일치하는가? 음악상호적 긴장들과 관계들은 대인관계적 긴장들과 관계들과 일치하는가?

연속적으로 일치하는 5개 수준들은 음악요소의 긴장수준이 얼마나 다른지 그리고 얼마나 많은 음악적 요소와 다른지를 구체화하는 데 사용된다. 5개의 수준들은 중립, 일치, 중심, 불일치, 양극화(편향)이다.

⇒ 중립(Uncommitted): 음악적 요소는 통제되지 않거나 비활성화, 관련 없음 또는 긴장에 관해 중립적이다. 이 범주는 지배적인 긴장상태에 대한 요소의 기여를 결정하기 어려울 때도 사용된다.

⇒ 일치(Congruent): 음악적 요소에 의해 생성된 긴장수준들은 즉흥연주에서 우세한 긴장상태와 다른 음악요소들에 대한 대부분의 긴장수준들 특히 즉흥연주를 제어하는 긴장수준들과 일치한다. 또한 긴장수준들이 음악요소 속에서 분화되어진 역할관계와 일치한다. 즉, 요소 내에서 동시에 발생한 긴장수준들은 다른 요소 속에서 전경-배경, 부분-전체, 독주-반주, 리더-추종자 관계의 확인, 지원 또는 기여한다. 이 범주에서 긴장수준들 그리고 역할관계들은 대부분의 음악적 요소들 가운데 일치하며, 분석되고 있는 요소는 긴장수준들과 역할관계들과 일치한다는 것을 유의해야 한다. 따라서 이 요소는 즉흥연주 자체의 일치도와 일치한다.

⇒ 중심(Centered): 음악요소에 의해 발생된 긴장수준들은 다른 음악요소들 사이에서 발견되는 다른 긴장수준들과 일치한다. 이 요소는 감정상태들의 사이에 집중되어 있으며 대조의 어느 한쪽보다는 대조 자체를 반영하고 통합한다. 이 범주에서 긴장수준

들과 역할관계들은 불일치하지만 즉흥연주 자체 내에서는 호환성과 분석 중인 요소는 이러한 불일치를 반영하거나 통합함을 유의해야 한다. 이와 같이 음악적 요소는 즉흥연주 자체에서 발견되는 전반적인 불일치와 일치된다는 사실이 중요하다(여기에 정의된 불일치성은 음악즉흥연주의 필수적이고 자연스러운 요소로 간주된다).

⇒ 불일치(Incongruent): 음악요소에 의해 생성된 긴장수준들은 특정 음악요소들과는 일치하지만 다른 요소들과는 일치하지 않는다. 이 요소는 다른 음악적 요소들 사이에서 발견되는 불일치를 확인하고 지지하고 그에 기여한다. 유사하게 이 요소 내 동시에 발생하는 긴장수준들은 다른 음악 요소들에서 발견되는 특정 역할관계들과 일치하지만 다른 역할관계들과는 일치하지 않는다. 즉, 이 요소는 다른 요소들 사이에서 발견되는 역할관계 속에 있는 불일치성을 확인하고, 지지하고, 그에 기여한다. 이 범주에서 음악적 요소들 사이에 긴장수준들 그리고 역할 관계들은 불일치하지만 어울린다는 것과 분석중인 요소는 대조의 한 측면과 결합된다는 것에 유의해야 한다. 따라서 음악요소는 일부 요소들과 일치하고 다른 요소들과는 일치하지 않는다.

⇒ 양극화(편향, Polarized): 음악적 요소에 의해 발생한 긴장수준들은 전반적인 즉흥연주에서 지배적인 긴장상태에서 유일하게 모순적이다. 이 요소는 즉흥연주의 전반적인 일치를 확인하거나지 않거나 지지하지 않거나, 그에 기여하지 않지만 오히려 고도로 불일치하고 부적합하게 대립적인 경향으로 나타난다. 이 요

소는 즉흥연주의 맥락에서 긴장의 수준이 의미가 없기 때문에 긴장에 관계하여 양극화(편향)된다. 이 범주에서는 음악적 요소들 사이의 긴장 수준들과 역할관계들이 일치하며, 분석중인 요소는 긴장수준들과 역할관계들과 분리되어 있음을 유의해야 한다. 따라서 이 음악적 요소는 일치하는 즉흥연주 내에서 고립된 하나의 극(polarity)이다.

▷ **일치 분석표의 해석**(Interpreting the Congruence Profile)

일치 분석표 수준들은 내담자가 자신의 생각들과 감정들을 어떻게 느끼는지를 보여주며, 내담자의 내부 경험들이 그 경험에 대한 자신의 외적인 표현들과 일치하는지 여부를 보여준다.

분석표를 해석하려면 다음의 질문들이 도움이 될 수 있다.

- 내담자의 아이디어가 서로 일관되고 아이디어에 수반된 느낌들과 일치하는가?
- 느낌들이 모호하거나, 양가 감정적이거나 분열되어 있는가?
- 특정 음악적 요소들과 과정들이 하나의 메시지를 보내는가?
- 다른 요소들과 과정들은 다른 메시지를 보내는가?
- 메시지들은 호환 가능한가? 아니면 상호 배타적인가?
- 동시에 일어나는 부분들은 느낌들과 기대들이 일치하는가?
- 부분들과 요소들 사이의 역할관계들은 서로 일치하는가?
- 음악소리가 내담자의 신체언어와 일치하는가?
- 음악소리는 내담자의 말씨(언어활동, 언어표현)와 일치하는가?

5-2-4-5-5. 현저성 분석표(the salience profile)

현저성 분석표는 어떤 음악적 요소들이 가장 두드러지고 다른 요소들에 가장 큰 영향을 미치는지에 대한 종합적인 기술(description)이다. 주요 관심사는 이들이 상호작용할 때 음악적 요소들이 상호작용할 때 음악적 요소들 간의 통제와 현저성의 위치이다. 분석표 내의 척도는 다른 요소들 내에서 통합, 변형, 역할기능들, 긴장들 그리고 일치에 대한 각 음악적 요소들의 기여도를 평가하는 수단을 제공한다. 현저성 분석표는 음악 듣는 사람에게 영향을 미치는 음악의 속성을 다룬다. 한 요소는 그것의 성분들이나 특성이 과장될 때, 또는 그 속에서 불일치 또는 대조가 만들어지면 눈에 띄게 된다. 두 경우 모두 과장 되는 불일치는 듣는 사람의 주의를 요구한다. 두드러짐은 한 요소가 다른 분석표에 있는 한 극단적인 점수에 있을 때 눈에 띌 수 있다. 예를 들어, 통합되지 않고, 과분화되고, 경직되고, 무작위, 불일치 또는 과긴장된 요소들은 일반적으로 매우 두드러지며, 간혹 다른 요소들에 대해 상당한 영향을 미친다.

한 요소가 두드러지고, 다른 요소들에 관해 중요한 역할을 함으로 통제력을 얻는다. 통제력의 양은 이 요소가 다른 요소들의 역할관계(즉, 전경-배경, 독주-반주, 리더-추종자)에 영향을 미치는 정도, 다른 요소들 속에서 통합과정과 변화과정에 영향을 미치는지 여부, 그리고 전반적인 즉흥연주에 두드러진 긴장과 일치의 상태를 결정하는 정도에 의해 결정된다. 현저성 분석표는 개인의 즉흥연주 내에서 음악내적 관계들 또는 개인들 사이에서 일어나는 음악상호적 관계들을 분석하는데 사용할 수 있다. 이는 또한 개인내적 관계와 대인관계를 반영한다.

[표8] 변형 분석표 척도

범주	내용
리듬배경 Rhythmic Ground	전반적인 즉흥연주에서 템포, 박자(meter) 그리고 하위단위는 얼마나 두드러지는가? 다른 요소들은 그것들을 얼마나 통제하는가?
리듬전경 Rhythmic Figure	리듬 패턴이 얼마나 두드러지는가? 다른 요소들은 그것을 얼마나 통제하는가?
조성배경 Tonal Ground	양식과 음조(tonality)가 얼마나 두드러지는가? 다른 요소들은 그것들을 얼마나 통제하는가?
선율 Melodic	선율이 얼마나 두드러지는가? 선율이 다른 요소들을 얼마나 통제하는가?
화성 Harmonic	화성은 얼마나 두드러지는가? 코드선택, 목소리, 그리고 과정이 다른 요소들을 얼마나 통제하는가?
짜임새 Texture	조직은 얼마나 두드러지는가? 음역, 목소리, 형태가 다른 요소들을 얼마나 통제하는가?
음량 Volume	음량은 얼마나 두드러지는가? 소리의 강도와 크기가 다른 요소들을 얼마나 통제하는가?
음색 Timbre	음색은 얼마나 두드러지는가? 소리 매체, 악기선택, 소리 재현 기술 그리고 소리표현이 다른 요소들을 얼마나 통제하는가?
표제/가사 Program/Lyrics	표제와 가사가 얼마나 두드러지는가? 이들은 다른 요소들을 얼마나 통제하는가?

연속되는 현저성의 5가지 점수들 또는 수준들은 요소가 나타나는 현저성과 제어 정도를 구체화하는데 사용된다. 현저성은 눈에 띄는 요소가 얼마나 두드러지고, 중요하며, 강력한지를 나타내는 함수이다. 통제는 얼마나 다른 음악적 요소들이 이것의 영향 하에 있는지 그리고 그것은 전반적인 즉흥연주에 통합, 변형, 긴장, 일치, 자율성에 영향을 미치는지 정도에 따라 달라진다. 5수준들은 후퇴, 순응, 기여, 통제, 압도이다.

⇒ 후퇴(Receding): 음악 요소는 다른 음악적 요소들에 전적으로 의존하거나 압도당한다. 이는 두드러짐이 거의 없고 다른 요소들 또는 전반적인 즉흥연주에 아무런 의미가 없다. 이것의 통합, 변형, 역할 기능들 그리고 긴장상태는 다른 요소들의 통제 하에 있다.

⇒ 순응(Conforming): 음악적 요소는 대부분의 다른 음악적 요소들을 지속적으로 지원하고 따르며 약간의 현저성을 갖는다. 이는 다른 요소들에서 전경-배경, 부분-전체 그리고 독주-반주 관계들을 지원한다. 요소는 또한 동일하게 유지되거나 다른 요소에 따라 변화되고 그들의 긴장수준들에 맞게 조작된다. 이는 즉흥연주의 우세한 느낌 상태들과 일관되게 일치된다.

⇒ 기여(Contributing): 음악적 요소는 동등한 빈도로 다른 음악적 요소를 지원하고 통제한다. 이 요소는 다른 요소들에 순응하는지 또는 다른 요소들을 통제하는지에 따라 현저성이 달라진다. 통제요소와 불가분의 관계가 있을 수 있지만 보조요소와 관

련이 있다. 다른 요소들을 지지하면서도 다른 요소들을 통제한다. 이 요소는 다른 요소들 사이에서 전경–배경, 부분–전체, 그리고 독주–반주 관계를 지원하거나 제어하는데 사용할 수 있다. 이는 또한 요소들을 안정시키거나 변화시키고, 긴장수준을 자극시키거나 이완시키는데 사용될 수 있다. 이는 즉흥연주의 우세한 느낌 상태와 일치한다.

⇒ 통제(Controlling): 음악적 요소는 대부분 다른 음악 요소를 통제하고 가장 두드러진다. 이 요소는 어떤 전경–배경, 부분–전체, 독주–반주 관계들이 설정될 것인지를 결정한다. 이는 또한 안정성, 변화, 통합, 분화의 과정을 지시한다. 이 요소는 긴장의 정도를 조절하고, 즉흥연주를 위한 우세한 느낌 상태를 설정한다.

⇒ 압도(Overpowering): 음악적 요소는 너무 두드러져 대부분의 다른 음악적 요소들 그리고 이들의 중요성을 제거한다. 요소는 다른 요소들에 존재할 수 있는 전경–배경, 부분–전체, 그리고 독주–반주 관계들을 압도하거나 반대한다. 이는 또한 통합과 변형의 과정을 방해한다. 이 요소는 긴장을 창조하고 지배적인 느낌 상태를 나타낸다. 압도요소는 다른 요소의 활동과 관계에 대한 이해를 막는다.

▷ **현저성 분석표 해석**(Interpreting the Salience Profile)

현저성 분석표는 두 가지 형태의 힘, 두드러짐, 통제를 다룬다. 두드러지기 위해서 중요한 역할을 수행해야만 하고, 다른 사람들에게 중요한 존재이어야 하며 주의를 끌어야 한다. 통제하려면 다른 사람을 지배하여야 하며 다른 사람이 자신의 영향력에 순종하거나 굴복하여야 한다. 대인관계에서 현저성 분석표는 자신(self)의 어떤 측면이 더 잘 두드러지고 통제력이 있는지, 어떤 측면이 보다 순응되고 멀어지는지 해석된다. 대인관계에서 이 분석표는 자신의 어떤 측면이 다른 측면보다 두드러지게 보이고 제어하는 데 사용되고 어떤 측면이 다른 측면에 기여 또는 순응하는가가 해석된다. 이 반대 또한 흥미롭다. 어떤 측면이 자아와 타인 사이에서 우세성과 통제를 포기하지 않을 것인가를 해석할 수 있다.

현저성 분석표는 음악 자체 내의 가치체계와 음악 자체와 다른 사람 사이의 투쟁을 드러낸다.

5-2-4-5-6. 자율성 분석표(the autonomy profile)

자율성 분석표는 파트너(또는 집단 내에서)와 함께 즉흥연주 할 때 내담자가 형성하는 역할관계에 대한 복합적인 기술(description)이다. 그러므로 이것은 음악상호적인 또는 대인관계적인 관계에만 초점을 맞춘다. 분석표 내 척도들은 아래의 관점에서 각 음악적 요소 내에서 역할관계들을 분석하는 수단을 제공한다.

얼마나 자주 내담자가 리더 대 추종자의 역할을 하는지, 어떻게 이런 역할들이 음악적으로 나타나는지, 그리고 어떻게 이러한 역할들이 수행되고, 유지되고 포기되는지를 나타낸다.

[표9] 자율성 분석표의 척도

리듬배경 Rhythmic Ground	템포, 박자(meter), 하위분할(subdivisions)들을 통해 내담자 그리고/또는 파트너가 어떤 역할관계들을 발전시키는가?
리듬전경 Rhythmic Figure	즉흥연주의 리듬적 형식과 내용을 결정할 때 내담자 그리고/또는 파트너는 어떤 역할관계를 반전시키는가? 리듬적 주제들 그리고 이들의 동형진행에 관해 어떻게 서로 관련이 되는가?
조성/선율 Tonal/Melodic	양상, 조성 그리고 선율을 통해 내담자 그리고/또는 파트너는 어떤 역할관계를 발전시키는가?
화성 Harmonic	즉흥연주의 화성적 측면들을 결정할 때 내담자 그리고/또는 파트너는 어떤 역할관계를 발전시키는가? 코드선택들, 목소리들, 진행들 그리고 선율에 대한 코드의 관계들과 관련하여 서로서로 어떻게 관련되는가?
짜임새 Textural	조직들, 음역들 그리고 음성형상들을 결정할 때 내담자 그리고/또는 파트너는 어떤 역할관계를 개발하는가?
악구 Phrasing	악구를 통해 내담자 그리고/또는 파트너는 어떤 역할관계를 발달시키는가? 악구의 길이, 형태 그리고 이들의 동형진행에 대하여 어떻게 서로 관련이 있는가?
음량 Volume	음량의 수준 설정 및 음량의 변화 시 내담자 그리고/또는 파트너는 어떤 역할관계를 발달시키는가? 소리의 강도와 양에 관련하여 어떻게 서로 관련이 있는가?
음색 Timbre	즉흥연주에서 사용되는 소리표현양식, 생성기법, 악기, 매체를 결정할 때 내담자 그리고/또는 파트너는 어떤 역할관계를 발달시키는가?
표제/가사 Program/Lyrics	즉흥연주의 기초가 되는 프로그램이나 가사를 선택하거나 고안할 때 내담자 그리고/또는 파트너는 어떤 역할관계를 발달시키는가?

통솔력의 연속되는 5가지 점수들 또는 수준들의 역할이 사용된다. 5가지 점수들은 의존(dependent), 추종(follower), 동반(partner), 주도(leader), 저항(resister)이다.

⇒ 의존(Dependent): 내담자는 독점적으로 추종자의 역할만을 취하고, 전혀 통솔자의 역할을 수행하지 않는다. 그럼으로써 내담자는 즉흥연주의 전반적인 방향뿐만 아니라 자신의 음악 내용을 포함하여 모든 문제들에 있어 파트너에게 전적으로 의존한다. 이 자세는 파트너가 지도력을 고무시키기 위해 어떠한 대책을 선택하는가에 상관없이 취해진다. 상대방의 음악에 압도당하면 내담자의 참여도는 약화되거나 완전히 중단될 수 있다.
다른 분석표들과 관련하여 이 역할은 비분화, 융합, 안정성, 변화를 통해 추정될 수 있다. 음악적으로 이것은 다음을 포함한다.: 파트너의 음악에만 전적으로 초점을 맞춘다, 파트너의 리듬 또는 선율들을 끊임없이 모방하거나 일치시킨다, 파트너가 만든 템포 그리고 음량의 변경들 모두를 따라 한다, 파트너의 음색들과 변화반복들에 융합된다, 즉흥연주의 모든 형식적인 측면들을 파트너가 통제하도록 허락한다. 음악적 정체성이 없는 내담자는 독주자도 아니고 반주자도 아닌 행동을 한다.

⇒ 추종(Follower): 내담자는 지속적으로 지도자의 역할보다는 추종자의 역할을 더 쉽게 취한다. 음악적 요소의 내용 그리고/또는 순서를 결정하는 책임은 대부분 파트너에게 주어진다. 내담자는 역할변경을 조건으로 하는 경우를 제외하고 즉흥연주를 통제하거나 지시할 강한 의향이 없다. 내담자가 추종자의 역할을 포기

하는 조건들은 다음과 같다.

파트너가 리더의 역할을 포기하는 경우, 파트너가 음악적 즉흥 연주를 위태롭게 하는 방식으로 통제를 포기하는 경우, 파트너의 지시가 내담자에게 받아들여지지 않을 경우 다른 분석표들의 관점에서 추종자의 역할은 융합, 통합, 안정, 변형 또는 대조를 통해 추측될 수 있다. 음악적으로 이것은 다음을 포함한다. 전경들보다 자주 리듬적 그리고 선율적 배경들을 제시하는 것, 파트너의 리듬적 또는 선율적 주제들 모방하거나 일치시키는 것, 파트너의 음량과 템포에 일치시키는 것, 파트너의 음색들과 변화반복(texture)들에 융합 또는 통합시키는 것, 그리고 파트너가 주제적인 재료의 순서를 결정하도록 허락하는 것.

주체는 독주자보다는 반주자로서 활동한다.

⇒ 동반(Partner): 내담자는 동일한 빈도로 리더의 역할과 추종자의 역할을 취한다. 음악적 요소의 순서 그리고/또는 내용을 결정하는 책임은 파트너와 동등하게 공유한다. 내담자와 파트너는 음악의 일부 측면에 대해 지시 또는 통제하는데 동등하게 영향을 미친다. 내담자는 파트너가 자신을 리더로서 받아들일 때 파트너가 내담자가 특별히 지시한 방향에 대해 파트너가 추종자의 역할을 수용할 때 리더의 역할을 맡는다. 파트너가 리더의 역할을 맡고 내담자가 파트너가 지정한 방향을 수락하면 내담자는 추종자의 역할을 맡는다.

다른 분석표들의 측면에서 파트너의 역할은 융합, 통합, 분화, 안정, 변성, 대조, 자극 또는 이완이 가정될 수 있다.

음악적으로 이것은 다음을 포함한다.

배경들만큼 가끔씩 선율적 그리고 리듬적 전경들을 제공한다.
주제적 발전을 위해 리듬적 그리고 선율적 아이디어들의 절반을 제공한다.
파트너만큼 동등하게 두드러진 음량의 수준들, 음색들 그리고 변화반복(texture)들을 사용한다. 두드러짐은 더 많거나 적을 수 있다.
전반적인 음량, 템포, 음색 그리고 변화반복(texture)에 대한 통제를 공유한다.
파트너와의 음악적 상호작용으로부터 나오는 주제적 재료의 순서를 허용한다.
내담자는 동등한 빈도로 독주자 그리고 반주자 활동을 한다.

⇒ 주도(Leader): 내담자는 추종자의 역할보다는 끊임없이 리더 역할을 맡는다. 그렇게 함으로써 내담자는 음악의 일부 측면을 제어하거나 방향을 지시함으로써 즉흥연주와 파트너에게 영향을 주려고 시도한다. 내담자가 리더의 역할을 포기하는 경우는 파트너가 추종자의 역할을 거부하거나, 파트너가 리더의 지시를 거부하거나, 파트너가 완강히 고집을 부리며 리더의 역할을 맡을 때이다. 다른 분석표들과 관련하여 리더 역할은 융합 또는 통합, 안정 또는 변화, 자극 또는 이완을 통해 가정될 수 있다.
음악적으로 이것은 다음을 포함한다.
배경보다 더 자주 리듬적 또는 선율적 전경들을 제공한다.
주제적 발달을 위해 리듬적 그리고 선율적 아이디어들을 더 많이 제공한다. 파트너의 것보다 음량의 수준들, 음색들 그리고 변화반복(texture)들을 더 두드러지게 사용한다.

전반적인 음량, 템포, 음색 그리고 변화반복(texture)에 변동을 통제한다.

주제적 재료의 순서를 결정한다.

내담자는 반주자보다는 독주자로 활동한다.

⇒ 저항(Resister): 내담자는 끊임없이 리더-추종자 관계를 회피하거나 파괴하려 시도한다.

내담자는 전체 즉흥연주 또는 파트너의 즉흥연주에 영향을 미치지 않으려 하고 공동의 노력이나 상호작용에 참여하지 않는다. 대신, 내담자는 자신의 음악에 몰두되거나 즉흥연주에서 어떤 의미 있는 방식으로 참여하지 않는다.

이 역할은 파트너가 이끌거나 또는 따르는 조작방법에 관계없이 수행된다.

이 역할을 맡으려면 저항자는 위축, 도피, 그리고/또는 공격을 사용한다. 주된 의도는 자신에게로 향하면서 동시에 타인으로부터 멀어지거나 타인에게 저항하는 것이다.

다른 분석표들과 관련하여, 저항자의 역할은 과분화, 경직, 또는 무작위를 통해 가정될 수 있다. 음악적으로 이것은 자신의 음악에만 초점을 맞춘다. 자신의 음악을 지속적으로 반복한다. 자신의 음악적 충동을 지속적으로 따른다. 자신의 음악적 선호만 고집한다. 타인과 음악적 관계를 유지하는 것을 완전히 무시한다. 어떤 음악적 관계도 피한다. 그리고/또 음악적으로 다른 연주자가 무엇을 하든 차단, 무시, 압도, 제거하려고 시도할 수 있다.

내담자는 반주자 없이 독주자로 활동한다.

▷ **자율성 분석표의 해석**(Interpreting the Autonomy Profile)

자율성 분석표는 내담자가 대인관계 상황에서 어떻게 기능하는지에 대한 복합적인 그림을 제공한다. 가장 기본적인 수준에서 자율성 윤곽(단면)은 자아(self)와 타인에 대한 경계를 유지하는 필요성을 나타낸다.

내담자가 음악적 정체성이나 안전한 경계를 가질 때 다른 사람과의 음악적 접촉은 쉽다. 음악적 재료들, 소리들, 특질들 그리고 같은 것을 같은 시간에 경험하고자 하는 의지가 자유롭게 공유할 수 있다. 반대로 내담자는 다른 사람의 음악적 재료, 소리들 그리고 특질을 기꺼이 받아들이고 동시에 다른 사람의 경험에 복종할 수 있다.

내담자가 음악적 정체성과 안전한 경계를 갖지 못할 때 위협이 개체화 또는 휩쓸림인지에 따라 자기 안의 경계가 존재하지 않거나 완전히 불침투될 수 있다. 따라서 내담자에 의해 부과되고 유지되는 음악적 경계는 친밀감에 대한 자신의 관용을 통찰하게 할 수 있다. 경계의 문제가 없는 사람들을 위해 자율성 윤곽(단면)은 자아와 타인의 정도를 반영한다. 자아는 연속 점수의 리더십(오른쪽) 측면에 나타나며, 타자는 예속 점수의 추종(왼쪽) 측면에 나타난다. 연속 점수의 중간에는 자아와 타자의 균형이 있는 파트너십이 있다. 한 사람이 자기 쪽으로 움직일 때 그는 또한 타인에 대해서 어떤 입장을 취한다. 자아는 보통 타인 쪽으로, 타인으로부터 떨어져서 또는 타인의 반대쪽으로 움직이는 것을 포함한다. 비슷하게, 타인 쪽으로 움직일 때 사람은 또한 자신에 대한 입장을 취한다. 타인은 일반적으로 자신을 향해, 자신으로부터 멀리 또는 지신에 대항해 이동하는 것을 포함한다. 이러한 대인 관계적 자세는 다양한 의도와 다양한 감정들을 표현할 수 있다.

자아지향/타자지향(Towards Self/Towards Other)
타인의 감정들과 생각들(ideas)을 고려한 자기결정과 리더쉽.
자신감과 자기수용의 느낌들은 다른 사람을 지지하고, 받아들이고, 동의하는 것과 공존한다. 동화(assimilation)과정들이 적용될 수 있다.

자아지향/타자로부터 멀리(Towards Self/Away from Other)
다른 사람으로부터 자기주장과 리더쉽은 독립성을 확립한다. 극단적인 수준에서 의도는 분리, 고립, 자기방어, 철수, 해리, 무관심, 망각, 저항, 자기과시, 경쟁 또는 도피가 될 수 있다.

자아지향/타자반대(역행)(Towards Self/Against Other)
자기주장, 우월성 그리고 다른 사람이 하고 있는/해온 일에 대항하는 리더쉽.
실질적인 변화들은 타인에게서 요구된다. 극단적인 수준에서 의도는 공격성, 도전, 거부, 보복, 반역, 강압 또는 편집증적인 자기방어가 되기도 한다.

타자지향/자아지향(Towards Other/Towards Self)
자신과 일치하는 타인의 생각들(ideas)과 느낌들에 대한 수용과 인정.
타인에 대한 안정과 신뢰의 느낌들은 명백하다. 투사와 동일시가 적용된다.

타자지향/자아로부터 멀리(Towards Other/Away from Self)
다른 사람에 대한 적응과 복종, 자기의 생각들(ideas)과 느낌들의 수정이 수반.
극단적인 수준에서 결과는 의존, 휩쓸림, 부정 그리고 억제가 될 수 있다.

타자지향/자아반대(역행)(Towards Other/Against Self)
자기의 생각들(ideas)과 느낌들의 역전, 대조, 포기를 통해 타인을 인정(따름).
극단적인 수준에서 결과는 자기기만(비하)과 자기파괴가 될 수 있다.

자아와 타자에 밀접한 관련이 있는 것은 자신과 타인 모두에 대한 통제 문제이다.

자율성 윤곽(단면)은 내담자가 자기와 타인에 대한 통제를 취하고 포기하는 조건을 나타낸다. 또한 통제가 조작되는 요소들과 과정들을 드러낸다. 검토해야 할 다른 요소는 자율성이 동료와의 경쟁을 반영하는가 또는 권위자와의 갈등을 반영하는가 하는 여부이다. 통제 문제들은 역할의 유연성과 밀접한 관련이 있다. 따라서 자율성 윤곽은 내담자의 역할 레퍼토리, 다양한 역할이 수행되는 조건 그리고 역할들이 수정되거나 포기되는 유연성을 검사하는데 사용될 수 있다. 역할 분석은 특히 내담자와 치료사의 관계, 내담자 가족 내 관계를 연구할 때 적절하다.

분석표들 사이의 중복사항들(overlaps among the profiles)

각 분석표의 해석은 별도로 논의되었지만 분석표들이 어떻게 겹쳐지는가를 이해하는 것이 매우 중요하다. 단독으로 하나의 분석표를 이해할 수 없다. 내담자가 하나의 분석표에서 드러내는 것이 종종 다른 분석표를 통해 명확히 이해될 수 있다. 분석표들은 내용이 겹치지만 다른 내용이다. 통합 분석표와 일치 분석표는 모두 즉흥연주의 동시적인 측면을 다루고 전자는 전경-배경, 부분-전체관계를 다루지만 후자는 긴장수준과 역할관계를 다룬다. 긴장과 일치 분석표는 모두 긴장수준을 다루지만 전자는 한 요소에 의해 생성된 긴장의 양을 다루고 후자는 요소들 간의 긴장수준의 일관성을 다룬다. 긴장 분석표는 음악적 요소 자체의 특질뿐만 아니라 음악적 요소자체의 특질로부터 생기는 느낌을 다룬다(예: 통합과 다양성 분석표에서 발견되는 느낌). 즉흥연주가 진행됨에 따라 설명된 다른 관계들(예: 통합, 긴장, 조화, 현저성)가 동일하게 유지되거나 변경될 수 있다는 점에서 가변성 분석표는 다른 분석표들과 겹친다.

현저성과 자율성 분석표들 모두는 통제문제들을 다루고, 전자는 음악적 요소들 간의 통제와 지원을 다루고, 후자는 즉흥연주자들 간의 역할관계들을 다룬다. 분석표들은 서로 영향을 미친다. 통합은 다양성에 영향을 주고받는다. 가변성은 다양한 수준의 긴장을 만든다. 긴장은 통합, 다양성, 일치에 영향을 주고받는다. 통합은 현저성을 결정한다. 현저성은 다양성을 가지고 있고 일치에 기여한다. 일치는 긴장의 통합이다. 자율성은 통합, 다양성, 현저성의 과정을 통해 성취된다.

5-2-4-5-7. IAPs의 예시

IAPs를 효율적으로 사용하려면 먼저 적절하고 중요한 부분을 선택해서 분석할 자료의 양을 줄이고, 그런 다음 그 자료에 사용할 타당한 도구를 IAPs에서 찾아 선택한다.

1. 상호 교류적 음악(intermusical)이나 자기 자신의 내부 음악(intramusical) 사건 중 어느 것에 중점을 둘 것인지, 아니면 둘 다 포함시킬 것인지를 선택한다.
2. 치료요점과 관련이 있거나 초기평가의 의문점과 관련이 있는 것 중에 분석을 위한 적절한 도구를 선택한다.
3. 분석할 회기 전체를 검토한 다음, 분석했을 때 가치 있고 타당한 정보를 거두어들일 수 있는 가장 중요한 자료가 있는 부분을 선택하거나 그런 즉흥연주를 선택한다.

분석순서

1. 분석하기 위해 즉흥연주의 특정 구역을 선택한다.
2. 치료 초점과 치료적 관계의 특성 또는 내담자 음악을 고려하여 어떤 도구를 사용할지 결정한다.
3. 즉흥연주의 선택 부분을 다시 보고 어떤 요소(음악 요소와 그 밖의 요소)를 살펴볼 것인지 결정한다(최대 3개까지).
4. 한 요소를 선택하고 다시 듣는다.
5. 즉흥연주에서 요소에 해당하는 사건이 일어날 때마다 재생을 멈추고 표시를 한다. 예를 들면, 내담자가 템포를 변화시키고 치료사가 그것을 따라간다. 그런 다음 내담자가 새로운 템포를 몇 초간 안정적으로 유지한다. 이런 경우 해당하는 칸에 표시한다.
   자율성→리더→리듬기초, 변이성→가변성/대비→템포

[표2]를 기준으로 가령 통합이면 미분화/융화/통합/분화/과분화에 따른 필요한 목록을 선택한다. 이에 따라 점수를 매기는데, 앞에서 언급했듯이 숫자는 부호일 뿐 계산적 목적에 이용되지 않는다. 따라서 치

료사에 의해서 임의적으로 기준을 정하여 사용할 수 있다. 즉 숫자는 경향을 나타나는 것일 뿐이다. 가령 숫자가 높으면 높을수록 긍정적이고 낮으면 낮을수록 부정적이다.

예1: 통합 → 미분화/융화/통합/분화/과분화 → 리듬적 전경-배경/리듬적 부분-전체/멜로디의 전경(figure)-배경(ground)/멜로디의 부분-전체/화성의 figure-ground/짜임새(texture)의 부분-전체/짜임새(texture)의 음역과 음형/악구/음량/음색/운동성/신체-악구/가사(선택) → [표4]통합 분석표 척도에 따라 점수기입

예2: 자율 → 의존/추종/동반/주도/저항 → 리듬기초/멜로디/음색(선택) → [표8]자율성 분석표의 척도에 따라 점수기입

예3: 변형 → 경직/안정/변형/대조/임의 → 템포/멜로디/음색(선택) → [표5]변형 분석표 척도에 따라 점수기입

예2와 3을 평가한다면 아래와 같다.

내담자의 IPA결과 요약							
이름				날짜			
분석: 1부-피아노+북, 2부-피아노+메탈로폰, 3부-피아노 이중주							
자율성				**변형**			
의존	1	2	3	**경직**	1	2	3
리듬기반	2	–	–	템포	–	–	–
선율	3	–	–	선율	–	–	–
음색	–	–	–	음색	–	–	–

계속

추종				안정			
리듬기반	12	3	2	템포	7	3	1
선율	6	–	–	선율	5	2	–
음색	2	–	1	음색	2	7	–
동반				**변형**			
리듬기반	3	2	2	템포	8	5	3
선율	1	1	3	선율	6	3	2
음색	1	–	–	음색	8	1	5
주도				**대조적**			
리듬기반	4	7	3	템포	3	2	2
선율	1	4	–	선율	1	1	3
음색	1	–	–	음색	8	1	5
저항				**임의적**			
리듬기반	–	–	4	템포	–	–	1
선율	–	–	–	선율	–	–	–
음색	–	–	2	음색	–	–	–

6. 중요하거나 흥미로운 동기나 주제가 있을 경우 별지에 분명한 동기나 주제의 악보를 그려 넣는다.
7. 한 요소를 기록하는 작업이 끝났으면, 두 번째 요소를 선택하고 다시 4번부터 다시 사건 분석한다.
8. 각 칸의 사건 빈도수를 더하여 기록지에 전체 점수를 적는다.
9. 해당하는 즉흥연주 점수를 치료 목표 등과 관련지어 해석한다.
10. 다른 도구를 적용해야 한다면 3번부터 반복한다.

점수를 모두 수집한 후에는 무슨 일이 발생했는지에 대한 전체 점수를 기록하는 또 다른 도표로 점수를 옮겨 적는다.

5-3. 치료(Therapy)

모든 즉흥연주 치료에서는 전이(Transference)와 역전이(Counter-transference)가 공통적으로 중요하다. 어떤 즉흥연주를 치료하던 간에 즉흥연주는 결국 합주를 하게 되는데 이 두 요소들은 빠짐없이 작용한다. 왜냐하면 치료사와 내담자 서로 간의 반응들을 이끌어내는 것이 즉흥연주를 기반으로 하는 치료이기 때문이다. 그리고 역전이를 통한 치료사의 안정적인 반응은 내담자가 배워야 하는 본보기를 제시함[176]으로 더 나아가 치료적 효과를 보이기도 한다. 그리고 사실상 정신분석의 방어기제들은 이 전이와 역전이와 관계된 반응방식이라고 할 수 있다. 일반적으로 전이는 내담자가 자신의 갈등을 치료사에게 전달하고, 갈등을 해결하거나 극복하는 시도이다. 전이는 과거에 경험한 감정과 관계가 깊은데, 이는 감정과 대상과의 관계가 다양하므로 분석에 있어 많은 노력을 필요로 하는 요인이 된다. 이러한 전이는 분석을 통해 갈등에 대한 이해가 발생되면 소멸되어질 수 있지만 반대로 갈등에 대처할 만한 대응방식이 없으면 반복적으로 순환되거나 더욱 강화되어진다.

전이는 치료 상황에서 긍정적이거나 부정적으로 나타날 수 있는데, 긍정적 전이는 내담자의 성장과 변화를 위해 도움을 줄 수 있지만, 부

176) Priestley, M.(1983) Analytische Musiktherpaie, Sttutgart, p. 21

정적 전이는 치료사에 대한 증오, 공격성, 증오심 등을 나타냄으로써 저항 등의 행동을 통하여 드러나 성장과 변화에 부정적인 영향을 미친다. 만약 이러한 특징들이 확인되지 않는다면 치료활동 대신 rapport 형성에 더 치중하여 활동을 진행하는 것이 좋을 것이다.

역전이는 치료사가 내담자의 전의식적 또는 무의식적 감정들에 대한 치료사의 반응들을 지각하는 것을 말한다. 다시 말해서 치료사 자신이 갖는 내담자의 무의식적 또는 전의식적 전이에 대한 반영이다. 이러한 역 전이는 내담자에게 투사될 수 있으며, 명확히 규명되지 않을 때는 음악치료 과정에 오히려 방해가 될 수도 있다.

Priestley는 C-역전이라는 보완적 역전이(complementary counter-transference)와 E-역전이라는 Echo-역전이(echo-transference)/공감적 역전이(empathische Gegenübertragung)를 구분한다.[177] C-역전이는 치료사가 환자의 내사 중 하나와 동일시하거나 치료자가 내담자의 내부투사를 자신에게 적용함으로써 압도당하는 경우를 말한다. 즉 치료사 스스로가 내담자의 영향을 받고 있음을 느끼는 것이다. 내담자는 자신의 내사된 대상처럼 치료사를 대하고 치료사는 자신을 이런 대상처럼 여기고, 이런 대상과 동일시하는 행동을 한다. 치료사가 이러한 상황을 자각하지 못하면 C-역전이에 의해 내담자가 투사한 부분을 치료사가 무의식적으로 더 많이 받아들이게 된다.

E-역전이는 현악기에서의 공명현상처럼 치료사가 내담자와의 즉흥연주 중에 자신의 감정 또는 지각을 통해 내담자의 상태를 공감 또는 공명하는 것을 말한다. Priestley는 특히 치료사가 내담자의 숨겨진 느낌들을 드러낼 때 이 E-역전이를 분석적 음악치료에서 아주 중

177) Ibid, p. 50

요한 요소로 생각한다.

공통적으로 모든 즉흥연주를 매개로 하는 음악치료는 모든 회기들이 녹음되어지고, 재생되어지고 그리고 기록되어진다. 이러한 활동을 통해 모든 활동들이 진행된다. 언어활동을 통하여 토론이 이루어지기도 하는데 치료기법에 따라 언어를 사용하는 빈도와 심도는 차이가 있을 수 있다.

5-3-1. 창조적 음악치료(Creative Music Therapy)

창조적 음악치료는 인간의 부족함에 초점을 맞추기보다 개인의 강점과 잠재력을 발전시키고자 하는 인본주의적 개념과 함께 즉흥연주의 창조적 과정과 관련한 능동적 접근방식에 기초를 두고 있다. 이는 Nordoff & Robbins(1986)의 Schöpferische Musiktherapie에서 언급한 music child의 개념에 잘 나타난다. 음악아동(music child)은 모든 개인이 가지고 있는 음악에 반응하고, 감정에 공명하며, 인성의 다른 측면들을 반영하는 선천적인 음악성을 말한다. 창조적인 음악치료에서는 이러한 모든 인간의 내부에 존재하는 음악적 자기(music self)가 있다고 믿는다. 하지만 장애 아동의 경우에는 음악아동기능에 대한 어려움과 한계로 인해 이러한 음악적 자아를 실현시키지 못하는데, 이를 제한아동(condition child)이라고 불렀다. 음악 아가 제한아동의 방해로 인해 제대로 활동하지 못한 경우를 발달상 제한과 기형이 일어난 장애아동이라고 한다. 이러한 믿음을 바탕으로 Nordoff & Robbins는 모든 사람은 자신이 가진 장애와 상관없이 존재하는 선천적 음악성을 통해 여러 장애요소를 넘어 개인이 자기실현적 성장을 할 수 있다는 신념으로까지 발전하였다. 따라서 창조적 즉흥연주는 음악아를 최대한 이끌어내고 활성화시키기 위한 방법으로 적극적인 음악 만들기 과정으로 대표되는 즉흥연주를 사용한다. 음악아를 깨우는 것은 개인이 자기-자각을 증가시키고, 개인으로 하여금 치료 경험 속에서 의미와 즐거움을 발견하게 하며, 이는 결국 음악적 반응 속에서 의사소통적인 의지를 발전시키게 한다고 생각하였다. 치료사는 개인의 능력은 개인의 인성 속에서 음악아의 수용적, 인지적, 표현적 능력이 점점 더 조직화됨에 따라 향상된다는 믿음을 기반으로 음악을 통해 제한아동에 갇힌 음악아동을 깨우고, 활성화시키고, 확장시켜 아동의 성장과 발전 더 나아가 자기실현을 돕는 역할을 한다.

창조적 음악치료의 전형적인 방법은 즉흥연주를 기반으로 주 치료사와 보조치료사가 한 팀을 이루어 진행되는데, 주 치료사가 piano를 이용하여 음악적 방향성을 주도하고, 보조치료사는 내담자 주변에서 내담자의 음악활동을 도와준다. 매 치료회기는 녹화나 녹음이 되어 지고, 회기 후 녹화나 녹음된 자료를 토대로 회기 동안 사용된 즉흥연주와 즉흥연주 활동에서 보인 내담자의 음악적, 신체적, 정서적 반응들을 기록하고 분석하여 각 회기를 평가한다.

내담자의 표현적 자유와 상호반응성의 정도는 즉각적으로 나타내는 것이 유동성(mobility)이다. 장애아동들의 장단(beating)은 종종 병리적으로 극단적이고 융통성이 없다. 이들과의 작업은 템포와 강약이 경직되어있고, 극단적인 경향이 있다. 빠르기만 하거나 느리기만 하고 크기만 하고 부드럽기만 한 장단(beating)을 사용한다.[178] 항상 이

178) Nordiff, P. & Robbins, C.(1986). Schöpferische Musiktherapie. Stuttgart, p. 157

러한 한계들이 내담자들을 고립시킨다. 반면 유동성과 반응성은 내담자를 자신의 환경과 관계 맺도록 하고, 의미 있는 음악적 경험에 참여하도록 한다. 치료과정은 세 단계로 이루어지는데 세 단계 모두에서 내담자는 자신의 장단(beating)의 특질뿐만 아니라 치료자의 음악과 관계한 자신의 장단(beating)의 특질도 인식해야 한다. 따라서 음악적 유동성의 작업에서 치료사는 내담자의 음악적 기술, 표현적 자유 그리고 상호반응성을 개발하려고 노력한다.

창조적 음악치료의 목적은 내담자가 신뢰할 만한 경험과 능력의 체계를 개발하고, 내담자가 자신의 음악적, 정서적 자유를 제한하는 과도한 표현 또는 제한으로부터 자유롭게 하고 내담자가 표현적으로 다른 사람들을 인식하고 반응하도록 유도하는 것이다.

1단계: 접촉

창조적 음악치료는 치료사와 내담자의 합동음악작업을 통한 적극적 만남을 추구하는데, 내담자와의 음악에서 음악적 만남(meeting)을 통해 치료사는 아동의 내면상황을 그대로 수용하고 내면상황과 일치하도록 매 순간 반응적으로 연주하고, 내담자의 음악적 표현에 반주를 하고, 이 반주를 통해 내면상황을 강화시킨다. 예를 들어 내담자의 장단(beating)의 경우에 음악적, 정서적 의미를 주는 선율, 화성 또는 리듬 요소들을 제공한다. 여기서 공감(empathy)과 이해를 전달한다. 이를 위해서 우선 치료사는 자신의 템포와 강약에 맞는 음악을 즉흥연주하고 이에 따라서 발생하는 내담자에 의해 도출되는 음악적 패턴을 강화하고 확립시킨다. 이러한 활동 후 "음악적 활동에서 내담자-치료사 관계"척도를 이용하여 평가한다.

이러한 치료활동에서 치료사는 즉흥연주 상황에서 나타나는 모든 반응에 대해 인과관계를 찾아내어야 한다. 이때 성격, 분위기, 동작, 소리에 대한 반영, 묘사, 일치, 모방이 핵심적인 방법이 된다. 음악적 반응 일으키기(evoking musical responses)는 내담자가 치료 상황에 적극적으로 참여하는데 동기를 부여하는 것을 중점으로 한다.

음악을 통해 이루어지는 임상적 개입에는 접촉하기(meet), 참여시키기(engage), 표현하기(express), 교류하기(interact/exchange), 위로하기(coax), 지지하기(support), 반영하기(mirror/reflect), 안정시키기(ground), 자극하기(stimulate), 격려하기(encourage), 강화하기(enhance), 도전하기(challenge), 끌어내기(evoke), 조직하기(organize), 장려하기(promote) 등이 있는데, 이러한 모든 개입이 원활히 이루어지기 위해서는 접촉과 관계형성이 선행되어야만 한다. 치료사와 내담자는 적극적 접촉을 통해 교류하며 서로에 대해 이해하고 알아가게 되는데, 내담자의 표정, 시선, 자세, 행동, 감정 등에 대한 치료사의 음악적 반영과 반응이 접촉의 주요방법이 된다. 치료사와 내담자가 동등한 위치를 가지거나 경우에 따라 내담자가 치료의 중심역할을 하기도 한다(내담자 중심치료). 따라서 내담자의 능동적, 자발적 참여는 치료의 필수조건이 되며, 치료사는 음악을 통해 내담자의 적극적인 참여를 유도한다. 이러한 능동적 참여와 접촉을 통해 치료사와 내담자는 음악적, 치료적 관계를 형성하게 되는데, 음악 안에서의 관계형성은 치료사와 내담자 사이에서만 일어나는 것이 아니다.

창조적 음악치료에서는 내담자와 음악, 치료사와 음악, 내담자의 음악과 치료사의 음악 사이에서의 관계형성도 중요한 치료과정으로 간주한다.

⇒ 음성표현과 노래 반응(vocalizing or singing responses) 일으키기[179)]

- 피아노 즉흥연주 중 내담자의 정서적 상태를 음악적으로 반영한다. 가사가 아닌 흥얼거리거나 휘파람을 불기, 중성적 음절(모음)로 시작한다.
- 내담자가 행하고, 느끼고, 경험한 것을 묘사하는 선율-단어를 노래하고, 더 나아가 내담자가 나타내는 목소리, 단어 또는 선율적 동기를 모방하고 치료사의 음역에서 동일한 음고(pitch)들을 사용한다. 이 음저를 포함하는 화음(chord)로 반주한다. 전위된 7화음들 그리고/또는 개방화음을 순서적 반복에서 사용한다. 내담자가 나타내는 음악적 특성과 정서적 특성을 일치시킨다.
- 가능하다면 내담자를 강한 악기활동에 참여시키고 위 두 기법을 사용한다.
- 쉼표로 끝나는 짧은 선율적 동기 또는 악구를 제시하거나, 내담자에 의해 완성되는 음악적 질문 악구를 제시한다. 이 악구들을 반복적으로 연주, 노래할 때 쉼표를 채우거나 질문에 답할 시간을 준다. 예) 00는 어디 있지?"를 반복해서 노래한 후 "00는 000에 있다."에서 '여기'라는 말로 완성한다.
- 음악적 동기와 악구가 이전에 내담자에게 능동적인 반응을 발생해냈다면 특별히 이를 계속 반복한다. 이들을 반복할 때 더 흥미롭고 자극적으로 만드는 특정한 음악적 차원에 따라 변화된다. 또한 이전에 반응을 일으킨 반응들을 기법들을 반복한다.
- 음(tone)들을 사용한 짧은 동기 또는 선율들을 제시하여 내담자

179) Ibid, pp. 86-100

가 노래할 수 있게 하고 내담자에게 이것들을 다시 부르게 한다. 이들의 반복적 노래 그리고 연주하고 쉬었다가 내담자가 반응할 시간을 준다.

- 적절한 분위기로 친숙한 노래나 곡을 소개하고 내담자가 따라 부르도록 격려한다. 이것을 반복적으로 연주한다. 내담자가 악기로 이 노래를 반주하도록 한다.
- 선율 악기들을 사용하여 노래할 선율을 소개한다. 내담자가 카주 같은 단일 음을 내는 악기로 선율적 악구를 완성하게 한다. 또 내담자의 손가락을 사용하여 피아노로 선율을 연주하면서 동시에 노래를 부르게 한다.

2단계: 음악적 반응 불러일으키기(evoking musical responses)

치료사는 내담자로부터 소리나 음악 만들기 반응을 불러일으켜 내담자가 치료 상황에 적극적으로 참여하도록 유도한다. 악기를 통해서 나타나는 반응을 도모하면서 치료사는 안정적이고 지속적인 장단(예: 박자)이나 리듬적 형태(예: 잘짜여진 길고 짧은 장단들)를 이끌어 내려고 노력한다. 이것은 아동이 제시하는 것으로부터 만들어지기 쉬운 것에 따라 좌우된다.

이전의 기법을 창조적으로 사용함으로써 치료사는 내담자에게 의미 있는 음악적 경험을 인식하게 한다. 정상범위 내에서 빠르고 그리고 느린 범위 템포 또는 정상범위 내에서 크고 그리고 부드러운 범위의 강약. 여기에서 내담자 자신의 장단(beating)에 대한 내담자의 경험을 바꾸어 보다 의미 있게 된다. 이렇게 하기 위해 치료사는 항상 내담자에 의해 사용되는 템포와 강약 범위 내에서 그리고 범위로부터 작업한다. 이를 통해 내담자는 자신의 병리학적으로 빠른 장단(beating)을 빠른 템포에 내재된 음악적, 정서적 경험들을 연결할 수 있고, 병리적으로 느린 장단(beating)을 느린 템포에 내재된 음악적, 정서적 경험으로 연결할 수 있다.

유사한 방식으로는 종종 동시적으로 치료사는 내담자가 자신의 병리학적 큰 장단(beating)을 큰소리 음악에 내재된 음악적, 정서적 경험에 연결시키고 병리학적 부드러운 장단(beating)을 부드러운 음악에 내재된 음악적, 정서적 경험들에 연결시킨다. 예를 들어 내담자의 긴장과 공격성에 대한 느낌들은 신뢰와 조심성의 음악적, 정서적 경험이 될 수 있다. 무기력과 냉담함의 느낌들은 평온하고 신중한 음악적, 정서적 경험들이 될 수 있다.

"템포-강약 표"에서 내담자의 병리학적이 경험들이 어떻게 치료사에 의해 포용되고 음악적으로 변형되는지를 보여준다. 템포-강약 표는 템포나 강약을 통해 표현되거나 연관되어 표현되는 정서적 사건들로 구성되는데 극단적인 사건들은 음악적으로 병리적이라고 간주된다.

⇒ 악기-리듬적 반응 불러일으키기(evoking instrumental-rhythmic Responses) 기법들[180]

- 이전 회기에서 리듬적 반응을 이끌어낸 음악을 사용한다.
- 내담자의 장단(beating)이 불안정하고 도움이 필요하면 보조치료사와 함께 작업한다. 내담자가 확신을 가지고 리듬적 상호작용할 준비가 되며 번갈아 작업한다.
- 내담자가 불안정한 장단(beat)들의 짧은 진행들을 제시하면 이

180) Nordiff, P. & Robbins, C.(1986). Schöpferische Musiktherapie. Stuttgart, p. 108

템포-강약표

	병리적으로 제한된	정상적 경험
빠른템포	신경과민, 불안, 긴장 과잉행동 지나친 흥분, 광란, 강박, 거침없는 충동, 방어: 도피	촉진, 주의 깊음, 쾌활, 기쁨, 가벼운 명랑함, 기쁜 흥분, 정열(열렬함)
느린템포	불안, 혼란, 위축, 낙담, 태만, 느림, 공허, 잘못된 운동적 활기, 약한 추진력, 방어: 회피	관심, 평온, 좋은 기분, 진지, 신중, 양심, 냉철함, 확실, 긍정, 따뜻함
큰소리 강약	공격, 절망, 분노, 잘못된 충동조절, 정서적-운동적 분출, 반응하지 않는, 자기주장 방어: 치료사 그리고 음악 배제	생기, 열광, 생동, 명확한 자유의사, 자신감, 높은 충만감
작은소리 강약	걱정, 어색함, 무관심, 무기력, 동떨어짐, 무의식, 방어: 나타냄 회피	가벼움, 섬세함, 다정, 부드러움, 조심스런, 긴장, 심사숙고, 내적 몰두

들을 모방하고 주고받기식의 상호작용을 구축한다. 새로운 아이디어를 주입시키고 진행순서를 전체 소절로 확장시킨다. 주고받기 패턴들 사이에 연속성을 구축한다.

- 내담자가 간헐적으로 일정한 박자(pulse)들을 제시하면 내담자가 하던 것과 겹치는 리듬들, 화성들 또는 선율들을 반복한다. 박자(meter)에 박(pulse)을 첨가하고 템포에 변화를 소개한다. 내담자의 장단(beating)에 정서적 음악적 특질을 맞춘다.
- 내담자의 장단(beating)이 불안전하고 미숙할 때 내담자의 동기를 가지고 선율과 리듬 패턴들을 만들고 이들을 반복적으로 사용하여 내담자에 반주해준다. 춤곡과 같은 음악을 즉흥연주하여 내담자의 장단(beating)을 지원하고 그 분위기, 빠르기 그리고 강약에 맞춘다. 조직화된 음악과 그렇지 못한 음악을 대비시킨다.
- 내담자의 장단(beating)이 기계적, 강박적 또는 규칙적이면서 강박적 그리고 충동적일 때이 반복성을 붕괴시키기 위해 2:3 패턴이나 당김 음 같은 반대 리듬을 연주한다. 매우 인상적으로 말하고 노래한 선율적 리듬 또는 음악적 최고조(절정)을 가진 악절의 소개함으로써 내담자의 장단에 음악적 의미를 부여한다. 즉흥연주에 쉼표나 휴지를 제공한다. 악기들 또는 조작기법들을 변경한다.
- 돌아가면서 연주하기 위한 4소절 악구를 제시하고 각 소절의 끝에 내담자가 채워야 하는 휴지를 둔다.
- 리듬 패턴을 도출하기 위해 내담자가 모방하기 위한 짧고 명확한 리듬적 악절을 도입한다. 이들을 반복 연주하고 쉬고 내담자가 반응하도록 격려한다. 또 말이나 언어적 리듬들을 도입하고 자극적인 선율들이나 화성들을 사용한다. 친숙한 노래(예, 집단 회기에서 배운 노래들)들에서 나온 리듬 역시 도입될 수 있다.
- 악구의 개념을 수립하기 위해 내담자는 드럼과 심벌즈를 다르게 사용한다. 예를 들어 내담자는 드럼과 심벌즈 사이에 악구들

을 교대시키거나 심벌즈를 사용하여 악구들을 끝내거나, 드럼과 심벌즈 사이의 소절 내에서 장단(beat)들을 교대시킬 수 있다.

- 선율이 있는 리듬들을 유도하기 위해 드럼에서 선율을 만들 내는 장단(beating)의 본보기를 보여준다. 또 내담자의 손가락을 사용하여 피아노에서 선율을 연주하고, 동시에 그 선율을 노래한다. 선율을 작은 부분으로 잘라서 내담자가 각각 개별적으로 익히도록 하는 것도 도움이 된다. 또한 내담자가 장단(beating)들을 피아노에서 선율을 제시할 때 두 손으로 선율을 연주하거나 다른 방식으로 선율적 리듬을 강조한다.

3단계: 음악적 능력, 자유로운 표현능력, 상호 반응성 개발시키기[181] (Developing Musical Skills, Expressive Freedom, and Inter responsiveness)

각각의 음악적 반응이 유도됨에 따라 하나의 능력이 생겨나거나 향상되고 내담자는 새로운 표현의 선택권을 가지게 된다.

기본 장단(beat)이 구축되면 곧바로 내담자는 빠르게 또는 느리게, 크게 또는 조용하게 연주할 선택들과 그것을 변화시킬 온갖 가능한 방법(예: 더 빠르게 또는 느리게 하거나 더 크게 또는 조용하게 하기)을 알게 된다. 새로운 악기가 소개됨에 따라 기초 장단(beat)의 어떤 부분들은 이 악기에서 연주하고 또 어떤 부분은 저 악기에서 연주할 수 있는 가능성이 생긴다. 결과적으로 아동은 기본적 박자에 장단을 맞추거나, 선율이 있는 리듬에 장단을 맞추거나 선택을 하게 된다. 리듬의 형태들이 나타나고 나면 곧 내담자는 이를 길거나 짧게, 단순하거나 복잡

181) Nordoff, P. & Robbins, C.(1986). Schöpferische Musiktherapie. Stuttgart, pp. 140–144

하게, 크거나 조용하게, 빠르거나 느리게, 가사를 붙이거나 가사와 무관하게, 멜로디를 넣거나 멜로디 없이, 악기 하나로 연주하거나 두 개로 할 선택들을 가지게 된다. 성악적 반응이 생겨났을 때 내담자는 어떤 선율을 단계나 도약을 넣어 만들거나, 고음역 또는 저음역에서, 가사를 가지고 또는 가사 없이, 다양한 템포와 강약으로 노래할 수 있는 선택을 가지게 된다.

내담자는 기술과 자신감에서 비롯된 다양한 표현의 자유들을 발견하면서 자신의 음악적 활동을 다른 사람의 것과 연결시킬 여러 선택들이 있음을 발견한다. 즉 음악이 '상호 반응적' 이 될 수 있다는 시실을 발견하게 된다. 내담자가 장단(beat)이 크거나, 조용하거나, 빠르거나, 느릴 수 있다는 사실을 발견하면서 이런 선택에서 치료사의 음악에 무관하게 혹은 연관시킬 수도 있음을 깨닫는다. 또 내담자는 자신이 그것을 변화시킬 때 치료사를 리드하거나 그를 따라 할 수 있다는 것도 알게 된다. 이와 비슷하게 리듬의 형식을 연주하고 선율을 노래하는 데 있어서 내담자는 그 음악이 자신이나 타인에게 속할 수 있다는 사실을 발견한다. 내담자는 그 안에서 자기 자신의 음악을 연주하거나 치료사의 음악을 모방하거나 함께 새로운 것을 만들어 낼 가능성을 인식하게 된다. 이러한 선택들을 발견하는 것은 내담자가 자동적으로 자의적으로 하게 되는 일은 아니다. 거의 언제나 내담자의 성격을 묶는 병리학적 요소는 표현의 자유와 다른 사람들과 음악적 상호반응을 제한한다. 종종 이런 내담자는 종종 감정을 자유롭게 표현하거나 다른 사람과 교류함으로써 위협을 느낀다.

자연스럽게 표현적 유동성을 유도하는 표현적 요소들을 도입한다. 템포에서 이 구성요소들은 accelerando, ritardando, tempo 대조(contrast), fermata, 그리고 rubato이다. 강약에서 구성요소들은 crescendo, diminuendo, dynamic 대조(contrast), 그리고 강조(accentuation)이다. 이러한 표현적 구성요소들은 내담자의 기술과 경험을 자신의 처음 장단(beating)으로부터 다른 템포와 강약으로 확장시킬 뿐 아니라 이전에 사용할 수 없었던 음악적 공동작용과 상호작용을 경험하게 한다.

5-3-2. 자유즉흥연주(Free Improvisation)

Juliette Alvin(1970)[182]의 작업을 토대로 자유즉흥연주 치료절차를 정리하였는데, 이 기법은 Alvin이 자폐아동을 치료하는데 사용되면서 널리 알려졌지만 장애아동, 성인을 포함한 다양한 대상에게도 적용될 수 있다. 자유즉흥연주기법은 다른 즉흥연주기법들과 유사하게 궁극적으로 사회적 발달을 위해 내담자가 자신의 환경에 대해 관계를 형성하고 관계 맺는 것을 목적으로 한다. 또한 내담자의 음악적 능력을 전제하지 않음으로 Lacan의 선험적 자아와 유사한 음악의 근원성을 기반으로 한다. 따라서 치료회기에서 내담자의 어떠한 음악적인 드러남을 표현으로, 투사로 이해한다. 하지만 Lacan과 Merleau-Ponty가 공통적으로 주장한 지향성을 동반한 통일성을 기반으로 종국에는 이강숙이 주장한 하나의 짜여진 결과가 나오게 된다.[183] 이러한 결과가 이루어지지 않는다면 치료는 불가능할 것이다. 초기 회기에서 내담자 탐색을 위해 보편적인 음악적 기준에 부합하지 않는 내담자의 자유로운

182) Alvin, J.(1970). Music Therapy for the Autistic Child. London; Oxford University Press.

183) 이강숙(1980) 즉흥연주의 미학, 현음사, p. 206

소리의 표현은 어디까지나 rapport를 위한 것이다. 이를 무시하고 단지 자유로운 소리의 표현만이 존재한다면 치료의 목적에 부합하는 활동은 불가능하다. 왜냐하면 Alvin이 제시한 아동의 음악적 발전에 있어 비언어적 자기표현 욕구의 만족이나 인간관계나 음악관계에 대한 아동의 인식 증가 그리고 만족스럽고 성공적인 자기표현 수단의 발견은 산재되어 있는 음악적 표현에서는 이루어질 수 없기 때문이다. 또한 집단 활동에서 아동이 사회적으로 또는 음악적으로 준비되지 않은 상태에서 음악을 만드는 그룹에 참여시키는 것을 주의해야 한다고 지적하는데 이 또한 통일성을 기반으로 해야 함을 말하는 것이다. 그러므로 이 자유로운 소리의 표현을 기반으로 음악적으로 통일되어 형성된 Gestalt에서 실질적인 치료활동이 시작될 수 있다. 이후 Alvin의 치료활동은 여느 즉흥연주 기법과 유사하게 감상, 연주, 움직임 등을 묘사하면서 그리고 음악활동과 경험에 대한 토론으로 진행된다.

Alvin은 자신의 활동에서 전체적으로 즉흥연주를 크게 수용적 기법(Receptive Techniques)과 능동적 기법(Active Techniques)으로 사용하였다. 여기서 이 기법들의 차이점은 듣느냐 아니면 만드느냐의 차이이다. 그러나 사실 이들은 따로 떨어져 독립적으로 작용하기는 힘들다. 즉흥연주에 있어서 이 두 요소들은 사실상 함께 사용되어진다.

1단계: 자신과 사물과의 관계(Relating Self to Objects)

이 단계는 지각의 단계로 내담자의 감각을 통해 내담자를 물리적 환경과 연결하는 것을 목표로 한다. 여기서 내담자는 소리를 사용하여 자신을 탐색하고 투영하는 안전한 장소이다. 정확하게는 치료환경 내에서 음악적 악기들, 음악 그리고 다른 대상들과 비언어적 관계를 형성하는 것이다. 이를 위해서 치료사는 내담자의 자유로움, 즉 Lacan의 상징계적 요소로부터 자유로움이 보장되어야 한다. 그러므로 환경으로부터의 모든 제약들이나 관념들로부터 자유로움이 지지되어야 한다. 이러한 자유로움을 기반으로 궁극적으로 관계에 대한 재인식 또한 이러한 관계를 형성하기 위해 육체적, 지적, 사회-정서적 영역들에서 발달적 성장이 이루어져야 한다. 이 단계에서 내담자는 자신이 원하는 악기를 스스로 선택해 내적 상태를 소리로 전환한다. 그리고 연주방법, 연주시기 등 모든 환경에 대해 자유롭게 참여한다. 악기를 어떻게 사용하든 목소리를 어떻게 내든 이것은 자신과의 관계를 만드는 과정으로 이해한다. 이 과정을 통해 내담자는 즐거움을 느끼고 치료자로부터의 비 지시적 환경에서 자신을 탐색할 수 있다.

이 단계에서 내담자는 자신의 환경 내의 치료사나 타인을 포함한 모든 사물들과 관계를 형성하고 다음 단계로 전환하기 위한 준비를 한다. 이때 생성된 소리는 촉각, 청각 및 운동과정이 하나로 결합된 통일된 단일 소리로 인식한다. 이때 악기나 목소리는 내담자와 환경 사이의 표현을 위한 매개물로 이해하고, 내담자는 악기나 목소리에 수반되는 호흡이나 신체 등 자신의 행동에 소리를 연관시키려고 노력한다. 그리고 내담자의 자유로운 선택은 사물과의 동일시로 이어진다. 특히 내담자가 악기에서 연주할 때, 지각과 운동 관계는 크게 발전될 수 있으며, 예를 들어 운동의 속도, 강도 또는 크기의 조절과 같은 보다 나은 음악 결과를 이끌어 낼 수 있다. 그리고 내담자의 목소리나 악기 소리는 점점 세련되고 통제될 수 있게 된다. 자신-대상관계에 치료사의 등장은 다음 단계로의 전환으로 작용한다. 그리고 치료사에 속한 대상들과 내담자 자신 사이에 관계가 형성된다. 이 단계에서 발달은 상징적, 목표 지향적 행동을 요구하는 지적 그리고 정서적 추구 같은 상징적이거나 추상적이기 보다 구체적인 감각운동적(sensorimotor) 경험에 중점을 둔다. 이 단계에서 소리(sound)들을 통제하기 위해 악기들의 조작방법을 학습하는 것이 포함된다.

이 단계에서 대상과의 관계형성을 위한 필요를 유형별로 구분하면 신체적 발달 측면에서 음악적 대상들에 대한 내담자의 신체반응 인식, 악기를 잡고 조작할 때 내담자의 다른 신체부위들을 사용, 청각, 시각 그리고 촉각에 의한 감각의 통합, 악기 연주에 필요한 운동근육의 통제, 악기의 물리적 저항 인식이 필요하다. 지적 발달 측면에서는 악기와 악기소리 사이의 원인-결과 관계 인식, 자신의 행동에 집중, 지각에 따른 다양한 소리들의 구별, 자신의 소리들을 음악 패턴들과 형식들 내에 조직, 이미 학습되거나 구축되어진 것에 대한 기억이 필요하다. 정서적 발달 측면에서 대상들에 대한 수용과 거부반응, 대상에 대한 고집으로 나타나는 강박관념, 대상을 통한 충동 그리고 공포의 자유로운 표현, 대상을 통한 대한 신체적 동일시와 투사, 연주태도에 대한 인식을 필요로 한다.

이러한 관계들을 발전을 유도하기 위해 치료사는 4가지 원칙들(즐거움, 자유로운 악기선택, 비지시적, 자신만의 영역)을 사용한다. 이 원칙들은 능동적 그리고 수동적 기법 모두에 적용된다.

1) 즐거움(pleasure): 내담자가 치료 상황으로부터 즐거움을 얻는 것은 계속적인 치료활동을 위해 중요한 것이다. Alvin이 즉흥연주활동에서 내담자가 가능한 모든 행동을 허용하는 것이 이 즐거움을 인식하는 첫 단계일 것이다. 이때 내담자에게 자유가 있는 환경을 신뢰하게 하는 것이 중요하다. 제제나 제제에 따른 공포나 두려움이 크면 클수록 이 신뢰를 쌓는 것은 생각보다 쉽지

않다. 이 신뢰를 기반으로 내담자는 환경과의 상호작용이 가능해진다.

2) 자유로운 악기선택(Free Instrument Choice): 내담자가 어떠한 영향 없이 순전히 자신이 스스로 악기들 중에서 선택하는 것이 중요하다. 이때 치료사는 악기선택을 위한 폭넓은 정보를 제공할 뿐이다. 필요한 경우 시범을 보이는 것도 좋은 방법일 것이다. 단지 내담자의 안전을 위한 통제만이 필요하다. 그리고 내담자의 성격을 드러내는 것과 부정적인 느낌들을 대처하는 것을 돕는다.

3) 비지시적(Non-directiveness): 내담자의 악기 선택뿐만 아니라 활동에서 자유로움을 보장하기 위해 치료사의 지시는 최소한이 되어야 하고 지지되어야 한다.

4) 자신만의 영역(Territoriality): 치료사는 내담자의 안정을 위해 내담자 자신만의 영역확보를 적극 수용한다. 치료사가 내담자의 허가 없이 내담자의 영역을 침입하지 않아야 한다.

5) 수용기법(Receptive Techniques): 이 단계에서 치료사는 내담자가 자신의 악기들 그리고 소리들로 비언어적 관계들을 형성하는 동안 치료사는 다음 단계에서 오는 내담자-치료사 관계 발전을 위한 기초를 만든다. 이때 내담자는 어느 정도까지는 치료사를 받아들이고 치료사의 존재, 지지를 허용한다. 이는 치료사의 예측 가능한 활동으로 발생하는 안정감을 기반으로 치료사의 참

여가 허용된다. 이후 치료사는 자신의 음악 그리고/또는 악기를 내담자의 반응에 맞게 조절함으로써 rapport를 형성하기 시작한다. 즉흥연주 치료의 다른 모델들과 달리 Alvin은 치료사의 즉흥연주들은 내담자의 음악적 반응 유도하기보다는 내담자의 수용을 얻기 위해 사용한다는 점이 중요하다.

6) 능동기법(Active Techniques): 이 기법은 자유즉흥연주에서 악기들에 대한 연습운동, 단순한 형식들의 악보를 보고 연주하기, 악기 그리고 음성을 맞추기(matching), 게임과 같은 모든 형태의 음악적 참여 형식을 포함할 수 있다. 이것은 Merleau-Ponty에 있어 의식이 대상과 짝을 이루는 것과 유사하게 모든 것들은 보고-듣고, 보고-만지고, 보고-느끼고, 듣고-만지고, 듣고-느끼고, 보고-움직이고, 듣고-움직이고, 그리고 느끼고-움직이는 것 같은 연결을 만드는 것을 목표로 한다. 따라서 능동기법은 지각 운동적 요구들에 따라 순서대로 진행된다. 발달 수준이 낮은 내담자의 경우 악기소리 그리고/또는 목소리를 내는데 어려움을 느끼면서 시작할 수 있는데, 이러한 경우 치료사는 악기들에서 소리들을 생산하는데 필요한 동작들을 시연해 주고 내담자가 소리와 관계한 악기를 보고 움직이는 관계를 시작한다. 반면 발달 수준이 높은 내담자의 경우 능동기법은 음고(pitch), 음길이 또는 음의 성질을 다른 소리들과 비교하여 시작할 수 있다. 이러한 활동은 감각적 통합을 넘어 한 감각양식 내에서 보다 높은 수준의 지각적 기술들을 지향한다. 능동기법들은 다양한 악기들의 특성에 따라 계획되어야 한다. Alvin은 악기가 연주자에게 주는 물리적 저항의 양이 특히 중요한 특성이라는 것을 발견

했고 이에 대한 내담자의 인식에 집중했다. 낮은 발달을 보이는 내담자의 경우 악기를 소리내기 위해 더 많이 과장된 움직임들이 요구되어지므로 큰 저항으로 나타나고 소리와 움직임 사이의 연관성을 배우고 그리고 기억하기 쉽게 된다.

2 단계: 자신과 치료사와의 관계(Relating to Self and Therapist)

1단계에서 형성된 rapport를 기반으로 내담자 개인의 갈등을 통해 발생한 대인관계의 어려움을 해결함에 있어 첫 단계인 내담자–치료사 관계를 발전시킨다. 이후 이 관계는 주변 사람들과 내담자가 형성해야 하는 관계를 위한 기반이 된다.

이러한 관계를 구축하기 위해 내담자는 다른 사람들로부터 자신을 고립시키는 심리적 갈등들을 해결해야 한다. 이것은 사물들에 대한 감각운동적 경험들을 넘어 자기인식 수준을 필요로 한다. 그러므로 2단계의 목표들 중 하나는 해방되거나 또는 해결되어야 할 생각들과 느낌들에 대한 큰 의식으로 보다 상징적 수준에서 자기인식을 발전시키는 것이다. 이 단계(stage)에서 자기인식은 잠재의식적 자료들을 의식으로 가져오고, 외부현실 대 내부현실 그리고 현실 대 비현실 사이의 구별하거나, 개인적 문제들이나 갈등들을 제거하거나 통제하는 방향으로 자신의 자질을 어떻게 적용할지를 발견하는 것이다. 내담자가 이러한 개인적 쟁점들에 직면하기 시작하면 치료사는 지원과 격려를 제공하고, 점차적으로 더 밀접한 관계를 시작하는데 필요한 신뢰를 얻게 된다. 이 단계에서는 자신의 내적 상태와 자신이 소유한 것, 자기주변의 타인, 이 타인이 소유한 것, 이 타인의 내적상태와의 관계가 발전가능하다. 이는 Merleau-Ponty의 지각과 도구의 관계 그리고 살의 개념과 유사하다. 신체적 그리고 지적 추구, 사회적 관계 모두는 놀이 보다는 목적 지향적이다. 그러므로 다른 사람들과 음악을 구성하는 능력 증가와 다른 사람들의 음악에 대한 음악을 의식하고 인식한다. 이를 기반으로 음악적 표현이 풍부해짐과 동시에 타인의 음악인식과 합주를 통한 자기통제의 증가로 이어진다. 이러한 통제는 자신의 내적상태를 통제와 조절하려는 분명한 시도로도 이어진다. 이후 즉흥연주에서 타인으로서의 치료사를 인정하면서 형성된 치료사와의 신뢰를 바탕으로 치료사의 도움이 받아들여지게 된다. 이러한 상태가 되면 즉흥연주에서 저항보다는 자발적 참여와 처음보다는 한층 발달된 완성도가 드러나게 된다.

1) 즉흥적인 대화 그리고 이중주(Improvising dialogues and duets): 대화는 기본적으로 상호관계와 소통을 기본으로 한다. 음악 또는 소리가 대화가 되려면 이러한 조건을 충족하여야 하는데 내담자-치료자 관계는 이 조건을 충족하는 것이다. 예를 들어 치료사는 단일 소리(sound)들 또는 매우 단순한 패턴들을 갖는 ostinato로 내담자를 반주함으로써 내담자가 참여하기만 하면 이중주는 발생한다. 이미 참여는 이전 단계에서 가능하므로 이 단계에서는 무리 없이 진행된다. 이후 이중주는 보다 밀접한 관련이 있는 즉흥연주 합주로 더 복잡한 수준으로 음악적 상호작용이 시도된다.

2) 악기들과 영역들의 공유(Sharing instruments and territories): 1단계에서는 내담자는 자신만의 영역이 있었고 이는 침

범되어서는 안 되었다. 이러한 상황은 악기연주에서도 유사했다. 이 2단계에서는 치료사에 대한 신뢰와 치료사의 도움을 수용하면서 치료사는 내담자의 영역을 허무는 내담자와 동일한 악기로 연주하기 그리고/또는 통일한 연주 공간을 차지하기가 시작된다.

3) 수용할 수 있는 행동적 경계들 구축(Establishing acceptable behavioral boundaries): 내담자의 고유 영역이 무너지면서 상호작용에 따른 제한이 필요하다. 따라서 치료사는 영역이 아닌 내담자의 행동에 대한 합리적 경계들을 찾아야 한다.

4) 동등관계 구축(Establishing an equal-term relationship): 치료자는 즉흥연주합주에 있어 지배가 아니라 지지자이여야 한다는 것이다. 내담자가 원하는 경우에만 도움을 준다. 이 동등관계가 깨지는 경우 내담자의 연주는 자발적이고 즐거운 연주가 될 수 없다.

5) 투사들에 집중(Focusing the projections): 치료사는 어떤 식으로든 내담자가 자신이 아닌 악기와 소리에 대한 느낌들과 갈등들을 투사하는 것을 수용한다.

6) 새로운 악기들(New instruments): 내담자가 문제에 빠져나오지 못하거나 퇴보할 경우 치료사는 내담자에게 새로운 악기를 소개하고 새로운 자아투사들과 문제해결을 위해 다른 가능성들을 자극한다.

7) 음악적 개입(Musical intervention): 내담자가 자신의 내면을 자유롭게 표현할 수 있도록 즉흥연주 함에 있어 음악적 개입은 목적 지향적으로 두려운 악기들을 소개하거나, 음악적 집요한 반복들과 집착들을 부수거나, 내담자가 음악적 문제를 해결하는데 필요한 음악적 지원을 제공할 수 있다.

8) 능동기법(Active Techniques): 자유즉흥연주를 통해 내담자의 내적 충동과 추동은 자아통찰 또는 자아인식을 통해 소리로 변형되어 나타나고, 말로 100% 표현하기 힘든 내면의 표현 역시 소리나 즉흥연주를 통해 나타나게 된다. 이는 다시 내담자의 통찰로 이어져 즉흥연주에서 나타난 자신의 소리가 무엇을 반영하는지, 자신은 소리를 통해 무엇을 느끼는지, 이 소리들이 자신의 환경속의 어떤 대상과 관련이 있는지를 생각하게 된다.

9) 수용기법(Receptive Techniques): 2단계에서 수용기법은 음악적 자아인식과 음악적 표현을 제어하도록 즉흥연주 녹음한 것을 다시 듣는 것이다. 단 내담자가 조언을 받아들일 수 있는 경우에만 가능하다. 조언에 대해 열린 내담자들은 자신의 즉흥연주를 평가하고/또는 토론하고, 어떤 경우 제목을 붙이는 활동은 자아인식을 높이고 치료사를 신뢰하는 방법을 배우는데 매우 도움이 될 수 있다.

3 단계: 자신과 타인들과의 관계(Relating Self to Others)

내담자가 치료자나 보조치료자 이외의 타인들과 관계형성을 하는 것이다. 즉흥연주는 독주나 합주의 형태를 가지는데 연주자가 타인이나 타인들이 될 수 있다. 자아통찰을 기반으로 즉흥연주를 통한 대인관계에서 자아존중감을 얻도록 한다. 자아존중감을 통한 대인관계는 원만해질 것이다. 이 단계는 언어를 통해 내담자들은 자신들의 음악적 경험들에 제목을 붙이고 음악 활동들에 대한 토론에 참여하기 시작한다. 치료는 사회적 융합이 이루어지는 때 종료한다.

1) 부모에게 전환(Transferring to Parents): 내담자가 부모 또는 부모와 유사한 비중이 있는 타인과 관련하여 문제가 있을 경우에 해당한다. 치료사는 Lacan의 상상계와 상징계의 개념에서 어머니 그리고/또는 아버지 역할을 하는 타인 또는 대상을 내담자와 함께 치료에 참여시킨다. 목표는 내담자가 치료사와의 관계처럼 이들/이것과 관계를 형성하도록 돕는 것이다. 치료사는 내담자에게 지지관계를 유지하면서 자신의 역할을 이들 타인이나 대상에 전환시켜야 하기 때문에 세심한 주의를 갖고 진행한다. 필요하다면 때때로 이 타인이나 대상에 변화를 요구한다.

2) 능동집단기법(Active Group Techniques): 가족 이외의 사람들과 더 나은 관계를 맺을 필요가 있는 내담자들은 대개 또래 집단에 투입된다. 집단에서 정체성과 자기주장 그리고 자신의 또래들을 수용하는 태도가 강조된다. 주요 능동기법은 즉흥연주이다. 집단은 음고가 없는 리듬악기들이나 음고가 있는 악기들에서 5음 음계를 자유롭게 즉흥연주 할 수 있다. 집단즉흥연주들은 보통 준비가 되면 모든 사람들이 시작할 수 있도록 침묵으로 시작한다. 침묵은 시작이지 끝이 아니다. 침묵은 집단을 단결시

키고 집중시킬 뿐만 아니라 리더와 추종자가 자연스럽게 나타날 수 있도록 한다. 치료사는 일반적으로 비지시적 역할을 하고 필요한 경우 지원을 제공하고 동등한 자격으로 참여한다. 이전 단계에서 실행되었던 것들이 집단에서 모두 적용된다. 심지어 녹음 재생과 토론까지도 실행된다.

3) 수용집단기법(Receptive Group Techniques): Alvin은 집단에서 치료사의 연주, 녹음된 음악, 그리고 자신들의 음악 만들기에서 이루어진 음악을 다시 듣는 것을 강조한다. 녹음을 재생하여 듣는 것은 집단의 강력한 통합수단이고 모든 집단 구성원들에게 경험을 현실로 만들어주는 방법이다. 즉 녹음된 것의 재생은 각 구성원이 참가한 집단작업의 느낌을 창조하고 강화하는 것이다. 여기서 우리는 심리적 과정들, 악기의 소리를 통해 그리고 리듬을 통한 자기인식, 다른 사람들에 대한 인식, 기억되는 중요한 구절들에 대한 기대감, 느낌들에 대한 언어적 표현, 자신 또는 다른 사람들에 대한 비판, 성취감, 비평 등을 경험하고 교류할 수 있다.

5-3-3. 분석적 음악치료(Analytical Music Therapy)

정신분석적 음악치료는 전통적으로 악기나 노래의 즉흥연주를 주 매체로 사용하는 과정 중심의 치료이다. 일반적으로 정신분석적 접근법은 내담자에게 선택의 자율성을 주며, 비지시적, 비구조적인 특성을 지닌다. 특히 즉흥연주를 통한 상호대화는 죄의식이나 외부로부터의 공격이나 간섭 없이 음악적 표현을 통해 내담자 자신의 자기 파괴적인 경향이 외부로 드러날 수 있다. Priestley(1983)는 자신의 책에서 "분석적 음악치료는 치료사와 내담자가 즉흥연주되어진 음악의 도움으로 내담자의 내면을 탐구하고 내담자의 성장 촉진을 위해 노력하는 것"이라고 정의를 내린다. 이어서 치료의 목표를 "계속적인 발달을 방해하는 요소들을 제거하는 것"이라고 한다. 이 목표에 도달하기 위해서는 "좋은 경험들이 내담자들에게 가장 알맞은 방식으로 만들어지는 것을" 중요하게 생각한다. 이러한 활동을 통해 내담자 삶의 질이 개선되는 것을 목적으로 한다. 내담자는 음악적 대화의 진행에서 크게 또는 작게 개방되고 연주 후에는 치료사에게 자신의 생각이나 느낌 그리고 내적 경험을 이야기는 것이 요구되어진다. 여기서 효과적인 감정교환은 즉흥연주에서 잘 이루어진다. 많은 경우 음악적 표현을 기반으로 하는 대화는 종종 내적 이미지들과 함께 경험되어질 수 있기 때문에 거부되거나 분열된 강한 저항 감정들을 약화시킨다. 대부분의 사람들은 무의식에서 억압된 충동을 해방하는데 강한 두려움을 느끼는데 이러한 저항 감정들의 약화는 자신의 증상이나, 불합리적인 두려움, 설명할 수 없는 기분 등을 드러내고, 수용되며 승화되거나 창조적인 방법으로 사용되는 것을 가능하게 한다.

정신분석이론을 기반으로 하는 분석적 음악치료는 내담자의 내면을 탐색하기 위해 치료사와 내담자가 도출해낸 언어와 상징적 즉흥연주를 사용한다. 그리고 이러한 활동은 내담자의 잠재력과 목표 그리고 이를 숨기고 방해하는 장애를 드러내게 한다. 이러한 분석적 음악치료의 목표를 위해 내담자의 내면의 삶 속에 있는 문제를 대면하는 중심(central)작업과 외면적 삶으로부터 오는 문제들과 대면하는 주변(peripheral)작업을 구별하여 시행한다. 따라서 내담자와 치료사가 매

회기마다 당시 내담자의 이슈와 문제 혹은 내담자에게 의미 있는 주제를 상정한 다음 그 주제를 가지고 즉흥연주를 하게 된다. 내담자의 상태와 문제점에 따라 연주 규칙이 달라지며, 연주 규칙의 목표는 내담자가 음악을 통해 자신의 감정이나 환상, 꿈, 신체적 경험, 기억, 과거의 경험 등을 표현하게 한다. 분석적 음악치료에서는 내담자들의 건강한 부분이 분열된 충동 또는 분열된 지각, 근거 없는 두려움들, 육체적인 증상들 또는 엄격한 방어구조들 같은 장애부분들과 함께 진행되어진다. 따라서 내담자의 건강한 부분들로 인해 내담자들은 자신들의 장애를 직면할 때 장애의 이유가 이해되고 더 나아가 완화될 수 있음을 알게 된다.

치료사는 내담자에게 자신의 상태를 말할 때 단어 뒤에 어떤 음악이 있는지를 감지해야 한다. Mary Priestley(2012)에 의한 치료단계는 치료쟁점 규명(identifying an Issue), 역할규정(defining Roles), 표제즉흥연주(improvising the Title) 그리고 즉흥연주 토의(discussing the Improvisation)로 구성되는데 이들은 모두 치료회기에서 순환적으로 반복될 수 있다. 필요한 경우 한 치료회기에서도 순환적으로 반복되어질 수 있다.

1. 치료쟁점 규명(identifying an Issue)

대부분의 경우 치료회기는 내담자가 자신과 관련되 사건, 상황 또는 감정에 대해 말하면서 시작되는데, 치료사는 내담자와의 대화나 신체언어(자세, 몸짓, 표정 등), 즉흥연주에 대한 관찰을 통해 내담자 내면의 문제들을 규명한다. 더 나아가 내담자의 정신적 에너지가 의식수준, 무의식 수준 어디에 막혀있는지, 내담자의 장애가 Es/Id(본능적인 에너지, 충동), 자아(생각, 느낌, 활동), 초자아(양심, 윤리, 도덕)에 관련되어 있는지 그리고 구체적인 해결책을 찾아낸다. 내담자가 방어적으로 이야기할 경우 아니면 내담자의 진술에 확인이 필요한 경우 즉흥연주가 사용된다. 이때 표제/주제 없이 이미지나 이야기에 대해 즉흥연주를 한다. 치료사는 내담자가 솔로로 연주하든지 아니면 치료사와 내담자가 함께 연주하면서 어떤 음악이 나오는가를 관찰한다. 쟁점이 규명되면 쟁점에 충실한 즉흥연주가 될 수 있는 표제즉흥연주로 전환시킨다. 이때 치료사는 내담자에 갈등들의 본질을 설명한다.

2. 역할규정(defining Roles)

치료쟁점 규명과 동시에 나타날 수 있어 쟁점규명과 밀접한 연관이 있다. 즉흥연주의 목적에 따라 치료사의 역할이 리더인지, 추종자인지, 지배하는지, 지배당하는지 달라질 수 있다. 역할규정에 있어 중요한 기준은 치료사는 역할이 내담자의 내적 감정을 탐구하는 데 있어 가장 효과적이어야 한다는 것이다. 이때 치료사의 효과적인 역할을 위해 다양한 기법들을 사용한다.

개인의 의식적 소재 탐구 기법
(Techniques for Exploring Con-scious Material)

이 기법들은 치료사와 내담자가 충분히 자각하고 있는 상황을 탐구하는데 사용된다.

1) 잡아주기(Holding)기법: 포용하기/담아주기(containing)라고 도 불린다. 치료사의 음악적으로 보호 속에 내담자가 주도적으

로 소리로 자신의 감정을 자유롭게 표현하게 하여 내담자가 자신의 감정과 감정의 절정을 경험한다. 이때 치료사는 치료 상황을 위협하는 내담자의 과도한 표현에는 통제하지만 보통의 경우에는 지나친 관여 없이 내담자를 지지하는 역할을 하다. 이때 치료사는 내담자에게 기본을 제공해 주지만 제한적이지 않고, 절제 되었으나 통제하지는 않으며, 보조적이지만 무책임하지 않고, 반응적이지만 지나치게 관여하지 않으며, 암시적이지만 지시적이지는 않고. 강력하지만 압도적이지는 않은 음악적 반주를 하는 방법을 찾아야 한다. 잡아주기가 제대로 이루어지면 내담자는 치료사의 잡아주기 활동에 대해 알아차리지 못하고, 제대로 이루어지지 않았다면 내담자는 불안이나 의기소침 또는 제지받는다고 느낄 것이다. 잡아주기 기법은 내담자가 이미 인식상태에 있는 감정을 객관화하여 명확히 하고, 감정을 내적 현실로부터 외적 현실로 돌려놓고 대한 보다 큰 통찰력이나 정보를 얻어야 할 때 특히 유용하다. 이는 내담자에게 무엇이 자신의 감정인지 또는 무엇이 자신의 감정이 아닌지를 알 수 있게 한다. 이러한 결과 잡아주기 기법은 분열되거나 해체되는 내담자의 흩어진 경험 일부를 결합시키는 중요한 요소가 될 수 있다. 예를 들어 잡아주기를 통한 두 겉으로 보기에 상반되는 느낌(feeling)들(예, 분노, 공포)은 통합되어질 수 있고 이들의 공존은 불안하게 느껴지지 않게 된다.

2) 분열(Splitting)기법: 이 기법은 내담자가 자신의 일부를 다른 사람에게 투사하여 자기 자신을 그 일부를 가지고 있지 않다고 느끼는 경우 사용된다. 그리고 또한 내담자가 자신의 에너지를

현재의 상태를 유지하기 위해 사용할 때 갈등이 일어난 경우 역시 사용된다. 이 경우 내담자는 언어적으로 갈등의 양면을 묘사하게 되는데 치료사는 양면 중 한쪽의 특성을 대변하면서 즉흥연주를 시작한다. 어느 정도 시간 후 음악은 내담자와 치료사의 이중주가 되고 여러 반대되는 세력들이 연합된다. 대립적인 양극단(예, 선↔악) 요소들이 충돌하는 경험이나 상황에서 치료사와 내담자는 차례로 번갈아 이러한 갈등의 양면을 나누어 모두 표현하는데, 처음에는 즉흥연주로 나중에는 토론으로 표현한다. 갈등에는 실제(real)의 자신-이상적 자신, 악한자신-선한자신, 정신 내적 분열, 실현된 자신(내담자가 인지하고 규정하는 대로의)과 투사된 자신(내담자가 타인을 상대로 행동하는 대로의) 사이의 분열, 주체와 객체의 분열, 외부세계의 인물(persons)이나 사물(things)에서의 분열 등이 포함된다. 분리기법은 이러한 대립적인 양극단이 양립 가능한 또는 연속 가능한 것으로 통합시킴으로 갈등을 해결하는 것을 목표로 한다. 분리를 해결하는 것은 대조되는 또는 분리된 사고를 동시에 표현하고 다시 이런 외견상 상반된 힘들을 섞고 통합시키는 음악의 특성에 잘 부합한다.

3) 감정적 투자의 탐구(Investigation of Emotional Investment): 이 기법은 내담자가 타인에 대한 감정에서의 혼란을 겪고 있을 때. 그리고 토론이 감정을 명확히 해주기보다는 계속해서 원점으로 돌아와 불명확해지는 경우 사용된다. 내담자는 자신의 삶에 있어서의 두 가지 성격이나 인물에 대한 감정을 탐구하는데 내담자는 첫 번째 인물이라는 표제를 가지고 즉흥연주를 시작하고 바로 다음에 다른 사람의 인물이라는 표제를 가지고 즉흥연

주 하게 된다. 치료사는 역전이 없이 잡아주기 기법을 사용하여 내담자의 연주에 귀 기울이며 민감하게 반주한다. 치료사는 전이 감정을 무시하고 지금-현재의 소리에 대해서만 반주하고 두 성격에 대한 언어적 진술과 소리로 나타난 것을 비교한다. 내담자는 방어적으로 될 수 있으므로 즉흥연주는 녹음되기는 하지만 내담자가 두 대상에 대한 자신의 진정한 감정을 대면할 준비가 되기 전까지는 이를 내담자에게 다시 들려주지 않는다.

4) 신체적 의사소통의 시작(Entering into Somatic communication): 내담자의 감정이 신체적인 증상으로 나타날 때 이 기법은 사용된다. 이 과정에서 내담자가 증상이 된 상태를 완전히 즉흥연주를 하고 있을 때 치료사가 내담자 역할을 함으로써 간과된 감정들을 접촉하고 경험할 수 있다. 그 후에는 역할이 바뀌거나 녹음된 즉흥음악을 재생하여 언어적으로 탐구할 수도 있다. 양쪽 모두에서 그 목적은 간과된 감정을 내담자의 인식 안으로 투입시켜 검토하고 그 신체적 결과를 제거시키자는 것이다. 왜냐하면 신체증상이 간과된 감정들을 알려주지만 내담자들은 대수롭지 않게 참고 치료에 참여하기 때문이다. 감정이 감추어져 있으면 치료는 힘들다.

무의식적 소재 접촉기법
(Techniques for Accessing Unconscious Material)

치료사와 내담자가 상징을 통해 충분히 자각하지 못하는 상황을 탐구하는 데 사용된다.

Priestley에 의하면 상징들은 “정신적 에너지의 축적자 또는 변형자” 역할을 하는데 이것은 동결되고 부정되거나 금지된 감정들을 위험 없이 표현하도록 한다. 또한 이들은 “자칫 메마른 내면의 삶에 풍요함과 새로운 차원”을 더해 주며 따라서 다른 방법으로는 치료사가 접근할 수 없던 내담자에 관한 사실들을 드러낸다.[184] 그리고 상징들은 치료사가 내담자의 내면 삶과 외부 현실 사이를 연결할 교량을 만드는데 도움을 준다. 만약 교량이 만들어지지 않으면 내담자는 내면으로 빠져들게 된다. 즉 내담자가 에너지를 자신의 의식적이 삶으로 전환시키지 못하면, 에너지는 내적 삶에서 만족을 찾기 위해 내면으로 들어간다. 우선적으로 치료사는 가능한 한 많은 상징적 방법으로 에너지를 발견하기 위해 노력한다. 음악적 표현을 하고, 이 표현을 하는 동안 내담자의 경험과 신체적 감각에 대해 언어를 통한 내면적 자각이 상징을 통해 묘사되어진다. 그리고 이 상징에 대해 느끼는 대로 모든 매체를 통하여 표현한다.

1) 유도된 이미지(Guided Imagery): 내담자에게 다음의 장면들 중 하나를 가벼운 정도로(골몰하지 않고 있는 그대로) 떠올려보고, 소리표현을 통해 치료사와 접촉하기를 제안한다. 치료사가 잡아주기 기법에서의 역전이를 사용하는 것이 도움이 된다. 이후 내담자는 악기를 선택하고 즉흥연주를 시작하는데 초기에서는 치료사는 내담자와 즉흥연주 하는 것 없이 듣기만 한다.

2) 동굴입구: 내담자는 숲속에 있는 나무 뒤에서 동굴입구를 바라보

184) Mary Priestley, Music Therapy in Action, Barcelona, 2012, p. 129

는 것을 상상한다. 이후 무엇인가 나타난다. 나타나는 형태는 일반적으로 억압되어지고 미개발되어진 내담자의 부분들이 상징적으로 투사된 것이다. 상징화된 투사들을 탐색하기 위해 초기 언어습득이전의 이미지(preverbal)가 사용되어진다.[185)]

3) 산에 오르기: 내담자는 산에 올라가는 상상을 하며 이때 경험하는 것(자신이 오르는 산, 기후, 경치, 자신에게 닥친 장해물)에 대해 말하도록 제안되어진다. 여기서 산은 삶에서의 기대 그리고 장애물은 내담자에게 노출되어진 내부 또는 외부의 장애물을 나타낸다.[186)]

4) 초원의 물웅덩이: 내담자는 초원을 통과할 때 물웅덩이를 발견하는 상상을 한다. 내담자가 물웅덩이의 왼쪽 가장자리를 볼 때 물웅덩이에서 무언가가 나타난다. Priestley에 따르면 이러한 연습은 보통 억압적이고 퇴행적인 성격경향의 형태로 성적영역의 장애를 드러낸다.[187)]

5) 높음 성벽에 문: 내담자는 내담자가 가지고 있는 문제나 질문의 문구가 새겨진 문이 나있는 성벽을 상상한다. 이 문을 통과할 때 내담자는 다른 한편으로 무엇이 있는 것을 발견한다. 이 기법은 탐색이 필요한 초기 언어습득이전의(preverbal) 상상적 이미지

185) Ibid, p. 131
186) Ibid, p. 132
187) Ibid, p. 133

들의 문제에 관계한 상징들을 풀어내는 것을 목적으로 한다.[188)]

6) 지하계단에서: 내담자는 지하로 이어지는 계단의 꼭대기에 서 있는 것을 상상한다. 어두움을 바라보면서 내담자는 "나를 필요로 하는 사람이 있나요?"라고 외친다. 이러한 이미지는 내담자의 내적인 아동뿐만 아니라 어린 시절에 연관된 두려움, 갈등 그리고 방어를 각성시키는 데 유용하다.[189)]

7) 신화/동화: 개별 치료에서 효과는 미미하다. 내담자가 자신의 환상이미지가 너무 위협적이라고 느낄 때, 치료사는 신화나 동화를 통해 내담자에게 접근할 수 있다. 간단한 동화를 읽은 후 각 장면을 상상하면서 잡아주기를 통해 함께 즉흥연주 한다. 원 이야기와는 다르게 내용을 변화시킬 수 있고 첨가할 수도 있다. 변화와 첨가는 토론에서 논의되고 해석되어진다.

8) 꿈 작업: Priestley는 꿈 소재들을 탐색하는 두 가지 기법들(내적의사소통과 꿈 해석)을 제공하고 꿈들이 상징적으로 중요하지 않을 때라도 탐색이 필요한 일상의 소재를 끌어내는데 유용하다고 주장한다.

① 내적의사소통: 꿈들은 일시적으로 의식에서 분리되어진 꿈을 꾸는 사람들의 자아(ego)들의 분리된 부분들을 묘사하는 요소들이 포함되어있다는 관찰에 근거하여 치료사는 내담자의 보고를 기

188) Ibid

189) Ibid

록한다. 여기서 치료사는 사용된 각 명사를 하나씩 나열한다. 내담자는 이러한 각각의 명사를 자유롭게 연상하고 내담자가 명사가 되는 것처럼 이야기한다. 꿈들의 일부는 내담자에 의해 치료사와 함께 음악적으로 즉흥연주 되어 지고 치료사는 내담자가 꿈들의 다양한 부분을 구분하고 통합시키는 것을 돕기 위해 분리기법을 사용한다.

② 꿈 해석: 이 기법은 불쾌한 꿈을 음악적 즉흥연주를 통해 삶을 일깨우는 것을 내담자에게 제안한다. 더욱이 꿈의 경험 경험적 결말을 지나 계속 진행시켜 꿈의 일상적인 문제를 해소하도록 제안한다. 음악적 즉흥연주는 내담자 단독으로 수행한다. 치료자는 경청만 한다.

9) 조개껍데기-돌-모래-소리(shells, stones, sand and sounds): 이 기법은 Glockenspiel 옆에 앉아있는 내담자와 그 앞에 있는 모래 한 쟁반으로 구성된다. 내담자는 음을 연주하고 치료사가 내담자와 실로폰이나 심벌즈를 통해 대화를 나눌 때 내담자는 모래 위에 조개껍데기나 돌을 놓는다. 내담자는 자신이 충분히 했다고 느낄 때까지 이 행위를 되풀이한다. 내담자는 집중하지 않고 그냥 손이 가는대로 이 행위를 한다. 이 기법은 진정 효과를 줄 수도 있으나 극도의 초조함을 일으킬 수 있다. 표현이 막힌 내담자는 이러한 의미 없는 행위를 통해 다른 해결을 찾는다.

자아강화기법
(Techniques for Strengthening the Ego)

1) 현실연습(Reality Rehearsal): 내담자가 자신의 현실에 대한 사전 준비를 의미한다. 내면의 부정적인 감정을 치료회기에서 미리 직면하고 극복한다. 이 기법의 목적은 내적 공포, 근심, 모순감정 병존, 부정적 그리고 파괴적 충동들을 일으키고 직면하며 마침내는 극복하거나 이 모든 것들과 타협하게 하는 것이다. 내담자는 자신의 삶에서 필요한 새로운 결정적인 단계에 있다고 상상하고 그러한 경험을 즉흥연주 한다. 즉흥연주는 대면하는 모든 내적 장애나 부정적 감정들에 초점을 맞춘다. 극복이나 타협은 내담자의 몫이므로 내담자는 혼자 즉흥연주하게 된다. 치료사는 분리기법이나 잡아주기 기법을 사용하여 즉흥연주에 참여할 수 있다.

2) 전체성(Wholeness): 내담자는 선택된 악기로 혼자 즉흥연주 한다. 치료사는 내담자가 마치 완벽하게 전체인 것처럼 즉흥연주할 것을 제안한다. 치료사는 이를 듣고 나중에 내담자가 자신을 전체로 만들 수 있는 연습을 통해 발견한 것을 연구해 본다.

3) 관계탐구(Exploring, Relationships): 이 기법은 내담자가 자신의 삶에서 중요한 인물이나 관계에 대해 어떻게 생각하는가에 대해 말로 구사할 수 없을 때 아주 도움이 된다. 이러한 관계를 음악적으로 탐구하는 데 있어 여러 접근방법이 동원될 수 있다. 내담자는 치료사 역할을 하고 치료사는 내담자 역할을 한다. 내담자는 치료사의 지원 없이 두 측면을 연주할 수 있다. 내담자는

음악적으로 특정인물 주제로 하여 음악적으로 묘사할 수 있고, 혼자서 즉흥연주를 할 수 있다.

4) 긍정과 축하(Affirmations and Celebrations)해주기: 치료 중에 잠시 쉬면서 종종 고통스런 치료과정에서 내담자가 삶의 긍정적 순간(과거의 행복한 순간, 긍정적 사건이나 상황, 희망 기억 등)을 받아들이거나 경험하도록 만든다. 이 긍정을 위해 내담자는 인생에서 기쁨이나 평화로움을 가져다주는 모든 것들을 상상 내지 기억하고 그것을 즉흥연주를 통해 묘사하도록 치료사가 요청한다. 이러한 경험들과의 접촉은 긍정적이고 진취적인 경험을 재인식하게 한다.
축하는 행운이나 기쁨, 긍지의 원천인 현재의 어떤 것에 대한 즉흥연주이다. 이는 내담자 삶의 특별한 사건이나 행복한 일들, 성취, 또는 그 밖의 좋은 소식들이 될 수 있다. 축하는 상징을 위한 방향과 토대를 제공하므로 중요하다.

5) 대리 언어적 의사소통(subverbal communication): 내담자와 치료사가 서로 함께 특정 기간 동안 표제나 집중력, 구체적 역할 없이 즉흥연주 한다. 그 후에 토론이 필요하다. 이 기법은 단어가 소용없거나 의미 없을 때, 또는 내담자와 치료사가 말로 해결될 수 없는 관계에 장애가 있을 때 당혹스러운 감정을 공유하는 데 이용된다. 이 기법은 내담자가 언어표현에서 방어적인 경우 유용하다.

6) 중요한 사건의 패턴(Patterns of Significance): 내담자는 출

생이나 결혼 등 인생에서 의미 있는 사건들에 대한 개인적 감정을 즉흥연주를 통해 내면적 패턴을 두드러지게 하기 위해 사용한다. 이러한 주제들은 유사한 인생의 사건들을 포함하기 위하여 광범위하게 해석될 수 있다. 예를 들어, 출생은 새로운 시작이 될 수 있고 죽음은 완결, 종말, 상실 등이 될 수 있다. 내담자는 이 사건에 관계된 어떤 역할이나 측면, 인물을 즉흥연주 할 수 있다. 치료사는 잡아주기 기법을 사용한다.

7) 계획된 퇴행(programmed Regression): 내담자는 인생의 일정한 시기로 되돌아가도록 지시받는다. 이것은 치료적 관점에서 중요하다. 그 시기의 일을 구체적으로 기억해 내기보다는 그 연령대를 즉흥연주 한다. 내담자 혼자 즉흥창작 할 수도 있고 치료사가 필요에 따라 잡아주기나 분리기법을 사용할 수도 있다. 이 기법은 과거에 표현되지 않은 것들의 저장소를 건드리거나 어떤 연령에 어떤 특정한 공포나 감정이 시작되었는가를 알아내는 데 사용될 수 있다. 이 기법의 의미는 치료의 소재로서만 기억을 되살리는 것에 국한된 것이 아니다.

치료사와 내담자의 듀엣 치료기법과 절차 (dyad procedures and techniques)

이 치료기법은 치료에서 관계상 문제를 경험하고 있는 파트너들뿐만 아니라 교육목적을 위해 상호치료를 시키는 데 사용된다. 전자의 경우 치료사는 적극적인 역할을 하는 반면 후자의 경우 치료사는 감독자나 관찰자 역할을 하며 학생들이 치료사와 내담자 역할을 번갈아

한다. 각 내담자는 동일한 상징적 기능을 가진, 그러나 그 나름의 고유한 식별 가능한 소리가 있는 악기를 가지고 있어야 한다. 저항적 악기(protesting instrument: 두 개의 상이한 음의 고저를 가지고 있는 북), 상쇄시키는 악기(annihilating instrument: 한 사람은 심벌즈와 다른 사람은 공), 선율악기(melodic instrument: 한 사람은 실로폰과 다른 사람은 멜로디카), 선호되며 소리가 듣기 좋은 악기 등이 포함된다.

이 치료기법의 치료단계는 치료 상황에서의 파트너나 치료사에 의해 어떤 문제가 규명되고 해석되어 즉흥창작의 표제로 만들어질 수 있다. 치료사는 대개 그 쟁점의 성질과 각 파트너가 필요로 하는 유형의 지원과 피드백의 종류에 따라 즉흥연주 역할을 배당한다.

필요에 따라 즉흥연주는 독주, 파트너 간 이중주, 파트너와 치료사 간 이중주, 파트너와 치료사 간 삼중주가 될 수 있다.

치료사가 잡아주기나 분리기법을 사용하거나 다른 파트너가 즉흥연주를 하는 경우에 다른 파트너가 이 기법을 사용할 수 있다. 파트너 간에 분리기법이 사용될 경우에는('감정적 운반') 파트너들이 역할을 바꾸어 각자 상대방에 대한 자신의 투사를 노출시킨다.

다음의 즉흥연주 주제들은 관계 내에서 문제들을 규명하고 탐구하는 기법이다.

- OO에게 무슨 문제가 있어?(독주곡)
- 이상적 친구(독주곡)
- 서로의 말을 듣기(이중주)
- 서로의 말을 듣지 않기(이중주)
- 봄 대청소-부정적 감정의 제거

– 결혼(이중주)

각 파트너가 보고하는 구체적 사건, 상황, 문제들도 주제 역할을 할 수 있다. 치료사는 또한 '감정 스펙트럼(emotional spectrum)'에서 뽑아낸 단어 카드를 제시할 수도 있다. 관계에서 흔히 문제가 되는 감정들을 탐구하여 여러 요소들로 나누어 구분해 볼 수 있다(예: 질투).

3. 표제즉흥연주(improvising the Title)

내담자가 표제와 할당된 역할에 따라 혼자 또는 치료사와 함께 음악을 즉흥연주 한다. 이 단계에는 악기를 선정하고 문제의 여러 측면을 묘사해 주는 소리를 만들고 짜임새(texture) 있게 하는 작업이 필요하다 한마디로 감정을 음악으로 바꾸는 것이다.

즉흥연주가 치료적일 수 있는 첫 번째 조건은 내담자는 음악을 통해 자신의 감정과 접촉 하는 것이다. 이후 내담자는 자신의 즉흥연주가 언어를 대신한 의사소통의 수단이 될 수 있으며 제한 없이 감정을 표현하는 안전한 수단이 될 수 있고, 내면세계와 외부 세계 간의 교량이 될 수 있다는 사실을 이해하여야 한다. 치료사의 개입이 최소한이어야 하고 내담자가 자신의 감정을 표현하는데만 집중하는 것이 중요하다. 내담자는 자신의 감정들과 만나고 자신의 내적 음악을 흐르게 하기 위해 외부세계를 벗어나 성과가 기대되고 창조적이고 정서적 자질들이 발견될 수 있는 내적 세계로 향해야 한다.

두 번째 조건은 즉흥연주에서 치료사는 자신의 감정만 아니라 내담자의 감정과도 음악적으로 접촉해야 한다. 무엇을 들을 때 치료사는 내적음악을 들어야하고 내담자의 내적세계와 외적세계 사이의 연결을 찾아야 한다. 동시에 치료사는 자기 자신의 내면음악과 내담자의 내면음악을 구분할 수 있어야 하고, 한순간에 음악을 변화시켜 내담자를 탐구하거나 지원하거나 그와 대면할 수 있어야 한다. 이때 내담자와 치료사가 음악적 접촉을 유지하는 가장 믿을 수 있는 방법이 역전이이다. 이 역전이는 내담자의 내적음악에 대한 음악적 동일시와 감정이입을 포함한다. 따라서 분석적 음악치료사는 자신의 음악적 직관과 감수성에 역시 의존한다.

4. 즉흥연주 토의(discussing the Improvisation)

음악적으로 표현된 감정들을 말로 바꾸는 작업이다. 즉흥연주 경험에 대한 내담자의 즉각적인 언어적 반응을 유도해 내는데 치료사는 내담자가 즉흥연주를 하는 동안 내적 경험과 외적 경험 모두를 검토할 수 있도록 유도한다. 즉흥연주를 하는 동안 내적으로 무엇이 진행되는가? 음악을 통해 무슨 감정이 일어났는가? 내담자가 내면세계에서 이러한 사건들에 어떻게 음악적으로 반응하는가? 등. 이후 치료사와 내담자가 녹음된 즉흥음악을 듣고 의미를 더욱 깊게 파고 들어간다. 녹음을 듣는 가운데 다양한 논의의 주제가 생겨날 수 있다.

- 즉흥음악이 내담자의 내적-외적 세계와 어떻게 연결되었는가?
- 즉흥연주가 내담자의 감정이나 사고에서 모순점이나 불일치 점들을 드러내었는가?
- 즉흥연주가 내담자나 치료사에게 상징적으로 드러내거나 암시하고 있는 것은 무엇인가?
- 내담자와 치료사의 음악은 함께 어떻게 들리는가?

- 치료사는 음악적으로 어떤 일을 하였는가? 환상 속에서 어떠한 사건이 일어났는가?
- 내담자가 시각적으로, 촉각적으로, 청각적으로, 운동감각적으로 어떠한 이미지를 경험했는가? 어떤 기억들이 되살아났는가?
- 어떠한 교착상태가 경험되었는가?

참고문헌

Anja Fuchs, Tendenz der gegenwärtige Musiktherapie, Giessen, 1987.

Bruce Fink, 라캉의 주체, 이성민 역, 도서출판b, 2010.

Bruce Fink, 에크리 읽기 문자 그대로의 라캉, 김서영 역, 도서출판b. 2007.

Bruce Fink, 라캉과 정신의학 라캉 이론과 임상분석, 맹정현 역, 민음사, 2002.

David Aldridge, Musiktherapie in der Medizin, Göttingen, 1999.

Don Ihde, 소리의 현상학, 박종문 역, 예전사, 2006.

Dylan Evans, 라깡 정신분석 사전, 김종주 외 역, 인간사랑, 1998.

Frederick S. Pers, Gestalttherapie, München, 2000.

Ferdinand de Saussure, 일반 언어학 강의, 최승언 역, 민음사, 2006.

Françoise Gadet, 소쉬르와 언어과학, 김용숙/임정혜 역, 동문선, 2001.

Gehart Harrer, Grundlagen der Musiktherapie und Musikpsychologie, Stuttgart, 1975.

Gertud Orff, Die Orff-Musiktherapie, München, 1974.

Hinrich van Deest, Heilen mit Musik, München, 1997.

Jacques Lacan, 에크리, 홍준기 외 역, 새물결, 2019.

Jacques Lacan, 욕망이론, 권택영 외 역, 문예출판사, 1994.

Jo ë l Dor, 라깡 세미나, 에크리 독해 I, 홍준기, 강응섭 역, 아난케, 2009.

Johann Wolfgang von Goethe, Bildung und Umbildung organischer Naturen. Die Schriften zur Naturwissenschaft(Leopoldina-

Ausgabe). Erste Abteilung, Band 9[Formation and transformation of organic natures. Writings on natural sciences(Leopoldina Edition). 1st section, Vol. 10]. Weimar, 1954.

Juliette Alvin, Music Therapy for the Autistic Child II, Oxford, 1991.

Juliette Alvin, Music Therapy, Michigan, 1975.

Kenneth Aigen, 노도프-로빈스 음악치료 초기사례 연구, 김영신 김동민 역, 학지사, 2009.

Kennenth E. Bruscia, Improvisational Models of Music Therapy, Illinois, 1987.

Kurt Pahlen, Musiktherapie, München, 1973.

Leslie Bunt, Musiktherapie, Weinheim und Basel, 1998.

Manfred Spitzer, Musik im Kopf, Stuttgart, 2005.

Mary Priestley, Analytische Musiktherapie, Stuttgart, 1983.

Mary Priestley, Music Therapy in Action, Barcelona, 2012

Merleau-Ponty, 지각의 현상학, 류의근 옮김, 문학과 지성사, 2002.

Merleau-Ponty, 보이는 것과 보이지 않는 것, 남수인, 최의영 역, 동문사, 2004.

Merleau-Ponty, 행동의 구조, 모리스 메를로 퐁티, 김웅권 역, 동문선, 2008.

Merleau-Ponty, 현상학과 예술, 오병남 역, 서광사, 1983.

Michael H. Thaut, 리듬, 음악, 그리고 뇌, 차영아 역, 학지사, 2009.

Paul Nordoff und Clive Robbins, Schöpferische Musiktherapie, Stu-ttgart, 1986.

Platon, 플라톤의 네 대화편, 박종현 역주, 서광사, 2003.

René Descartes, 방법서설, 권오석 역, 홍신문화사, 1993.

Ralph Sprintge & Roland Droh, Musik-Medizin, Stuttgart, 1992.

Richard M. Zaner, 신체의 현상학, 최경호 역, 인간사랑, 1993.

Robert Jourdain, Wohltemperierte Gehirn, Heidelberg, 1998.

Rolando O. Benezon, Einführung in die Musiktherapie, München, 1983.

Rosemarie Tüpker, Ich singe, was ich nicht sagen kann, München, 1996.

Rosemarie Tüpker, Morpholgiesche Arbeitsmethoden in der Musiktherapie. In: MU, Bd 4/4, 1983.

Wolfgang Strobel und Gernot Huppman, Musiktherapie: Grundlagen, Formen, Möglichkeiten, Göttingen, 1978.

Sean Hall, 기호학 입문, 김진실 역, 비즈앤비즈, 2016.

Sean Homer, 라캉읽기, 김서영 역, 음행나무, 2006.

Sigmund Freud, Das Ich und das Es, Frankfurt am Mein, 1992.

Tony Wigrem, 즉흥연주, 김진아 역, 학지사, 2012.

Victor Zuckerkandl, 음악이란 무엇인가, 서인화 역, 민속원, 2010.

Werner Kraus, Die Heilkraft der Musik, München, 1998.

Wihelm Salber, Wirkungseinheiten, Wuppertal, 1969.

김경숙, 음악치료에서의 진단평가, 학지사, 2008.

김석, 프로이드 & 라캉: 무의식의 초대, 김영사, 2010.

김성기, 음악 그리고 음악치료, 지식공감, 2013

김정규, 게슈탈트 심리치료, 학지사, 1997.

김연, 리듬의 지각과 인지: 음악의 지각과 인지I, 음악세계, 2005.

김연, 음악이론의 역사, 심설당, 2006.

김춘경, 아동상담(이론과 실체), 학지사, 2004.

정현주, 음악치료학의 이해와 적용, 학지사, 2015.

조광제, 몸의 세계, 세계의 몸, 이학사, 2004.

이석원, 음악심리학, 심설당, 1997.

오병남, 현상학과 예술, 서광사, 1983.

최병철, 음악치료학, 학지사, 1999.

저자 소개

김성기

- 총신대학교(작곡)졸업
- Köln대학교 치료교육학과 (음악치료)졸업

- 경안신학대학원대학교 음악과 (음악치료전공) 외래교수
- 대구예술대학교 예술치료학과 교수

즉흥연주 그리고 음악치료

초판인쇄일	2019년 04월 25일
초판발행일	2019년 04월 29일
지 은 이	김성기
펴 낸 이	소정영
펴 낸 곳	韓國하나醫學社
주 소	서울시 서대문구 거북골로 7-7 하나빌딩 1층
출판등록	제25100-2013-000061호(1988. 4.1)
전 화	(02)730-2555, 2556
팩 스	(02)730-2557
이 메 일	hanampc1@naver.com
홈페이지	www.hanampc.co.kr

정가 18,000원

■ 저자와의 합의로 인지생략

■ 잘못된 책은 구입처에서 교환하여 드립니다.

ISBN 979-11-85696-70-6 93510